國際貿易

主　編　傅婧宸、趙曉芬

前 言

20世紀90年代以來，經濟全球化浪潮席捲世界。時至今日，已經沒有一個國家和地區能夠置身其外。在經濟全球化的衝擊下，國際貿易的格局與環境發生了很大的變化，一大批發展中國家開始登上世界經濟與貿易的大舞臺。尤其是中國，在世界經濟與貿易中迅速崛起，凸現出其大國的實力和影響。時間進入21世紀初，中國終於跨進了世界貿易組織的大門。加入世貿組織，是中國20多年改革開放進程中的一件大事，意味著中國將進一步參與全球經濟一體化的進程，中國與世界各國之間的相互依存關係將越來越密切。我們在教學實踐中認識到，這一基本背景的變化應當在教科書中得到反應，以便國際貿易課程的教學能夠跟上時代的步伐。為此，我們在參考現有的國際貿易教科書的基礎上，根據多年來從事國際貿易教學和研究的心得，編寫了這本《國際貿易》。

在長年的教學過程中，我們發現，學生比較喜歡看國外編寫的教科書。究其原因，主要有以下三點：一是比較全面系統，各種不同程度的學生可根據自己的需要進行取捨；二是比較通俗易懂，盡量用通俗、生動的語言說明複雜的理論問題；三是書中有大量的案例和專欄，這些案例和專欄可以幫助學生更好地理解理論，並將這些理論、政策很好地與現實生活聯繫起來。為此，我們在編寫這本教材的過程中，除了參閱國內參考文獻外，還大量參考了國外有關國際貿易的教科書，力求將國外教材的優點融入到我們的教科書中。

與國內同類型的國際貿易教材相比，本教材具有以下特點：

（1）借鑑了國外國際經濟學教材中國際貿易部分的結構體系，從而使得各個章節之間具有更強的關聯性，邏輯關係比較清楚。

（2）系統全面地介紹了國際貿易的相關內容，基本上反應了當今國際貿易理論與政策的全貌。在重點介紹西方經濟學家研究成果的基礎上，還反應了發展中國家在國際貿易研究方面的進展。結合近年中國加入世界貿易組織的新變化，教材中大幅度地增加了世界貿易組織方面的內容。

（3）文字闡述通俗易懂。本教材的一部分內容具有很強的理論性，在解

釋國際貿易理論和政策的時候，還較多地使用了經濟學的分析工具。為了便於學生自學和復習，全書的文字闡述通俗易懂，並力求做到深入淺出。

（4）穿插了大量的專欄與案例，力求做到理論、政策與貿易活動的實際相結合。專欄和案例在幫助學生理解理論、政策的同時，還有助於學生運用學過的知識，觀察和分析今天的現實經濟。

本教材的編寫分工如下：張鴻，第一章至第七章，第十三、十四章；陳憲，第八章至第十二章。本教材參考了陳憲、韋金鷺、陳晨等編著的《國際貿易理論與實務》的部分內容，在此對韋金鷺、陳晨兩位作者的辛勤勞動和支持深表謝意。另外，在本教材編寫過程中，我們還得到了上海對外貿易學院國際經濟與貿易專業學生們的幫助，他們在查找資料、案例收集、打字、畫圖方面提供了很多支持，在此一併表示謝意。

要編寫一本系統性強、通俗易懂、理論與實際相結合的教材並不是一件容易的事。我們初步嘗試編寫這種形式的教材。儘管幾易其稿，花費了大量的時間，但由於水平有限，時間倉促，書中肯定存在著許多不盡人意甚至錯誤的地方，敬請讀者提出寶貴的意見，以便我們在今後的教學實踐中加以改進。

編者

目 錄

第一章　導論 ……………………………………………………………（1）
　　第一節　國際貿易的基本概念 ………………………………………（1）
　　第二節　國際貿易的分類 ……………………………………………（5）
　　第三節　國際貿易的發展 ……………………………………………（9）
　　第四節　國際貿易課程的任務與內容 ………………………………（14）

第二章　國際分工 ………………………………………………………（17）
　　第一節　概述 …………………………………………………………（17）
　　第二節　國際分工的產生與發展 ……………………………………（19）
　　第三節　國際分工理論 ………………………………………………（22）

第三章　世界市場 ………………………………………………………（47）
　　第一節　概述 …………………………………………………………（47）
　　第二節　世界市場的發展與構成 ……………………………………（53）
　　第三節　世界市場的開拓 ……………………………………………（63）
　　第四節　世界市場競爭 ………………………………………………（64）

第四章　世界市場價格 …………………………………………………（73）
　　第一節　概述 …………………………………………………………（73）
　　第二節　世界市場價格確立的基礎 …………………………………（75）
　　第三節　世界市場價格的形成與類別 ………………………………（77）
　　第四節　國際貿易商品價格的職能與作用 …………………………（82）

第五章　國際服務貿易 ……………………………………… (89)
　　第一節　概述 ………………………………………………… (89)
　　第二節　《服務貿易總協定》的主要內容 ………………… (95)
　　第三節　戰後國際服務貿易的發展 ………………………… (99)

第六章　國際貿易條約與協定 ……………………………… (112)
　　第一節　概述 ………………………………………………… (112)
　　第二節　國際貿易條約與協定適用的法律條款 …………… (113)
　　第三節　國際商品協定 ……………………………………… (116)

第七章　區域經濟一體化 …………………………………… (125)
　　第一節　概述 ………………………………………………… (125)
　　第二節　區域經濟一體化的現狀和趨勢 …………………… (132)
　　第三節　區域經濟一體化與國際貿易 ……………………… (140)
　　第四節　區域經濟一體化理論 ……………………………… (143)

第八章　國際資本移動與跨國公司 ………………………… (152)
　　第一節　國際資本移動 ……………………………………… (152)
　　第二節　跨國公司 …………………………………………… (158)

第九章　國際貿易政策 ……………………………………… (167)
　　第一節　概述 ………………………………………………… (167)
　　第二節　對外貿易政策的發展與演變 ……………………… (170)
　　第三節　中國的對外貿易政策 ……………………………… (185)

第十章　關稅措施 …………………………………………（190）
第一節　概述 ……………………………………………（190）
第二節　關稅的類別 ……………………………………（192）
第三節　關稅徵收、減免與配額 ………………………（203）
第四節　關稅保護度 ……………………………………（209）
第五節　關稅減讓談判 …………………………………（212）

第十一章　非關稅措施 ……………………………………（218）
第一節　非關稅壁壘措施概述 …………………………（218）
第二節　傳統的非關稅壁壘 ……………………………（222）
第三節　技術性貿易壁壘 ………………………………（229）
第四節　綠色貿易壁壘 …………………………………（236）

第十二章　世界貿易組織（WTO）………………………（243）
第一節　WTO 的產生 …………………………………（243）
第二節　WTO 機制 ……………………………………（246）
第三節　WTO 的運行 …………………………………（252）
第四節　中國與世界貿易組織 …………………………（263）

第一章 導論

　　生活日益國際化，世界各國的貿易往來越來越頻繁。在這樣的背景之下，世界經濟的增長也越來越依賴於國際貿易的增長，對外貿易在各國經濟發展中的作用也越來越重要。目前，發達國家的對外貿易依存度（進出口貿易總額占國民生產總值的比重）已達20%，甚至更高。發展中國家的對外貿易依存度也在不斷提高。目前，中國的對外貿易依存度已達50%以上，這一比例已超過不少發達國家。全國將近20%左右的產品直接用於出口。而且，中國有些產品對國際市場的依賴程度已到了非常高的地步。例如，目前中國紡織品產量的50%以上依賴於國際市場；中國生產的絲綢有70%以上用於出口，其中絲類產品占世界貿易量的85%；中國鐵礦石對外依存度節節攀高，已經從2002年的44%提高到目前的62%；中國原油對外依存度目前已經達到了51.3%，首次超過輿論所稱的50%的警戒線，而在1993年中國首度成為石油淨進口國時，這一數字為6%，中國原油的對外依存度在16年間翻了數倍。這都說明了中國經濟與國際經濟的關係已十分密切。中國加入世界貿易組織后，中國的市場更加開放，中國的經濟與世界聯繫更加密切。在這種大的背景之下，中國要成為經濟大國，首先必須成為世界貿易大國。中國不僅需要更多的人關心國際貿易，同時更需要更多的人認真研究和學習國際貿易，瞭解和掌握國際貿易的基礎理論、基本政策和操作技巧，以便更好地為中國對外貿易和國民經濟的發展服務，為世界經濟的增長和人類社會的進步作出貢獻。

第一節　國際貿易的基本概念

一、國際貿易與對外貿易

　　國際貿易（International Trade）是指世界各國（地區）之間的商品和服務的交換，它是在不同國家之間的分工——國際分工的基礎上發展起來的，反應了世界各國之間的相互依賴關係。如果從一個國家的角度來看，這種交

換活動稱為對外貿易（Foreign Trade）；如果從國際範圍來看，這種活動就稱為國際貿易。一些海島國家，如日本、英國等，也常常用海外貿易來表示對外貿易。可見，國際貿易與對外貿易是一般與個別的區別。由於對外貿易是由進口與出口兩個部分構成，所以又稱進出口貿易。另外，由於國際貿易是一種世界性的商品交換活動，是各國對外貿易的總和，因此，人們常常用「世界貿易」（World Trade）來代替國際貿易，但從嚴格意義上講，它們並不是同一個概念。國際貿易是世界各國或地區對外貿易的總和，而世界貿易則是世界各國和地區對外貿易與國內貿易（Internal Trade）的總和。

包括貨物與服務在內的對外貿易稱為廣義的對外貿易或國際貿易，不包括服務在內的對外貿易稱為狹義的對外貿易或國際貿易。本書主要研究國際商品貿易，但書中闡述的一般性理論和知識，無疑也適合國際服務貿易。

二、國際貿易額與國際貿易量

國際貿易的規模是可以計量的。國際貿易額（Value of International Trade）是以貨幣表示現行世界市場價格計算的各國與地區的進口總額或出口總額之和，又稱國際貿易值，它能夠反應某一時期內的貿易總額。

一國在一定時期內從國外進口貨物的全部價值，稱為進口貿易總額或進口總額；一國在一定時期內從國內出口貨物的全部價值，稱為出口貿易總額或出口總額。兩者相加為進出口貨物貿易總額或進出口總額。但當我們計算世界的貿易總額的時候，就不能簡單地把世界上所有國家的進口貨物總額和出口貨物總額按同一種貨幣單位換算后加在一起。這是因為一國的出口就是另外一國的進口，兩者相加無疑是重複計算。為此，在統計國際貿易總額時，採用的辦法是將世界各國的進口或出口匯總起來。由於一國的出口就是另一國的進口，因此，從世界範圍來看，世界各國和地區的進口總額之和應該等於世界各國和地區的出口總額之和。但是，由於各國和地區一般都是按離岸價格（Free on Board, FOB）計算出口額，按到岸價格（Cost, Insurance and Freight, CIF）計算進口額，因此世界出口貨物總額總是小於世界進口貨物總額。由於按到岸價格計算的商品進口額中，包含了一部分的運輸、保險等費用，而各國和地區的出口商品值一般是按離岸價格計算的，所以，在統計國際貿易額時，常常採用的辦法是將各國的出口額加起來。因此，國際貿易額是一定時期內各國和地區出口額之和。

由於進出口商品價格是經常變動的，因此，國際貿易額往往不能夠準確地反應國際貿易的實際規模與變化趨勢。如果以國際貿易的實際商品數量來衡量，就能夠避免上述缺陷。但由於參加國際貿易的商品種類繁多，不同的

商品之間計量單位存在著很大的差異，無法將它們直接相加，所以，只能選定某一時點上的不變價格作為標準，來計算各個時期的國際貿易量（Quantum of International Trade），以反應國際貿易實際規模的變動。所謂國際貿易量，是以一定時期不變價格為標準計算的各個時期的國際貿易額，即用以固定年份為基期計算的進口或出口價格指數去除以當時的進口額或出口額，得出相當於按不變價格計算的進口額或出口額。通過這種方法計算出來的對外貿易額已經剔除了價格變動的影響，單純反應國際貿易的量，所以又稱為國際貿易量。計算公式為：

國際貿易量＝國際貿易額／價格指數

國際貿易量指標可以比較確切地反應出對外貿易規模，便於比較不同時期的國際貿易額，由此計算各個時期定期的或環比的物量指數，從而瞭解該國或地區貿易利益的變化。例如，據聯合國統計，資本主義世界出口額1970年為2,800億美元，1978年為11 736億美元；出口價格指數以1970年為100的話，1978年則為265。如果按貿易額直接計算，那麼，1978年與1970年相比，國際貿易額約增加了3.2倍。若以貿易量計算，則應用1978年的出口額除以當年的出口價格指數，得出1978年的國際貿易量約為4,429億美元，再把這一數字同1970年的2,800億美元相比較，從而得出1978年國際貿易實際規模變化的物量指數為158，即1978年的國際貿易量是1970年的1.58倍。

聯合國等機構的統計資料，往往採用國際貿易額和國際貿易量兩種數字，以供對照參考。由於國際服務貿易的統計標準尚沒有統一，加之服務貿易本身的特點，服務貿易只公布貿易額，而不公布貿易量。

三、國際貿易商品結構與對外貿易商品結構

國際貿易商品結構（Composition of International Trade）是指一定時期各類商品在整個國際貿易中所占的比重或地位，即將各類商品貿易額與整個世界出口貿易額相比，通常以比重表示。

對外貿易商品結構（Composition of Foreign Trade）是指一定時期各類商品在一國對外貿易中所占的比重或地位，即各類商品進出口貿易額與整個出口貿易額相比，以份額表示。例如，某國2003年的出口額為1 000億美元，其中初級產品為300億美元，製成品為700億美元，則該國的出口商品結構是初級產品占30%，製成品占70%。

商品結構是經濟發展水平與產業結構在商品生產領域的具體體現。國際貿易商品結構可以反應出整個世界的經濟發展水平和產業結構狀況等。一國的對外貿易商品結構則可以反應出該國的經濟發展水平、自然資源狀況、產

業結構狀況、勞動力就業狀況等，是一國制定產業結構調整規劃的主要依據之一。

四、對外貿易依存度

對外貿易依存度（Ratio of Dependence on Foreign Trade），又稱對外貿易系數，是一國對外貿易總額在該國國民生產總值（GNP）或國內生產總值（GDP）中所占的比重。它反應一國國民經濟對外的依賴程度，其計算公式為：

對外貿易依存度＝（進出口總額/GDP 或 GNP）×100%

隨著經濟全球化進程的加快，國際分工在世界各國之間得到了迅速發展，各國之間的相互依賴程度也在不斷加深，從而導致各國對外貿易依存度不斷提高。

例

中國石油等五大礦產對外依存度均超 50%

在石油、鐵礦石對外依存度不斷攀升的同時，精煉鋁、精煉銅、鉀鹽等大宗礦產也因「內供」不足不得不依靠外援，進而導致過去 15 年間，中國大宗礦產對外依存度不斷攀升。在第 43 個世界地球日的相關活動啟動儀式上，國土資源部官員表示：上述五大礦產的對外依存度都超過了 50%，隨著全球礦產資源競爭的日益加劇，利用境外礦產資源的風險和成本將日漸加大。來自國土資源部的數據顯示，近年來，石油、鐵、銅、鋁、鉀鹽等大宗礦產的進口量大幅攀升，對外依存度居高不下，最新數據分別為：石油 54.8%、鐵礦石 53.6%、精煉鋁 52.9%、精煉銅 69%、鉀鹽 52.4%。隨著新興經濟體快速崛起、國家間經濟利益博弈，全球礦產資源競爭加劇，境外礦產資源利用成本陡增，難度和風險顯著加劇，嚴重影響中國經濟社會發展安全。因此，中國加大礦產資源的開採量是必須要做的事。

2011 年 10 月，國務院通過了《找礦突破戰略行動綱要（2011—2020 年）》，明確了今後十年的「找礦戰略路線圖」。

五、貿易差額

一定時期內（通常為一年）一國出口總額與進口總額之間的差額稱貿易差額（Balance of Trade）。當出口總額大於進口總額時，其差額稱為貿易順差，或稱貿易黑字，中國也稱之為出超；當出口總額小於進口總額時，其差

額稱為貿易逆差，或稱貿易赤字，中國也稱之為入超。如果出口總額與進口總額相等，則稱為貿易平衡。

一國的進出口貿易收支狀況是其國際經常收支項目中最重要的組成部分，因此，貿易差額狀況對一國的國際收支有重大的影響，是一國對外貿易狀況的重要指標。一般來說，貿易順差表明一國在對外貿易上處於有利地位，而貿易逆差表明一國在對外貿易收支上處於不利境地。因此，通常各國都是努力追求順差，以增強本國的對外支付能力，穩定本國貨幣對外幣的比值。

六、國際貿易地理方向與對外貿易地理方向

國際貿易地理方向又稱國際貿易地區分佈（International Trade by Regions），它用來表明世界各國或各個國家集團在國際貿易中所占的地位，通常用它們的出口額或進口額占世界出口總額或世界進口總額的比重來表示。由於國際經濟形勢不斷發生變化，各國的經濟實力對比經常出現變動，國際貿易地理方向也不斷地發生變更。

對外貿易地理方向（Direction of Foreign Trade）又稱對外貿易分佈或國別構成，是指一定時期內各個國家或地區在一國（地區）對外貿易中所占的地位，通常以它們在該國（地區）進、出口總額所占的比重來表示。對外貿易地理方向表明了一國（地區）進口商品的來源和出口商品的去向，反應出一國（地區）與其他國家之間經濟貿易的聯繫程度。

對一國而言，如果商品的進出口集中在某一個或幾個國家，我們就說該國的對外貿易地理方向比較集中；反之，對外貿易地理方向比較分散。對外貿易地理方向的集中與分散各有利弊。以出口為例，對外貿易地理方向比較集中有利於出口廠商的信息交流，交易成本比較低。但出口的集中往往會造成國內廠商之間為了爭奪客戶而相互壓價，從而造成出口國內部之間的惡性競爭。無論是出口還是進口，一國對外貿易地理方向過於集中，都會使得該國容易受制於人，從而在對外貿易中處於不利的境地。對外貿易地理方向的分散則可以降低一國所面臨的政治與經濟風險，避免進出口商之間的惡性競爭，但其不利之處是交易成本比較高。

第二節　國際貿易的分類

一、出口貿易、進口貿易和過境貿易

根據貨物的移動方向不同，國際貿易可分為出口貿易、進口貿易和過境

貿易。出口貿易（Export Trade）又稱輸出貿易，是指將本國生產和加工的商品輸往國外市場進行銷售；進口貿易（Import Trade）又稱輸入貿易，是指將外國生產和加工的商品輸入本國市場銷售。出口貿易與進口貿易是每一筆貿易的兩個方面，即貿易對賣方是出口貿易，對買方則是進口貿易。此外，在國際貿易中，一國對從外國進口的商品不經任何實質性加工，再向外出口時，稱為復出口（Re-export）；反之，一國的產品銷往別國后未經加工又被該國重新購回時，稱為復進口（Re-import）。一國往往在同一類商品上既有出口也有進口，如一國或一地區在某種商品大類的對外貿易中，出口量大於進口量，其超出部分便稱為淨出口（Net Export）；反之，如進口量大於出口量，其超出部分便稱為淨進口（Net Import）。淨出口和淨進口一般以實物數量來表示，它反應的是一國（地區）在某些商品貿易上是處於出口國（地區）的地位，還是處於進口國（地區）的地位。

過境貿易（Transit Trade）又稱通過貿易，是指貿易貨物通過一國國境，不經加工地運往另一國的貿易活動。例如，甲國經過乙國國境向丙國運送貿易商品，對乙國而言，這便是過境貿易。過境貿易屬於直接貿易。其中，過境貿易貨物不經過境國海關保稅倉庫存放，完全為了轉運的過境，為直接過境貿易；而由於種種原因，如商品因需要分類包裝、暫時的轉運困難、購銷當事人的意願中途變更等，把貨物先存放在過境國的海關倉庫，爾後再進行分工、分類、包裝轉運出境的過境，是間接過境貿易。

一些國家把開展過境貿易作為吸引外國人流、物流、信息流的重要手段，以此來促進本國的發展。如俄羅斯利用西伯利亞大鐵路、中國利用隴海線分別吸引日本、韓國輸往中亞、西歐的貨物過境，以加快鐵路沿線的經濟發展。

二、總貿易和專門貿易

對於什麼是進口和出口，各國的統計標準存在著一定的差異。根據劃分進出口的標準不同，國際貿易可分為總貿易和專門貿易。以國境為標準劃分進出口而統計的國際貿易稱為總貿易（General Trade）。凡進入國境的商品一律列為進口，即總進口（General Import）。凡離開國境的商品一律列入出口，即總出口（General Export）。總出口額與總進口額之和即為總貿易額。過境貿易列入總貿易。

以關境為標準劃分進出口而統計的國際貿易稱為專門貿易（Special Trade）。只有從外國進入關境和從保稅倉庫提出進入關境的商品，才列為進口記錄，稱專門進口（Special Import）。根據這個標準，雖然進入了國境，但如果只是存放在海關的保稅倉庫之內，或者只是進入免稅的出口加工區進行

加工，則不被統計為進口。而且，凡是離開關境的商品都記錄為出口，稱專門出口（Special Export）。但從關境外國境內出口到其他國家的商品，則不被統計為出口。專門出口額與專門進口額之和，即為專門貿易額。如貨物復運出口，則不作任何進出口記錄。

一般情況下，一國關境與國境完全重合，但也有不一致的情況。自由港、出口加工區、保稅區等經濟特區雖在國境之內，但卻在關境之外，因此，設有經濟特區的國家，關境的範圍就要小於國境。另一種情況，當幾個國家結成關稅同盟，參加關稅同盟的國家的領土合併成為一個統一的關境，對內取消一切貿易限制，對外建立統一的關稅制度時，這時的關境範圍就要大於其中某一國的國境。

由於各國在編製統計時採用的方法不同，所以聯合國發表的各國對外貿易額資料，一般都註明是按何種貿易體制編製的。目前採用總貿易體系的有 90 多個國家和地區，美國、日本、英國、加拿大、澳大利亞、獨聯體國家、東歐及中國等採用這個劃分標準；採用專門貿易這種劃分方法的國家和地區約有 83 個，主要包括德國、義大利、瑞士等。

總貿易和專門貿易反應的問題各不相同。前者包括所有進出入該國的商品，反應一國在國際貿易商品流通中所處的地位；后者只包括那些進口用於該國生產和消費的商品，出口該國生產製造的商品，反應一國作為生產者和消費者在國際貿易中所起的作用。

三、有形貿易和無形貿易

有形貿易（Visible Trade）是指國際貿易中的貨物貿易，即通常意義上的商品購銷活動。因為貨物或商品具有看得見、摸得著的物質屬性，如汽車、糧食、服裝、玩具等，所以把實物商品的貿易稱為有形貿易。

無形貿易（Invisible Trade）是指非實物商品（無形商品）的貿易，如教育、通信、旅遊、運輸等服務的交換活動。一般來說，無形貿易包括服務貿易和技術貿易。無形貿易的發展是伴隨著有形貿易的發展而發展的，但隨著國際間經濟關係的擴大，圍繞商品購銷的各種服務，如運輸、保險、金融、通信等大為增加，旅遊服務、專利及技術轉讓、資本移動及勞務貿易等關係也隨之迅速擴大，從而使得這些非有形商品交換的發展速度大大加快。

一般認為，有形貿易和無形貿易的主要區別是：有形貿易的進出口要經過海關手續，故其金額表現在海關的貿易統計上，這是國際收支中的重要項目；無形貿易則不經過海關手續，其金額通常不顯示在海關的貿易統計上，但它顯示在一國的國際收支表上。20 世紀 90 年代以來，由於電子科學技術的

迅速發展，服務產品具有無形性特徵的結論被修改了，部分服務產品有形化了，如光盤是有形產品，但就其性質而言，應是服務產品。因此，從某種意義上說，有形貿易與無形貿易的邊界模糊了。

四、直接貿易、間接貿易和轉口貿易

依照有無第三方參加，國際貿易可分為直接貿易、間接貿易和轉口貿易。

直接貿易（Direct Trade）是指貿易商品由生產國與商品消費國之間不通過第三方直接進行的貿易活動。貿易雙方交易的貨物既可以直接從生產國運到消費國，也可以通過第三國的國境轉運到消費國，只要兩者之間直接發生關係，即不通過第三國的商人作為仲介人來進行的貿易就是直接貿易。例如，過境貿易就是直接貿易，而不是間接貿易。生產國商品出口到消費國，從生產國來說，是直接出口；從消費國來說，是直接進口。

間接貿易（Indirect Trade）是指通過第三方或其他中間環節，把商品從生產國運銷到消費國的貿易活動。它與直接貿易對稱，與直接貿易同樣，貿易雙方交易的貨物既可以直接從生產國運到消費國，也可以通過第三國的國境轉運到消費國，只要兩者之間沒有直接發生關係，而是通過第三國的商人作為仲介人來進行的貿易就是間接貿易。

轉口貿易（Entrepot Trade）也稱中轉貿易，是指一國（或地區）進口某種商品不是以消費為目的，而是將它作為商品再向別國出口的貿易活動。即使商品直接從生產國運到消費國去，只要兩者之間並沒有直接發生交易關係，而是通過第三國（地區）轉口商分別同生產國與消費國簽訂進口合同與出口合同所進行的貿易，仍屬於轉口貿易。轉口貿易與間接貿易的區別在於看問題的角度不同。商品生產國與消費國通過第三國進行的貿易對生產國和消費國而言是間接貿易，對第三國（地區）而言，則是轉口貿易。轉口貿易屬於復出口，是過境貿易的一部分。

從事轉口貿易的大多是地理位置優越、交通便利、結算方便、貿易限制較少的國家或地區，如荷蘭鹿特丹、新加坡、中國香港等。由於其地理位置優越、運輸條件便利，適合作為商品的集散、銷售中心，所以轉口貿易十分發達。目前在中國香港的出口總值中轉口貿易額占將近一半，中國香港是世界上最大的轉口商埠。

轉口貿易與過境貿易的區別在於前者有第三國（地區）的商人參與商品的交易過程，而不論貨物是否經由第三國（地區）運送，后者則無第三國（地區）的商人參與；轉口貿易以營利為目的，通常有一個正常的商業加價，而過境貿易只收取少量的手續費。

五、自由結匯方式貿易和易貨貿易

這是按照國際收支清償工具不同劃分的國際貿易的種類。自由結匯方式貿易（Free Liquidation Trade）又稱現匯貿易，是指以貨幣作為清償工具所進行的貿易。其前提條件是作為支付的貨幣必須能夠在國際金融市場自由兌換。目前，世界上作為清償工具的貨幣主要有美元、歐元、日元等。

易貨貿易（Barter Trade）是指以經過計價的貨物作為清償工具所進行的貿易。它起因於貿易雙方的貨幣不能自由兌換，而且缺乏可以兌換的外匯儲備。於是雙方就把進口與出口直接聯繫起來，實行以貨換貨，以做到進出口大體平衡。與自由貿易相比，易貨貿易可以緩解進口支付能力不足的矛盾。然而，這種交換方式存在著許多局限性：首先，易貨貿易是建立在雙方具有共同相互需求的基礎上，能夠交換的商品品種非常有限；其次，雙方的進出口要保持直接平衡，貿易規模受到很大的限制；最后，貨物計價是通過政府之間談判確定而不是通過市場競爭來決定，商品交換之間的貿易條件往往不那麼合理。

目前，自由結匯方式貿易是國際貿易被普遍使用的方式，易貨貿易只是在一些外匯非常短缺的發展中國家之間採用。

六、單證貿易和無紙貿易

依交易手段不同，國際貿易可分為單證貿易和無紙貿易。單證貿易（Trade with Documents）是指以紙面單證為基本交易手段的貿易。無紙貿易（Trade without Document）是指以電子數據交換（Electronic Data Interchange, EDI）為交易手段的貿易。

第三節　國際貿易的發展

國際貿易的產生必須具備兩個基本的條件，一是要有國家的存在，二是產生了剩余產品。剩余產品只有在社會生產力達到一定程度才會出現，而生產力的發展是離不開國際分工的，國際分工只有在社會分工和私有制的基礎上才可能形成。所有這些條件不是在人類社會產生時就存在，而是隨著社會生產力的不斷發展和社會分工的不斷擴大而逐漸形成的。

一、原始社會時期的國際貿易

在原始社會初期，人類的祖先結伙群居，打魚捕獸，生產力水平極度低

下，人們處於自然分工狀態，勞動成果僅能維持群體最基本的生存需要，沒有剩餘產品用以交換，因此談不上對外貿易。

　　人類歷史的第一次社會大分工，即畜牧業和農業的分工，促進了原始社會生產力的發展，產品除維持自身需要以外，還有少量的剩餘。人們為了獲得本群體不生產的產品，便出現了氏族或部落之間用剩餘產品進行原始的物物交換。當然，這種交換還是極其原始並偶然發生的物物交換。

　　在漫長的年代裡，隨著社會生產力的繼續發展，手工業從農業中分離出來成為獨立的部門，形成了人類社會第二次大分工。由於手工業的出現，便產生了直接以交換為目的的生產——商品生產。當產品是專門為滿足別人的需要而生產時，商品交換就逐漸成為一種經常性的活動。隨著商品生產和商品交換的擴大，出現了貨幣，於是，商品交換就變成了以貨幣為媒介的商品流通。這樣就進一步促使私有制和階級的形成。由於商品交換日益頻繁和交換的地域範圍不斷擴大，又產生了專門從事貿易的商人階層。第三次社會大分工使商品生產和商品流通更加頻繁和廣泛，商品流通開始超越國界，這就產生了對外貿易。

二、奴隸社會時期的國際貿易

　　進入奴隸社會以後，隨著國家的出現、社會分工的擴大、社會生產力的發展，對外貿易有了進一步發展。當時的貿易中心集中在地中海地區，腓尼基、希臘、羅馬、印度、中國等國家也都有貿易活動。奴隸社會是奴隸主佔有生產資料和奴隸的社會，奴隸社會的對外貿易是為奴隸主階級服務的。當時，奴隸主擁有財富的重要標誌是其佔有多少奴隸，因此，奴隸社會國際貿易中的主要商品是奴隸以及專供王室和奴隸主階級享用的糧食、酒及其他奢侈品，如寶石、香料和各種織物等。

　　在奴隸社會，自然經濟占主導地位，其特點是自給自足，生產的目的主要是為了消費，而不是為了交換。奴隸社會雖然出現了手工業和商品生產，但在整個社會生產中顯得微不足道，進入流通的商品數量很少。同時，由於社會生產力水平低和生產技術落后，交通工具簡陋，道路條件惡劣，這嚴重阻礙了人與物的交流，貿易的範圍也十分有限。

三、封建社會時期的國際貿易

　　封建社會時期的國際貿易比奴隸社會時期有了較大的發展。在封建社會早期，封建地租採取勞役和實物的形式，進入流通領域的商品並不多。到了中期，隨著商品生產的發展，封建地租轉變為貨幣地租的形式，商品經濟進

一步發展。在封建社會晚期，隨著城市手工業的發展，資本主義因素已孕育產生，商品經濟和對外貿易都有了較快的發展。

在封建社會，封建地主階級占統治地位，對外貿易是為封建地主階級服務的。奴隸貿易在國際貿易中基本消失。參加國際貿易的主要商品，除了奢侈品以外，還有日用手工業品和食品，如棉織品、地毯、瓷器、穀物和酒等。這些商品主要是供國王、君主、封建地主和部分富裕的城市居民享用的。

綜上所述，資本主義社會以前的國際貿易是為奴隸主和封建地主階級利益服務的。隨著社會生產力的提高，以及社會分工和商品生產的發展，國際貿易不斷擴大，但是受到生產方式和交通條件的限制，商品生產和流通的主要目的是為了滿足剝削階級奢侈生活的需要，貿易主要局限於各洲之內和歐亞大陸之間。國際貿易在奴隸社會和封建社會經濟中都不佔有重要的地位，貿易的範圍和商品品種都有很大的局限性。15世紀的地理大發現及由此產生的歐洲各國的殖民擴張帶來了真正意義上的「世界貿易」，到了資本主義社會，國際貿易獲得了廣泛的發展。

四、資本主義時期的國際貿易

15世紀末期至16世紀初，哥倫布發現新大陸，瓦斯哥達·加成從歐洲經由好望角到達亞洲，麥哲倫完成環球航行，這些地理大發現對西歐經濟發展和全球國際貿易產生了十分深遠的影響。大批歐洲冒險家前往非洲和美洲進行掠奪性貿易，運回大量金銀財寶，甚至還開始進行買賣黑人的罪惡勾當，同時還將這些地區淪為本國的殖民地，妄圖長久地保持其霸權。這樣，既加速了資本原始累積，又大大推動了國際貿易的發展。西班牙、荷蘭、英國之間長期戰火不斷，目的就是為了爭奪海上霸權，歸根到底，就是要爭奪殖民地和國際貿易的控製權。可見，國際貿易是資本主義生產方式的基礎，同爭奪海運和國際貿易的霸權相呼應，這些歐洲國家的外貿活動常常具有一定的壟斷性質，甚至還建立了壟斷性外貿公司，如英國的東印度公司。

17世紀中期，英國資產階級革命的勝利，標誌著資本主義生產方式正式確立，資本主義社會進入自由競爭時期。隨后，英國奪得海上霸權，意味著它在世界貿易中占據主導地位，這就為它向外掠奪擴張鋪平了道路。18世紀中期的產業革命又為國際貿易的空前發展提供了十分堅實而又廣闊的物質基礎。蒸汽機的發明使用開創了機器大工業時代。一方面，社會生產力迅速提高，物質產品大為豐富，真正的國際分工開始形成；另一方面，交通運輸和通信技術和工具都有了突飛猛進的發展，各國之間的距離似乎驟然變短，這為國際貿易提供了極大的便利。這個時期的國際貿易，不僅貿易數量和種類

有長足增長，而且貿易方式和機構職能也有了創新發展。顯然，國際貿易的巨大發展是資本主義生產方式發展的必然結果。

19世紀70年代後，資本主義進入壟斷階段，此時的國際貿易不可避免地帶有壟斷的特點。主要資本主義國家的對外貿易被為數不多的壟斷組織控制，由它們決定著一國對外貿易的地理方向和商品構成。壟斷組織輸出巨額資本，用來擴大商品輸出的範圍和規模。

由於兩次世界大戰的干擾，壟斷資本主義的發展也同時受到阻礙。因此，在第二次世界大戰後，壟斷資本主義才真正進入了迅速膨脹的時期。

五、二戰後的國際貿易

從1914年第一次世界大戰爆發到1945年第二次世界大戰結束這段時期，是世界經濟和國際貿易波動和蕭條的一段時間。兩次世界大戰和幾次大的世界性經濟衰退，大大削弱了歐洲各國的經濟和軍事實力，也極大地影響了世界貿易。第一次大戰後，國際貿易縮減了40%，直到1924年才略超過戰前水平。緊接著是1929年至1933年大蕭條，世界貿易量又一次大幅度下降，加上這一時期各國實行的貿易保護政策，使國際貿易一直處於萎縮狀態。到第二次世界大戰爆發前的1937年，世界出口總額也只有254.8億美元，尚未恢復到1929年的水平（327.5億美元），甚至仍低於1924年的水平（275.95億美元）。這種狀態直到第二次世界大戰結束後才得到改變。

與工業革命後的世界貿易相比，二戰後的國際貿易主要有以下特徵：

（一）出口規模不斷擴大，國際貿易發展速度加快

二戰後，國際貿易增長的速度和規模遠遠超過19世紀工業革命以後的貿易增長。從1950年到2000年的50年中，全世界的商品出口總值從約610億美元增加到61,328億美元，增長了將近100倍。即使扣除通貨膨脹因素後，實際商品出口總值也增長了15倍多，遠遠超過了工業革命後乃至歷史上任何一個時期的國際貿易增長速度。而且，世界貿易實際價值的增長速度（年平均增長6%左右）超過了同期世界實際GDP增長的速度（年平均增長3.8%左右）。這意味著國際貿易在各國的GDP中的比重在不斷上升，國際貿易在現代經濟中的地位越來越重要。

（二）國際貿易中工業製成品的比重大大增加

1950年，工業製成品出口占世界全部商品出口價值的34.9%。20世紀60年代，這一比例增加到50%以上。20世紀70年代，世界能源價格上漲，使得工業製成品的比重在50%~60%之間徘徊。20世紀80年代中期以後，工業製

成品在貿易中的比重又開始攀升。到 2000 年，國際貿易中將近四分之三（74.85%）的商品是工業製成品。

在工業製成品貿易中，工業革命后曾經處於重要地位的紡織品、服裝等輕紡工業產品和鋼鐵等金屬工業產品的地位逐漸下降，取而代之的主要是包括汽車在內的交通和機器設備、電器、電子產品以及化工產品。

(三) 服務貿易迅速發展，成為國際貿易中重要的組成部分

戰后，隨著人們收入的不斷提高，在主要耐用消費品得到滿足后，人們對服務的需求越來越大，服務業在各國經濟中的比重越來越大，因而，服務貿易也相應地得到了發展。從 20 世紀 70 年代開始，服務貿易日益成為國際貿易中的一個組成部分。1970 年，世界服務業出口總值為 800 多億美元；1980 年增加到 4,026 億美元；1990 年又翻了一番，為 8,962 億美元；2000 年則進一步達到 16,136 億美元。服務貿易占世界貿易的比重也從 20 世紀 80 年代的 17%左右增加到 20 世紀 90 年代末的 22%左右。服務貿易已上升到與貨物貿易同等重要的地位，《服務貿易總協定》也已成為世界貿易組織的三個主要協議之一。

(四) 發達國家之間的貿易成為主要的貿易流向

從地理大發現開始，到工業革命以后很長的一段時間裡，世界貿易的模式是發達國家出口工業製成品，發展中國家出口礦產和原料等初級產品，即所謂的「南北貿易」。戰后，隨著製造品貿易的數量和種類的增加，工業發達國家之間的貿易量和占世界貿易的比重都在不斷提高。20 世紀 60 年代初，北美、西歐和日本相互之間的貿易量約占當時世界總貿易量的 40%；20 世紀 80 年代初，這一比重已經超過 40%（1983 年為 41%）；20 世紀 90 年代初（1993 年）為 47%左右；到了 2000 年，世界貿易總額的將近 50%發生在歐美發達國家和日本之間。如果把新加坡、韓國等新興工業化國家算上，這一比例則更高。1999 年，全部工業國家 73%的出口產品銷往其他工業國家，有 68%的產品從其他工業國家進口。

(五) 區域性自由貿易迅速發展

戰后，尤其是 20 世紀 90 年代以來，各種形式的區域性經濟合作越來越多，其中最多的是自由貿易區，包括歐洲自由貿易組織、北美自由貿易區、南美共同市場、東南亞國家的自由貿易區、東南非洲自由貿易區等。合作程度稍高的有關稅同盟、共同市場以及經濟同盟，例如歐盟。幾乎所有的關稅總協定和世貿組織成員國都參加了一個或數個區域性自由貿易協定。從 1948 年到 1994 年的 46 年中，關稅總協定成員國共簽訂了 124 項區域性自由貿易協

定，從 1995 年世貿組織成立到 2000 年的 6 年中，世貿組織共收到了 100 多項成員國參加區域自由貿易協定的通知。

總之，從第二次世界大戰結束到 21 世紀初的 50 多年中，世界經濟發生了天翻地覆的變化。科技革命、制度變遷和經濟發展使得世界各國的經濟日益融為一體，經濟全球化已成為 20 世紀以來的主要趨勢。作為經濟全球化的基礎，國際貿易與投資的自由化在 20 世紀末得到了很大的發展，並將繼續成為 21 世紀世界經濟發展的主要方向。

第四節　國際貿易課程的任務與內容

一、國際貿易課程的任務

（一）國際貿易的含義

國際貿易是指世界各國（地區）之間貨物和服務的交換，是各國（地區）之間分工的表現，反應了世界各國（地區）在經濟上的相互共存。

（二）國際貿易課程的任務

國際貿易課程是研究國際貿易的產生、發展和貿易利益，揭示世界各國（地區）之間進行商品和服務交換的規律和特點的學科。

二、國際貿易課程的內容

（一）國際貿易理論與學說

馬克思把國際貿易看做是政治經濟學的一個重要組成部分。他和恩格斯在《資本論》《剩余價值學說史》等著作中，對國際分工、世界市場、國際價值、世界貨幣、對外貿易與資本主義生產方式之間的關係等理論問題都作出了精闢的分析。此后，列寧等又論述了資本主義國家需要國外市場等問題。

西方經濟學家也一直注意研究國際貿易中的各種問題與規律。資本主義原始累積時期的重商主義學派研究了對外貿易如何帶來財富；資本主義自由競爭時期的古典學派的代表人物亞當·斯密和大衛·李嘉圖探討了國際分工形成的原因和分工的依據，論證了國際分工和國際貿易的利益；20 世紀以來，瑞典經濟學家赫克歇爾和俄林提出了按照生產要素稟賦進行國際分工的學說；第二次世界大戰以后，西方經濟學家對國際分工、世界市場、經濟一體化、跨國公司等問題進行了進一步研究；20 世紀 80 年代以后，西方經濟學家提出

了戰略性貿易政策理論。

(二) 國際貿易政策、措施和組織

國際貿易與各國的經濟發展密切相關，因此，各國都制定了有利於本國經濟發展的對外貿易政策和措施。對外貿易政策是隨著時代的發展而不斷變化的。在資本主義原始累積時期，出現了重商主義的保護貿易政策；在資本主義自由競爭時期，自由貿易政策與保護貿易政策並存；在帝國主義時期，出現了超保護貿易政策；第二次世界大戰後，又出現了貿易自由化。1995年1月1日，世界貿易組織建立，取代了1947年的關稅與貿易總協定，成為多邊貿易體系的法律基礎和組織基礎，其目標是實現貿易自由化。

為執行對外貿易政策，各國採取了各種對外貿易政策措施，這些政策措施可概括為4個字：獎出限入。它分為兩個方面：一方面是獎勵出口的措施，如出口退稅等；另一方面是限制進口的措施，如關稅措施、非關稅壁壘措施等。

國際貿易組織在國際上主要有關稅與貿易總協定，1995年後被世界貿易組織所取代。各個國家、集團還建立了管理對外貿易的機構。

(三) 當代世界和主要貿易國家、集團的對外貿易發展趨勢和主要特點

在當代國際貿易中，發達資本主義國家是世界貿易的主體，也是世界各國對外貿易的主要市場，在各種國際貿易機構中占據主要地位。它們的跨國公司壟斷著國際貿易的大部分，它們的對外貿易政策影響著世界經濟和貿易的發展。第二次世界大戰後，發展中國家以獨立國家身分出現在世界貿易舞臺上，通過對外貿易的發展帶動本國經濟的發展。為了改善它們在國際貿易中的地位，發展中國家積極開展南北對話與南南合作，尤其是中國在改革開放，發展社會主義市場經濟，積極參與國際分工、國際交換與國際經濟合作中，走出了獨具特色的發展道路，促進了社會主義市場經濟的迅速發展。

本書將著重介紹美國、歐盟、日本和中國的對外貿易。

【案例分析】

1. 內容分析

目前，中國對外貿易依存度高達60%，其中鐵礦石、原油、糧油等各種資源性物資的對外依存度仍在不斷上升。

①鐵礦石：對外貿易依存度節節攀高至62%。

近年來，中國鐵礦石的對外依存度仍在節節攀高。據統計，鐵礦石的對外

貿易依存度已經從 2002 年的 44% 提高到 2009 年的 62%。2009 年，中國進口鐵礦石 6.2 億多噸，比 2008 年增加了 1.8 億噸，成為全球鐵礦石的第一大買家。

伴隨著鐵礦石進口量的節節攀高，礦價也隨之水漲船高，直到 2008 年金融危機爆發才暫時回落。世界三大礦業巨頭（澳大利亞力拓集團、必和必拓公司和巴西淡水河谷集團）把持著七成以上的資源，依靠壟斷地位欺壓中國。現在三大礦商供應中國的鐵礦石只有一半按長協價（長協價是為了保障買賣雙方的共同利益，由鐵礦石供應商和消費商經過談判而確定的一個財政年度內的鐵礦石價格，價格一經確定，雙方則依照談定的價格在一年內執行）供應，其餘均按較高的現貨價供應。

②原油：對外貿易依存度超 50% 警戒線。

國家能源局最新數據顯示，2009 年，中國原油對外依存度已經達到了 51.3%，首次超過輿論所稱的 50% 的警戒線，而在 1993 年中國首度成為石油淨進口國時，這一數字為 6%，中國原油的對外依存度在 16 年間翻了數倍。值得注意的是，2008 年，中國原油進口也是一路飛漲，高位徘徊，平均每月在 1,600 萬噸以上，國際油價的波動直接影響著國內市場。受此影響，此前《全國礦產資源規劃（2008—2015 年）》預測的「2020 年中國原油對外依存度將達 60%」，被 2008 年年中的《能源藍皮書》修改為：「在 2019 年中國原油的對外依存度將達到 64.5%」。

而除了石油，中國煤炭進出口的形勢也在發生巨變，2009 年首次由煤炭出口大國一躍成為煤炭的淨進口國。

③大豆：對外貿易依存度高達 70%。

來自農業部的數據顯示，中國大豆的對外依存度高達 70%，大豆已成為需要「看人臉色」的農產品。目前，除稻穀外，國際糧油產品價格都低於國內。除了大豆，油菜子和食用植物油的進口量也持續增加。

目前，中國大豆的市場已完全受「ABCD」四大糧商控製。據瞭解，2004 年的大豆危機導致國內壓榨企業陷入倒閉風潮，而四家國際糧商趁機低價收購，參股中國大豆壓榨企業。這四家企業是美國阿徹丹尼爾斯米德蘭（ADM）、美國邦吉（Bunge）、美國嘉吉（Cargill）和法國路易達孚（Louis Dreyfus），被簡稱為「ABCD」。在中國的 97 家大型油脂企業中有 64 家已被國際四大糧商參股控股，占總股本的 66%。

2. 分析要求

根據上述案例，運用所學知識談談你對中國對外貿易依存度的看法？

第二章　國際分工

第一節　概述

一、國際分工的含義

國際分工是指世界各國之間的勞動分工，是生產國際專業化的分工。它是社會分工發展到一定階段的產物，是國民經濟內部分工超越國家界限的產物。

國際分工是社會分工的一個組成部分，社會分工是人類社會在生產過程中形成的勞動分工。它是商品生產和商品交換的基礎，沒有社會分工，就沒有商品交換，也就沒有市場。商品交換的廣度、深度和方式都取決於生產的發展，也取決於勞動分工的發展水平。在每一次國際商品交換的背後，都有各國生產者之間的勞動分工作為基礎。因此，國際分工是國際貿易和世界市場的基礎，國際貿易和世界市場是隨著國際分工的發展而發展的。

二、國際分工的類型

國際分工的類型是指世界各國參與國際分工的形式，它反應了各國在國際分工體系中所處的位置。按照生產的關聯性質，即按照參加國際分工的國家的自然資源和原材料供應、生產技術水平和工業發展情況的差異來分類，國際分工可分為三種不同類型，即垂直型國際分工、水平型國際分工和混合型國際分工。

(一) 垂直型國際分工

垂直型國際分工（Vertical International Division of Labor）是指經濟技術發展水平不同的國家之間的縱向分工。這類國際分工主要發生在發達國家與發展中國家之間。其特徵主要表現為農礦業與製造業、初級產品與製成品、勞動密集型產品與資本密集型產品及技術密集型產品之間的分工。

垂直分工分為兩種類型，一種是指部分國家供給初級原料，而另一部分

國家供給製成品的分工形態，如發展中國家生產初級產品，發達國家生產工業製成品，這是不同國家在不同產業間的垂直分工。經濟越發達，分工越細緻，產品越複雜，工業化程度越高，產品加工的次序就越多。另一種是指同一產業內技術密集程度較高的產品與技術密集程度較低的產品之間的國際分工，或同一產品的生產過程中技術密集程度較高的工序與技術密集程度較低的工序之間的國際分工，這是相同產業內部因技術差距所引起的國際分工。二戰后，垂直型的國際分工有所減弱，但工業發達國家從發展中國家進口原料並向其出口工業製成品的情況依然存在。迄今為止，垂直型的國際分工仍然是工業發達國家與發展中國家之間的一種重要的分工形式。

(二) 水平型國際分工

水平型國際分工（Horizontal International Division of Labor）是指經濟發展水平相同或接近的國家之間的橫向分工。這類國際分工主要發生在發達國家之間、發展中國家之間以及發達國家與一部分新興工業化國家之間。其特徵主要表現為各個國家在不同的工業製成品上的分工。

水平型國際分工可分為產業內水平分工與產業間水平分工。產業內水平分工是指同一產業內不同廠商生產的產品雖有相同或相近的技術程度，但其外觀設計、內在質量、規格、品種、商標、牌號或價格有所差異，從而產生了國際分工和相互交換。隨著科學技術的進步和經濟的發展，工業部門內部專業化生產程度越來越高，部門內部的分工、產品零部件的分工、各種加工工藝間的分工越來越細。這種部門內分工不僅存在於國內，而且廣泛存在於國家與國家之間。產業間水平分工則是指不同產業所產生的製成品之間的國際分工和貿易。

當代發達國家之間的貿易主要是建立在水平型國際分工的基礎上。例如，發達資本主義國家的許多產業，包括汽車、飛機、電器等，已廣泛建立了國際間的零部件專業化分工與協作關係。以歐洲式的 R-180 載重汽車的生產為例，發動機由瑞典製造，底盤和彈簧由美國生產，控制設備由德國製造，車身由義大利生產，而最后裝配則在英國進行。

(三) 混合型國際分工

混合型國際分工（Mixed International Division of Labor）是把「垂直型」和「水平型」結合起來的國際分工方式，即一個國家在國際分工體系中，既參與垂直型分工，又參與水平型分工。許多發達國家都屬於這一類型，它們同發展中國家交換商品屬於垂直型分工，它們之間相互交換商品則屬於水平型分工。

三、國際分工與社會分工的區別

社會分工是指社會不同部門之間和各部門內部的分工，是各種社會形態所共有的；而國際分工是在生產力發展到一定階段才出現的，特別是在資本主義大機器工業建立以後才形成的。

國內社會分工的商品交換是通過國內貿易進行的；而國際分工的商品交換則是通過國際貿易進行的。

國內社會分工的商品交換受國內價值規律的制約；而國際分工的商品交換則受國際價值規律的制約。

國內的商品交換受到的限制比較少，相對來說，是比較自由的；而國際分工之間的商品交換則受到種種限制，如對外貿易政策、各國的貨幣政策、貿易壁壘、限制性商品慣例等。

第二節　國際分工的產生與發展

一、國際分工的概念與作用

（一）概念

國際分工（International Division of Labor）是指世界各國之間的勞動分工。它是社會分工發展到一定歷史階段，國民經濟內部分工超越國家界限而形成的國家之間的分工。其表現形式是各國貨物、服務和生產要素的交換。

（二）作用

1. 國際分工是國際貿易的基礎

國際分工源於對外貿易的發展，在資本主義生產方式下，國際分工又變成對外貿易的基礎。各國參與國際分工的形式和格局決定了該國對外貿易的結構、對外貿易地理方向和貿易利益的獲得等。與此同時，各國對外貿易又是國際分工利益實現的途徑，各國對外貿易的模式與措施影響著國際分工的發展。由此，國際分工與國際貿易相輔相成，互為因果。

2. 國際分工促進國內分工的發展

國際分工是發達國家國內社會分工發展的結果。發達國家國內各種產業分工超越國界形成國際分工，再把這種分工推向后進國家，形成國際分工體系。這種分工體系促進了發達國家國內的分工，擴大了國內市場，促進了新興產業的產生；衝擊瓦解了后進國家落後的社會分工體系，促使新的國內分

工和新產業的出現。

3. 國際分工推動世界市場的擴大

國際分工使各國在其具有相對優勢的部門或產品上擴大生產規模，形成規模經濟，增加產品數量，取得規模效益。國際分工使各國生產要素得到有效的配置，節約了社會資本，提高了效率，大大推動了整個世界社會生產力的發展。而世界社會生產力的發展又使國際貿易（精簡本）增加了國際分工的深度與廣度，從而擴大了世界市場。

4. 國際分工影響國際貿易格局

由於經濟發展階段和進入國際分工的方式不同，世界各國形成了不同國際分工的形式和格局。發達國家處於國際分工的優勢地位和格局的中心，發展中國家處於劣勢地位和格局中的外圍。這種差異決定了他們在國際貿易中的主次地位和貿易利益的多寡，構成了不平等的國際貿易秩序，改變不平等秩序的鬥爭又推動著國際分工關係的改善和重構。

二、國際分工的產生與發展

(一) 萌芽階段

這一階段包括16~18世紀中葉資本原始累積時期以及資本主義以前的各個社會經濟形態。由於自然經濟占主導地位，該階段只存在著不發達的社會分工和不發達的地域分工。

隨著社會生產力的發展，11世紀歐洲城市興起，手工業與農業逐步分離，商品經濟有了較快的發展。特別是15世紀末到16世紀上半葉的地理大發現和隨後的殖民地開拓，使市場大大地擴展，並促進了手工業向工場手工業的過渡。這種過渡也體現了社會分工水平的進一步提高。從此，資本主義進入了資本原始累積時期。殖民主義國家用暴力和超經濟的強制手段，在亞、非、拉美殖民地開採礦山，建立甘蔗、菸草等農作物種植園，為本國提供不能生產的農作物原料，以維持和擴大本國工業品的生產和出口。至此，宗主國和殖民地之間的垂直型國際分工就形成了。

(二) 發展階段

這一階段包括18世紀60年代~19世紀60年代。此段時間內，第一次工業革命出現在英國，又迅速擴展到其他國家。工業革命推動了資本主義經濟體系的構建，加快了商品經濟和社會分工的發展，推進了國際分工。

1. 大機器工業加深了國際分工的基礎

第一，大機器生產使生產能力不斷增強，生產規模迅速擴大，源源不斷

地生產出來的大批商品使國內市場飽和，需要尋求新的市場。同時，生產力革命帶來生產的急遽擴大，引起原料供應的緊張，要求開闢大量而穩定的新的原料來源地。第二，大機器工業改進了運輸方式，提供了電報等現代化的通信工具，把原料生產國和工業品生產國聯繫在一起。第三，大機器工業成為工業化國家開拓市場的「重炮」，消滅了古老的民族手工業，打破了以往地方和民族的自給自足和閉關自守的市場格局，把各種類型的國家捲入世界市場。

2. 英國成為國際分工的中心

率先完成工業革命的英國，生產力和經濟迅速發展，在國際經濟競爭中處於絕對優勢地位。為進一步發展經濟，英國放棄了重商主義政策，轉向自由貿易。它通過強有力的競爭和殖民統治將亞、非、拉美國家落後的自然經濟納入國際分工和世界市場。馬克思指出：「英國是農業世界的大工業中心，是工業太陽，日益增多的生產穀物和棉花的衛星都圍著它運轉。」

3. 世界市場上出現大宗商品

國際貿易中交換的商品，由過去主要為滿足地主貴族和商人需要的奢侈品和消費品轉向現代大工業生產需要的農業和原材料，如小麥、棉花、羊毛、咖啡、銅、木材等。這些產品的貿易推進了垂直型的國際分工體系和格局。

(三) 形成階段

這一階段包括19世紀中葉到第二次世界大戰。這個時期，第二次產業革命爆發，石油、汽車、電力、電器工業得以建立，交通運輸加快發展，蘇伊士運河 (1869年) 和巴拿馬運河 (1913年) 被相繼開通，電報和海底電纜得以鋪設，這極大促進了社會生產力的發展，使得了資本主義經濟體系得以確立，促使國際分工體系最終形成。

1. 國際分工中心國家增多

這一期間完成產業革命的法國、德國、日本、美國等工業化國家都成為國際分工的中心國家。國際分工中心國家由英國變成一組國家。

2. 發達國家間出現部門分工

根據工業化后的經濟結構和優勢，發達國家之間形成部門分工，如挪威專門生產鋁，比利時專門生產鐵和鋼，芬蘭專門生產木材和木材加工產品，芬蘭和丹麥專門生產畜產品，美國成為穀物的生產大國。

3. 亞、非、拉美國家形成單一經濟

隨著國際分工中心國家的增多，亞、非、拉美殖民地和后進國家垂直型分工加深，他們主要生產和出口一兩種中心國家生產和生活所需的農產品和礦產品，而所需的工業品和消費品則從中心國家進口。

4. 世界性的生產和消費形成

隨著國際分工體系的形成，參與國際分工的每個國家都有許多生產部門首先是為世界市場生產的，而每一個國家所消費的生產資料和生活資料，都全部或部分地依靠其他國家供應。其結果是，參與國際分工國家的生產和消費變成世界性的，且他們相互形成依賴的關係。

第三節　國際分工理論

國際分工理論是指研究國際分工產生、發展、利益與作用的論述。就意識形態而言，國際分工有馬克思主義和西方經濟學派兩大派系；就西方經濟學派而言，有古典和新古典國際分工理論；就分工與國家發展關係而言，有發達國家經濟學派和發展中國家經濟學派。隨著歷史階段的更迭，它們都帶有時代的特性。下面，我們按照歷史發展和理論出現的先後次序，簡要介紹有重大影響的國際分工理論。

一、亞當·斯密的國際分工理論

亞當·斯密（Adam Smith, 1723—1790），英國人，是資產階級經濟學古典學派的主要奠基人之一，也是國際分工和國際貿易理論的創始者。他處在英國從手工製造業開始向大機器工業過渡的時期，在其代表著作《國民財富的性質和原因的研究》（An inquiry into the nature and causes of the wealth of nations）（中譯本為《國富論》）中，提出了國際分工理論。

(一) 分工促進生產力的發展

在《國民財富的性質和原因的研究》一書的開始，斯密指出：「勞動生產力上最大的增進，以及運用勞動時所表現的更大的熟練、技巧和判斷力，似乎都是分工的結果。」為證明他的這一論斷，他舉了幼年時期見到的扣針製造的例子。在只雇傭 10 個工人的小工廠裡，扣針的製造被分成 18 種工序，一人抽鐵絲、一人拉直、一人截斷鐵絲、一人磨尖鐵絲的一端、一人磨另一端，以便裝上圓頭。而做圓頭，又分成三種工序。這個小工廠設備雖然簡陋，但一天可以生產 12 磅扣針，以每磅 4,000 扣針計算，這 10 名工人每日共可生產 48,000 枚扣針，平均每人生產 4,800 枚。如果不是專業化的分工，他們每天可能連一根扣針也生產不出來。由此可見，「凡能採用分工制的工藝，一經採用分工制，便相應地增進勞動生產力。各種行業之所以個個分立，似乎也是由於分工有這種好處。一個國家的行業與勞動生產力的增進程度如果是極高

的，則其各種行業的分工一般也都達到高級的程度。」

分工能夠大幅度提高勞動生產率的原因是：「第一，勞動的技巧因專業而日益熟練；第二，一種勞動轉到另一種工作，通常須損失不少時間，有了分工，就可以免除這種損失；第三，許多簡化勞動和縮減勞動的機械的發明，使一個人能夠做許多人的工作。」

(二) 分工能夠促進全社會的普遍富裕

斯密認為，分工不僅能極大地促進勞動生產力的發展，還能增進全社會的普遍財富，這是因為，「各行各業的產量由於分工而大增。各勞動者，自身所需要的以外，還有大量產物可以出賣；同時，因為一切其他勞動者的處境相同，各個人都能以自身生產的大量產物，換得其他勞動者生產的大量產物，換言之，都能換得其他勞動者大量產物的價格。別人所需的物品，他能予以充分供給；他自身所需的，別人亦能予以充分供給。於是，社會各階級都普遍富裕。」

(三) 分工產生的原因

斯密認為，儘管人類智慧預見到分工會促進勞動生產力的發展和人民富裕，但這並不是促使分工產生的原因。分工的產生來源於人類互通有無，物物交換和相互交易的天性。「這種傾向，為人類所共有，亦為人類所特有，在其他各種動物中是找不到的。」這是因為，「一個人盡畢生之力，亦難博得幾個人的好感，而他在文明社會中，隨時有取得多數人的協作和援助的必要。別的動物，一達到壯年期，幾乎全部能夠獨立，自然狀態下，不需要其他動物的援助。但人類幾乎隨時隨地都需要同胞的援助，要想僅僅依賴他人的恩惠，那一定是行不通的。他如果能夠刺激他們的利己心，使有利於他，並告訴他們，給他做事，是對他們自己有利的，他們達到目的就容易得多了。……我們所需要的相互幫助，大部分是依照這個方法取得的。我們每天所需要的食物和飲料，不是出自屠戶、釀酒家或麵包師的恩惠，而是出自他們自利的打算。」正是「由於我們所需要的相互幫助，大部分是通過契約、交換和買賣取得的，所以當初產生分工的也正是人類要求相互交換這個傾向」。

(四) 限制分工發展的因素

斯密認為，分工發展受到三個因素的約束。首先，由於分工起因於交換能力，因此分工的程度總要受到交換能力大小的限制，即受市場狹窄的限制。而市場的寬窄又與人口密度、交通狀況有直接關係。其次，分割的發展受制於產業領域發展的影響，如農業分工不如製造業分工發達。「農業由於它的性質，不能像製造業那樣細密地分工，各種工作，不能像製造業那樣判然分

23

立。」最后，分工的發展還受制於商品經濟和交換媒體的發展。這是因為，分工一經建立，一個人的大部分慾望，須用自己勞動的剩余產品同別人勞動的剩余產品相交換來滿足。也就是說，所有人都要依賴商品交換而生存。在開始分工的時候，這種交換能力還受到交換媒體不通用的限制。

(五) 國家之間如何分工

斯密在批評重商主義限制進口政策時，由個人交換動機提出國家之間按產品費用多寡進行分工的思想。「有時，在某些特定產品的生產上，某一國佔有那麼大的自然優勢，以致全世界都認為，跟這種優勢做鬥爭是枉然的。通過嵌玻璃、設溫床、建溫壁，蘇格蘭也能栽種極好的葡萄，並釀造最好的葡萄酒。單單為了要獎勵蘇格蘭釀造波多爾和布岡迪紅葡萄酒，便以法律禁止一切外國葡萄酒輸入，這難道是合理的嗎？即使不是多三十倍，而僅多三十分之一，也同樣是不合理的。」「只要甲國有此優勢，乙國無此優勢，乙國向甲國購買，總是比自己製造有利。」所以，「如果外國能比我們自己製造還便宜的商品供應我們，我們最好就用自己的產業生產出來的物品的一部分向他們購買。國家的總勞動既然總是同維持它的產業的資本成比例，就決不會因此減少。要是把勞動用來生產那些購買比自己製造還要便宜的商品，那一定不是用得最為有利。」由此，演繹出斯密主張以商品生產成本絕對優勢形成國際分工的學說。

二、大衛·李嘉圖的國際分工理論

大衛·李嘉圖（David Ricardo, 1772—1823），英國人，是英國工業革命深入發展時期的經濟學家和政治活動家，也是古典學派的代表人物。其代表著作是1817年出版的《政治經濟學及賦稅原理》，李嘉圖在該書第七章：論對外貿易中提出按比較優勢進行國際分工的理論。

(一) 比較優勢理論的產生

1815年，英國政府為維護地主貴族階級利益而修訂、實行了《穀物法》。《穀物法》頒布後，英國糧價上漲，地租猛增，它對地主貴族有利，而嚴重地損害了產業資產階級的利益。昂貴的穀物，使工人貨幣工資被迫提高，成本增加，利潤減少，削弱了工業品的競爭能力；同時，昂貴的穀物也擴大了英國各階層的吃糧開支，減少了對工業品的消費。《穀物法》還招致外國以高關稅阻止英國工業品對他們的出口。總之，《穀物法》大大傷害了英國產業資產階級的利益。出於發展資本、提高利潤率的需要，英國產業資產階級迫切要求廢除《穀物法》，從而與土地貴族階級展開了激烈的鬥爭。

為了廢除《穀物法》，工業資產階級在全國各地組織反穀物法同盟，廣泛宣傳《穀物法》的危害性，鼓吹穀物自由貿易的好處。而地主貴族階級則千方百計地維護《穀物法》。他們認為，既然英國能夠自己生產糧食，根本不需要從國外進口，反對穀物實行自由貿易。這時，工業資產階級迫切需要找到穀物自由貿易的理論依據。李嘉圖認為，英國不僅要從外國進口糧食，而且要大量進口，因為英國在紡織品生產上所占的優勢比在糧食生產上優勢還大。故英國應專門發展紡織品生產，以其出口換取糧食，取得比較利益，提高商品生產數量。為此，李嘉圖在進行廢除《穀物法》的論戰中，提出了比較優勢理論（Theory of Comparative Advantage）。

(二) 比較優勢理論的主要內容

李嘉圖的比較優勢理論是在亞當・斯密絕對優勢理論的基礎上發展起來的。根據斯密的觀點，國際分工應按地域、自然條件所形成的絕對的成本差異進行，即一個國家輸出的商品一定是生產上具有絕對優勢、生產成本絕對低於他國的商品。李嘉圖進一步發展了這一觀點，他認為每個國家不一定要生產各種商品，而應集中力量生產那些利益較大或不利較小的商品，然後通過國際交換，在資本和勞動力不變的情況下，生產總量將增加，如此形成的國際分工對貿易各國都有利。

李嘉圖以英國和葡萄牙各生產酒和毛呢的比較優勢形成的分工，來說明國際分工的利益。他指出：「英國的情形可能是生產毛呢需要 100 個人一年的勞動；而如果要釀製葡萄酒則需要 120 個人勞動同樣長的時間。因此，英國發現對自己有利的辦法是輸出毛呢以輸入葡萄酒。葡萄牙生產葡萄酒可能只需要 80 個人勞動一年，而生產毛呢卻需要 90 個人勞動一年。因此，對葡萄牙來說，輸出葡萄酒以交換毛呢是有利的。即使葡萄牙進口的商品在該國製造時所需要的勞動少於英國，這種交換仍然會發生。雖然葡萄牙能夠以 90 個人的勞動生產毛呢，但它寧可從一個需要 100 個人勞動生產毛呢的國家輸入，因為對葡萄牙來說，與其挪用種葡萄的一部分資本去製造毛呢，還不如用資本來生產葡萄酒，因為由此可以從英國換得更多的毛呢。」

根據李嘉圖的表述，葡萄牙生產酒和毛呢，所需勞動人數均少於英國，從而英國在這兩種產品的生產上都處於不利地位。根據斯密的絕對優勢理論，英國需放棄兩種產品的生產，均從葡萄牙進口，在兩種產品上不會進行相互分工。而李嘉圖認為，葡萄牙生產酒所需勞動人數比英國少 40 個人，生產毛呢只少 10 個人，即分別少 1/3 和 1/10；顯然，葡萄牙在酒的生產上優勢更大一些，雖然它在毛呢生產上也具有優勢；英國在兩種產品生產上都處於劣勢，但在毛呢生產上劣勢小一些。英國和葡萄牙應以「兩利取重，兩害取輕」的

原則進行分工。即英國雖都處於絕對不利地位，但應取其不利較小的毛呢生產，葡萄牙雖都處於絕對有利地位，但應取有利更大的酒生產。按這種原則進行國際分工，兩國產量都會增加，再通過貿易進行交換，兩國都會得利。

李嘉圖認為，在資本與勞動力在國際間不能自由流動的情況下，按照比較優勢理論進行國際分工，可使勞動配置更合理，可增加生產總額，對貿易各國均有利。但其前提必須是完全的自由貿易。

（三）比較優勢理論的前提

李嘉圖提出根據商品付出勞動的比較優勢進行國際分工的理論，根源於資本和勞動在國家之間不如國內容易轉移和流動。「英國將以100個人的勞動產品交換80個人的勞動產品。這種交換在同一個國家中的不同個人間是不可能發生的。不可能用100個英國人的勞動交換80個英國人的勞動，但卻可能用100個英國人的勞動產品去交換80個葡萄牙人、60個俄國人或120個印度人的勞動產品。關於一個國家和許多國家之間的這種差別是很容易解釋的。我們只要想到資本由一個國家轉移到另一個國家以尋找更為有利的用途是怎樣困難，而在同一個國家中資本必然會十分容易地從一個省轉移到另一個省，情形就很清楚了。」此外，「每一個人自然都不願意離鄉背井，帶著已成的習慣而置身於異國政府和新法律」。

李嘉圖的比較優勢理論為英國工業資產階級推行自由貿易政策提供了理論基礎，對英國經濟貿易的發展起了推動作用，並成為自由貿易理論中的核心。

三、馬克思的國際分工理論

馬克思（1818—1883），德國人，是馬克思主義的創始人。他在《資本論》等著述中，從歷史唯物主義的高度對以英國為中心的國際分工做了考察與研究，提出從社會生產方式演變中分析國際分工產生和發展的現象，從而揭示了資本主義國際分工的二重性。

（一）反對抽象地研究國際分工

馬克思在研究國際分工這一社會現象時，主張要把它們納入到一定的歷史條件下進行研究，以明確它們的性質與影響。「市場的大小和它的面貌所賦予各個不同時代的分工的面貌和性質，單從一個『分』字，從觀念、範疇中是很難推論出來的。」

（二）資本主義國際分工來源於社會分工的發展

馬克思認為，資本主義國際分工是資本主義社會分工發展的深化過程。

在資本主義商品經濟下，各種不同的經濟單位建立起來，單獨的經濟部門的數量日益增多，執行同一經濟職能的經濟單位的數量日益減少，專業化過程在加速。這種專業化過程，把產品的各種加工過程彼此分離開來，創立了越來越多的工業部門和農業部門。「由於機器與蒸汽機的應用，分工的規模使大工業脫離了本國基地，完全依賴於世界市場、國際交換和國際分工。」因此，資本主義國際分工的動力來自資本主義首先進行產業革命國家社會分工發展的要求。

(三) 資本主義國際分工初級階段的形式與形成因素

15世紀和16世紀早期的地理大發現，開通了東西方通商的渠道，有力地促進了國際貿易和世界市場的擴大，加速了西歐資本原始累積的進程，從而為資本主義早期國際分工的產生提供了條件。

18世紀中葉，英國發生了產業革命，出現了大機器工業，促進英國國內分工的迅猛發展。馬克思指出：「機器對分工產生了極大的影響，只要一種物品可能用機械製造它的某一部分，生產就立即分成兩個彼此獨立的部門。」這種國內分工的發展，要求擴大市場，形成以英國為中心的國際分工。其結果，使地球的一部分主要從事農業的生產地區，以服務於另一部分主要從事工業的生產地區。例如，東印度被迫為英國生產棉花、羊毛、大麻、靛藍等，形成了以英國為中心的垂直型國際分工。隨著西歐國家產業革命的相繼發生，資本主義迅速發展，這些國家也在英國之後成為國際分工的中心國家。這些國家工業所加工的，已經不是本國的原料，而是來自極其遙遠地區的原料。它們的產品不僅供給本國消費，而且同時供給世界各地消費。出現了工業與原材料生產，即工業國與農業國和礦業國之間的垂直型國際分工。

資本主義初級階段的國際分工是在以下因素基礎上形成的。首先，工業發達國家的生產力的巨大發展。以英國為首的西歐國家的產業革命，使其生產力的發展超過其他國家。這種發達的生產力，使得生產工具變先進，生產效率提高，商品變得物美價廉，能夠摧毀生產力落後國家的手工業。同時使得工人不斷過剩，促進了向落後國家的移民。其次，通過殖民統治，強迫殖民地生產工業國（宗主國）需要的原料，銷售工業國（宗主國）生產的消費品，進行不平等貿易。最後，發動商業戰爭，依靠先進的武器、鐵艦打敗落後國家，簽訂不平等條約，使落後國家淪為工業國的原料來源地和消費品的銷售市場。

(四) 資本主義國際分工的二重性

一方面，它具有進步性。首先，資本主義國際分工促進資本主義生產力

的巨大發展。這是因為，分工可以提高勞動生產率，提高勞動熟練程度，促進生產專業化。社會分工成為用同量勞動生產更多商品，從而使商品更加便宜和加速資本累積的手段。其次，資本主義國際分工加強了各國的專業化。專業化可以節約世界社會勞動，提高世界生產力的水平。最後，資本主義國際分工普及了資本主義的先進的生產方式和現代化文明。「大工業把世界各國人民互相聯繫起來，把所有地方性的小市場聯合成一個世界市場，到處為文明和進步準備好地盤，使各文明國家裡發生的一切必然影響到其餘各國」。在這種情況下，「過去那種地方的和民族的閉關自守和自給自足狀態已經消逝，現在代之而起的已經是各個民族各方面互相往來和各方面相互依賴了」。

另一方面，國際分工是和一定的國際生產關係永遠聯繫在一起的。資本主義的國際分工體現著資本主義的生產關係，其結果是，這種國際分工既使「衛星」國家和地區的經濟變得畸形、單一，又影響了這些國家的發展，甚至帶來災難。「那些還在奴隸勞動或徭役勞動等較低級形式上從事生產的民族，一旦捲入資本主義生產方式所統治的世界市場，而這個市場又使他們的產品的外銷成為首要利益，那就會在奴隸制、農奴制等野蠻災難之上，再加上一層過度勞動的文明災難。」

四、布哈林的國際分工理論

俄國馬克思主義者布哈林在1917年出版的《世界經濟和帝國主義》一書中，對國際分工進行了比較深入的探討。他的主要觀點如下：

（一）國際分工的定義

布哈林認為，在現代社會裡，各種商品交換過程表現出來的是這些商品的各種經濟單位間的分工。社會分工具有各種不同的形式。在一般的社會分工基礎上，「存在一種各『國民經濟』之間的分工，或者說各國之間的分工。這種超越出『國民經濟』疆界的分工，就是國際分工」「國際分工的表現是國際交換」「國際商品交換的基礎是國際分工」。

（二）國際分工的前提

布哈林認為，國際分工需要兩種前提。「一種是由於各『生產機體』生存的自然環境不同所決定的自然前提，另一種是由於各國文化程度不同、經濟結構不同以及生產力發展水平不同所決定的社會前提」。但他認為，後者重於前者。他說：「生產條件的自然差別雖然重要，但是，如果同各國生產力發展不平衡所造成的差別比起來，它的作用愈益減少了。」例如，如果不具備開採煤炭的技術和經濟前提，煤礦藏就會成為「死的資本」。山脈從前阻礙交通，

沼澤使生產遭到困難，等等。而在擁有高度發達技術（修築隧道、灌溉工程等）的國家中，它們就失去消極作用了。「更重要的是，隨著生產力的不平衡發展，出現了各種不同的經濟類型和各種不同的生產部門，從而使國際分工的範圍擴大起來。這裡要特別提出的是輸入農產品並輸出製成品的工業國同輸出農產品並輸入工業品的農業國之間的差別問題。」

(三) 資本主義國際分工的形成

布哈林認為，一切發達的、以商品交換為媒介的分工的基礎，都是城鄉的分離。「從前，『城鄉的分離』與『這種對立的運動』，只局限於一國的範圍內，而現在這一過程在規模大得多的基礎上再表現出來。從這個觀點看，整個國家變成『城市』，即工業國，而整個農業地區變成了『鄉村』。在這裡，國際分工同整個社會生產中兩個最大工業部門的分工——工業與農業的分工是一致的，從而形成所謂『一般的分工』。」「這就是世界資本主義生產力所特有的分佈狀況。社會勞動的主要部門被一條界線隔開，劃分為兩種不同類型的國家。社會勞動在國際範圍上劃分開來。」

(四) 資本主義國際分工的意義與問題

1. 國際分工使勞動成為世界性勞動

「國際分工使各個私有的『國民』經濟成為幾乎擴及全人類的、無所不包的勞動過程的組成部分。」「整個世界的社會勞動劃分在各國中，各國的勞動通過國際範圍的交換而成為世界社會勞動的一部分。這種由於交換而形成的各國相互依賴的關係絕不是偶然的，它是社會繼續發展的一個必要條件。」

2. 國際分工的表現是國際交換

國際交換已成為受一定規律支配的社會經濟生活的一種過程，對經濟生活的正常進程起著非常重要的作用。「假如，美國或澳大利亞停止輸出小麥和牲畜，英國和比利時停止輸出煤炭，俄國停止輸出穀物和原料，德國停止輸出機器和化工產品，印度、埃及和美國停止輸出棉花，等等，那麼，全世界的社會經濟生活就將完全解體。對於所謂的『單一作物』國家，即生產單一產品的國家（如巴西的咖啡，埃及的棉花，等等），這種情況尤其明顯。」

3. 世界市場和世界價格的前提

「在分佈於極廣闊地區的許許多多單個經濟之間，通過交換過程，存在著經常性的市場聯繫，因而，世界分工和國際交換是世界市場和世界價格存在的前提。」

4. 國際分工利益分配存在不平等

資本主義「生產是社會性的，國際分工使各個私有的『國民』經濟成為幾

乎擴及全人類的、無所不包的勞動過程的組成部分。但是獲取權卻具有『民族的』（或國家的）性質，其受益者是金融資本的資產階級的國家大公司」。

五、奧林的國際分工理論

奧林（Bertil Ohlin, 1899—1979）是瑞典著名經濟學家和活躍的政治家，擅長國際貿易理論和政策方面的研究。在其代表作《地區間貿易和國際貿易》的第一版序言中，奧林致力於解決以下幾個問題：（1）建立一種與價格相互依賴理論相一致的國際貿易理論，從而脫離古典的勞動價值論。（2）證實國際貿易理論僅僅是資源佈局理論的一部分，對價格形成在空間位置方面予以充分的考慮。（3）分析國內、國際生產要素的流動，特別是它們與商品流動之間的關係。（4）描述國際貿易交換機制。1977年，奧林與英國的米德（J. E. Meade）因為「對國際貿易與國際資本移動的理論作出了創造性的貢獻」而同時獲得諾貝爾經濟學獎。在分析上述問題時，他因提出按照生產要素稟賦進行分工的學說，而享譽西方國際貿易學術界。

（一）生產要素稟賦分工說的形成背景

1929年，資本主義世界爆發了歷史上最嚴重、持續時間最長的一次經濟危機。危機使當時英國放棄自由貿易，各國爭奪市場加劇，超保護貿易主義興起。瑞典是個經濟發達的小國，國內市場狹小，一向對國外市場依賴很大，因而對超保護貿易主義深感不安。正是在這種背景下，奧林出版了《地區間貿易和國際貿易》一書，以生產要素稟賦說為立論基礎，深入探討國際貿易產生的原因，論證國際分工和自由貿易的必要性。奧林師承赫克歇爾（E. F. Hecksher, 1879—1952）提出的發展生產要素稟賦說。1919年，赫克歇爾發表文章《對外貿易對收入分配的影響》。他在文中對李嘉圖比較成本學說中兩個國家兩種商品之間的成本差異作出解釋。他指出，如果兩個國家的生產要素（土地、資本、勞動）擁有和分佈量相同，各生產部門的技術水平一樣，當不考慮運輸成本的時候，國際貿易即不會給其中一個國家帶來利益，也不會給另一個國家造成損失。因此，比較成本差異存在的前提條件是：兩個國家存在不同的生產要素擁有量和分佈量；兩個國家生產的不同商品所使用的生產要素比例不一樣。因此，奧林的生產要素稟賦說又被稱為「赫克歇爾—奧林原理（The Heckscher-Ohlin Theory）」，或簡稱赫—奧原理（H-O原理）。

（二）生產要素稟賦理論的精要

1. 貿易的直接原因根基於商品的價格差異

「貿易的直接原因總是：貨物從外面用錢買進比在家裡生產便宜；反之亦

然。」國家之間貿易也是如此，地區間或國際貿易存在的必要條件是：商品和生產商品要素價格在不同區域或國家間存在差異。

2. 貨物價格的差別來源於國家間生產要素稟賦的差異

奧林把生產要素分為三類，「自然資源（含土地）、資本和勞力。自然資源分為五小類：農業和林業用資源、漁業和狩獵業用資源、礦產資源、水力發電用資源和運輸業用資源。資本分為兩小類：短期資本和長期資本或安全資本和風險資本。勞力分為三小類：不熟練工、熟練工和技術工。由於自然、社會等原因，各地區或國家之間的上述生產要素稟賦存在差異。由於差異，都形成了本地區或國家的價格機制。這種價格機制，受到生產要素需求和供給因素的影響。」「在需求的背後有：（1）消費者的慾望；（2）生產要素所有權的情況，它影響到個人收入和需求，但貨物的供應最終依賴於后兩者；即（3）生產要素的供給；（4）生產的物質條件」「當這些因素之間的關係不同時，商品的相對價格也不同，於是出現了地區間的貿易。」

3. 生產要素的比例決定具體產業的設立

「某一地區可能富產鐵礦，但只有少量的小麥耕地，而另一地區麥地很多但缺少礦物資源的供應。顯然，同后者相比，前者較適宜於生產鐵礦，不太適於種植小麥。由某一地區的生產要素的比例來決定該地區適合於什麼樣的具體產業。」在各個地區生產要素不如上面絕對多和少，而是多少都有時，則應按比例多少來設置產業，即設置要素較多的產業。如「澳大利亞同英國相比擁有較多的耕地，較少的勞力、資本和礦藏，因而，澳大利亞更適合於生產那些需要大量耕地的產品；而英國在生產需要相當大量其他要素的產品方面具有優勢。」

按要素豐缺和比例進行地區和國家之間的分工。「貿易的首要條件是某些商品在某一個地區生產要比在另一個地區便宜。在每一個地區，出口品中包含著該地區在其他地區擁有的較便宜的相對大量的生產要素，而進口別的地區能較便宜地生產的商品。簡言之，進口那些含有較大比例生產要素昂貴的商品，而出口那些含有較大比例要素便宜的商品。」由此可知，每個地區和國家在生產某些產品上具有優勢，是因為這些產品含有該地區和國家擁有的豐裕而便宜的相當大量的生產要素。

(三) 生產要素稟賦理論的貢獻

1. 深化李嘉圖比較成本產生的來源

李嘉圖用比較成本解釋國際分工的依據，而奧林用生產要素稟賦差異解釋比較成本差異的來源，在理論上有所發展。

2. 從個量分析擴大為總量分析

奧林把李嘉圖的個量分析擴大為總量分析，不再比較兩個單位產品的勞動耗費差異，而直接比較兩國生產要素總供需的差異。

3. 為參與國際分工提供產業範疇

據要素稟賦學說，形成勞動密集型、土地密集型和資本密集型產品，以此考慮產品的競爭力，獲取國際分工的利益。馬克思在《資本論》第三卷中指出：「如果一個國家的工資和土地價格低廉，資本的利息卻很高，因為那裡資本主義生產方式總的說來不發展，而另一個國家的工資和土地價格名義上很高，資本的利息卻很低，那麼，資本家在一個國家就會使用較多的勞動和土地，在另一個國家就會相對地使用較多的資本。在計算兩個國家之間可能在多大程度上進行競爭時，這些因素是起決定作用的要素。」

六、當代國際分工理論

第二次世界大戰以後，隨著發展中國家的出現，科學技術革命的深入以及國際分工的縱深發展，國際分工學說出現了六大發展趨勢。第一，對奧林分工學說進行檢驗和深化。第二，加強對產業內部分工理論的研究。第三，隨著地區經濟貿易集團化和跨國公司的發展，提出協議性國際分工學說。第四，深化發展發達國家與發展中國家國際分工關係的理論。第五，加強多公司內分工理論的研究。第六，深化發展以國家競爭優勢取代比較優勢的分工理論。

(一)「里昂惕夫之謎」對奧林要素稟賦理論的挑戰

1.「里昂惕夫之謎」的提出

美國經濟學家里昂惕夫（Vassily W. Leontief），哈佛大學教授，由於其投入產出分析法對經濟學的傑出貢獻，獲得了1973年諾貝爾經濟學獎。他的主要著作有《投入產出經濟學》《生產要素比例和美國的貿易結構：進一步的理論和經濟分析》等。

里昂惕夫對赫—奧原理確信無疑。他利用投入產出分析方法對美國的對外貿易商品結構進行具體計算，以對赫—奧原理進行驗證。他把生產要素分為資本和勞動力兩種，對200種商品進行分析，得出如下的結果：1947年平均每人進口替代商品的資本量與出口商品的資本量相比是1.30（18,184/13,991），即高出30%，而1951年的比率為1.06（13,726/12,977），即高出6%。根據驗算，里昂惕夫得出的結論是：「這些數字表明，當我們以平均價值100萬美元的國內出口去置換相同數額的競爭性進口品的時候，出口品含有的資本要少得多，而勞動則相對多一些。因此，美國參與國際分工是以勞

動密集型高而不是以資本密集型高的生產專業化為基礎的。換句話說，這個國家進行對外貿易是為了節約它的資本並解決其勞動力過剩問題。」

這個結論，使西方經濟學界大為震驚，稱它為「里昂惕夫之謎」（The Leontief Paradox），並掀起了一個驗證、探討並解釋「里昂惕夫之謎」的熱潮，引申出一些分析美國貿易結構的新理論。

2. 對「里昂惕夫之謎」解釋的理論

對「里昂惕夫之謎」的解釋很多，有代表性的理論主要有以下幾種：

（1）勞動熟練說。

勞動熟練說（Skilled Labor Theory）又稱人類技能說（Human Skill Theory）和勞動效率說。它最先是由里昂惕夫自己提出，后來由美國經濟學家基辛（D. B. Keesing）加以發展。他們用勞動效率和勞動熟練度或技能的差異來解釋「里昂惕夫之謎」。

里昂惕夫認為，「謎」的產生可能是由於美國工人的勞動效率比其他國家工人高所造成的。他認為美國工人的勞動生產率大約是其他國家工人的三倍。因此，在勞動以效率單位衡量的條件下，美國就成為勞動要素相對豐富、資本要素相對稀缺的國家。但一些人士認為他的解釋過於武斷，一些研究表明實際情況並非如此。如美國經濟學家克雷寧（Krelnin）經過驗證，認為美國工人的效率和歐洲工人相比，最多高出 1.2～1.5 倍。因此，里昂惕夫本人的解釋，通常不為人們所接受。

后來，美國經濟學家基辛對這個問題進一步研究。他利用美國 1960 年的人口普查資料，將美國企業職工區分為熟練勞動和非熟練勞動兩大類。熟練勞動包括科學家、工程師、廠長或經理、技術員、制圖員、機械工人、電工、辦事員、推銷員、其他專業人員和熟練的手工操作工人等；非熟練勞動指不熟練和半熟練工人。他還以此分類對 14 個國家的進出口商品結構進行分析，得出的結論是：資本較豐富的國家傾向於出口熟練勞動密集型商品，資本較缺乏的國家傾向於出口非熟練勞動密集型商品。在這 14 個國家的出口商品中，美國的熟練勞動比重最高，非熟練勞動比重最低；印度的熟練勞動比重最低，非熟練勞動比重最高。在進口商品方面，正好相反，美國的熟練勞動比重最低，非熟練勞動比重最高；印度的熟練勞動比重最高，非熟練勞動比重最低。這表明發達國家在生產含有較多熟練勞動的商品方面具有比較優勢，而發展中國家在生產含有較少熟練勞動的商品方面具有比較優勢。因此，熟練勞動程度的差異是國際分工和國際貿易發生和發展的重要原因之一。

（2）人力資本說。

人力資本說（Human Capital Theory）是由美國著名經濟學者凱南（P. B.

Kenen）等人提出的。他們以人力投資的差異來解釋美國對外貿易商品結構，其結論符合赫—奧生產要素稟賦的理論。他們認為，勞動是不同質的，在勞動效率上存在差異，它主要是由勞動熟練程度所決定。而勞動熟練程度的高低，又取決於對勞動者進行培訓、教育和其他有關的開支，即取決於對智力開支的投資。因此，高的熟練效率和熟練勞動，歸根到底是一種投資的結果，是一種資本支出的產物。凱南認為，國際貿易商品生產所需的資本應包括有形資本和無形資本，即人力資本。人力資本主要是指一國用於職業教育、技術培訓等方面投入的資本。人力資本的投入，可提高勞動技能和專門知識水平，促進勞動生產率的提高。由於美國投入了較多的人力資本，而擁有更多的熟練技術勞動力，因此，美國出口產品含有較多的熟練技術勞動。如果把熟練技術勞動的收入高出簡單勞動的部分算作資本並同有形資本相加，美國仍然是出口資本密集型產品。這個結論是符合赫—奧生產要素稟賦理論的，顛倒了「里昂惕夫之謎」。

但是這種解釋由於難以具體衡量人力資本的真正價值，並非為經貿學術界普遍接受。但凱南將里昂惕夫和基辛的觀點進行深化，對熟練勞動說起到了一定的補充解釋的作用。

(3) 技術差距說。

技術差距說（Theoy of Technological Gap）又稱技術間隔說，由美國著名經濟學家波斯納（M. U. Posner）提出，經過格魯伯（W. Gruber）和弗農（R. Vernon）等人的進一步論證。波斯納認為，人力資本是過去對教育和培訓進行投資的結果，因而可以將其作為一種資本或獨立的生產要素；而技術是過去對研究與發展進行投資的結果，也可以作為一種資本或獨立的生產要素。但是，由於各國對技術的投資和技術革新的進展不一致，因而存在著一定的技術差距。這樣就使得技術資源相對豐裕的或者在技術發展中處於領先的國家，有可能享有生產和出口技術密集型產品的比較優勢。然後，格魯伯和弗農等人對1962年美國19個產業的有關資料進行統計分析，其中五個具有高度技術水平的產業（運輸、電器、工具、化學、機器製造）的科研和發展經費占19個產業全部科研和發展經費總數的89.4%；五個產業中的技術人員占19個產業總數的85.3%；五個產業的銷售額占19個產業總銷售額的39.1%；五個產業的出口量占19個產業總出口量的72%。它表明，美國在上述五個技術密集型產品的生產和出口方面，確實處於比較優勢。因此可以認為，出口科研和技術密集型產品的國家也就是資本要素相對豐裕的國家。按此衡量，美國就是這種國家。技術差距論與赫—奧生產要素稟賦理論是一致的。

3. 奧林的應對

1966年，奧林對1933年出版的《地區間貿易和國際貿易》進行了修訂，並補充了一篇新的論文——《對當代國際貿易理論的看法》。在該論文中，對「里昂惕夫之謎」作出回應，認為「里昂惕夫之謎」根源於要素模型的簡化。對此，奧林指出：「必須牢記，在里昂惕夫的對生產要素比例模型的統計測驗這一著名和重要的嘗試中，他只考慮了兩種生產要素。模型中所作的每一種簡化都構成了同現實或多或少的甚至是重要的偏離，因而不能期望得到『密切的吻合』。」

(二) 產業內貿易說

1. 提出背景

20世紀60年代以后，國家之間產品交換從產業間發展到產業內部。出現了產業內貿易說（Intra-industry Trade Theory）。它是美國經濟學家格魯貝爾（H. G. Gubel）等人提出的。他們在研究共同市場成員國之間貿易量的增長時，發現發達國家之間的貿易並不是按赫—奧生產要素稟賦理論進行的，即不是工業製成品和初級產品之間的貿易，而是產業內同類產品的相互交換。他們繼而對產業內貿易進行研究，提出了產業內同類產品貿易增長原因的理論。

他們認為，當代國際貿易產品結構大致可分為產業間貿易和產業內貿易兩大類。前者是指不同產業間的貿易，后者是指產業內部同類產品之間的貿易，即一個國家同時出口和進口同類產品，例如美國和日本之間相互輸出汽車。

2. 產業內貿易的主要特點

(1) 產業內貿易是同類產品的相互交換，而不是產業間非同類產品的交換。

(2) 產業內貿易產品流向具有雙向性，即同一產業內的產品，可以在兩國之間相互進出口。

(3) 產業內貿易的產品具有多樣性。這些產品中既有資本密集型，也有勞動密集型，既有高技術產品，也有標準技術產品。

(4) 產業內貿易的商品必須具備兩個條件：一是在消費上能夠相互替代；二是在生產中需要相近或相似的生產要素投入。

3. 產業內貿易形成的原因

(1) 同類產品的異質性是產業內貿易的重要基礎。從實物形態上，同類產品可以由於商標、牌號、款式、包裝、規格等方面的差異而被視為異質產品，即使實物形態相同，也可以由於信貸條件、交貨時間、售后服務和廣告

宣傳等方面的差異而被視為異質產品。這種同類的異質性產品可以滿足不同消費心理、消費慾望和消費層次的消費需要，從而導致不同國家之間產業內部的分工和產業內部貿易的發生與發展。

（2）規模經濟收益遞增是產業內貿易的重要成因。對於生產要素比例相近或相似的國家，他們之間能夠進行有效的國際分工並獲得貿易利益，其主要原因是其企業規模經濟的差別。一國的企業可通過大規模專業化生產，取得規模節約的經濟效果，其成本隨著產量的增長而遞減，這使生產成本具有比較優勢，打破了各生產企業之間原有的比較優勢均衡狀態，使自己的產品具有相對的競爭優勢，在國際市場上具有更強的競爭力，擴大了該產品的出口。這樣，產業內部的分工和貿易也就形成了。例如，第二次世界大戰結束後日本汽車、彩電進入美國和歐洲等地的市場，就是有力的見證。

（3）經濟發展水平是產業內貿易的重要制約因素。經濟發展水平越高，產業部門內部異質性產品的生產規模也就越大，產業部門內部分工就越發達，從而形成異質性產品的供給市場。同時，經濟發展水平越高，人均收入水平也越高，較高人均收入層上的消費者的需求會變得更加複雜、更加多樣化，呈現出對異質性產品的強烈需求，從而形成異質性產品的需求市場。當兩國之間人均收入水平趨於相等時，其需求結構也趨於接近，產業內分工和貿易發展的趨向就越強。

（三）協議性國際分工理論

日本一橋大學教授小島清在考察經濟共同體內部分工的理論基礎以後，在其代表著作《對外貿易論》（1950）中提出了協議性國際分工的理論。

1. 協議性國際分工的必要性

島清認為，以前的傳統的國際分工理論所講的只是在成本遞增的前提下通過競爭原理達成國際分工和平衡，而對成本遞減（以及成本不變）的情況卻沒有論及。然而，他需要說明的正是這種成本遞減的情況。他以圖 2-1 表明成本遞減的情況下進行協議性國際分工的必要性與方法。

圖 2-1 表明的是 I 國和 II 國 X、Y 兩種商品的成本遞減曲線，實線的高度表示兩國分別生產兩種商品時的成本。現在假定 X 商品全由 I 國生產，並把 II 國 X_2 量的市場提供給 I 國；另一方面，Y 商品全由 II 國生產，並把 I 國 Y_1 量的市場提供給 II 國。兩國如此集中生產和實行專業化之後，如虛線所示，兩種商品的成本都明顯下降。這只是每種商品的產量與專業化前兩國產量之和相同時的情形，如果把隨著成本、價格的下降使兩國需求隨之增加的情況考慮進去，實際效果肯定會更大。

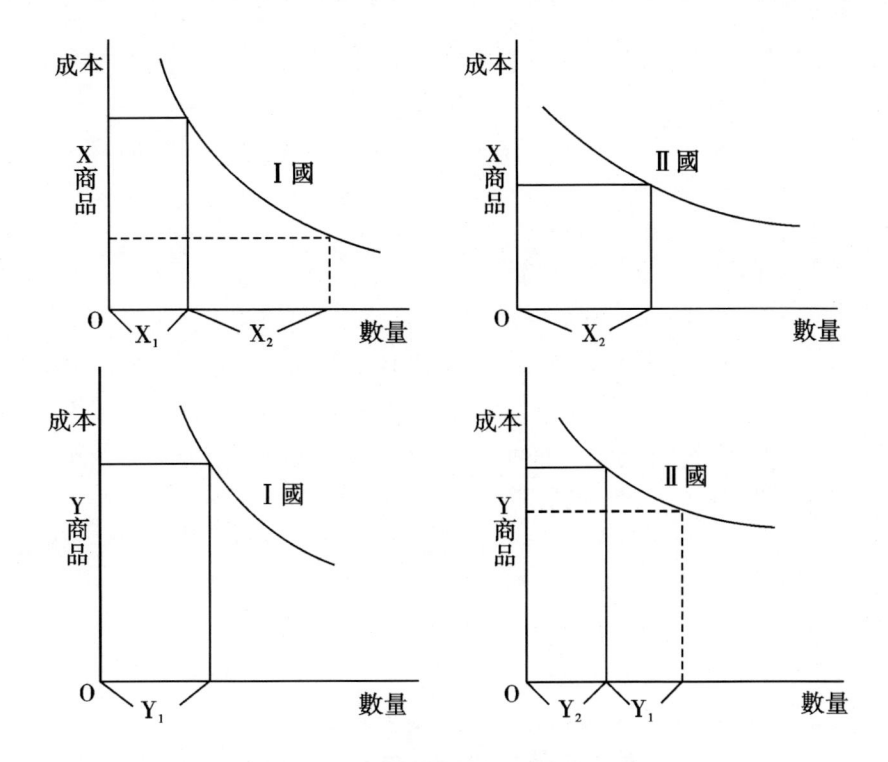

圖 2-1　協議性國際分工與貿易利益

但是，I 國要把 Y 商品的市場、II 國要把 X 商品的市場，分別提供給對方，只有達成互相提供市場的協議之後，規模經濟的效益才能實現，因此把它稱之為協議性的國際分工。從圖示中可以看出，X 商品 I 國的生產成本較高，Y 商品的生產成本兩國相同。這就是說，儘管 X 商品與比較優勢的競爭原理所指示的相反、Y 商品兩國成本相同，但是若能互相提供市場，進行分工，就可以實現規模經濟，互相買到低廉的商品。比較成本差異的發生，毋寧說是分工的結果。因此，不是由事先存在的比較成本差異決定分工的方向，而是把互相實現規模經濟時可能得到的比較差作為目標，互相實行專業化。因此，不能放任價格競爭。

如果徹底放任競爭，I 國、II 國將集中國內的企業去擴大兩種商品的生產規模，企圖降低商品成本和增強競爭能力。只要各國對兩種商品的需求不斷增加，這種情形就是可能的；但是需求的增加是有限度的，最終會損害兩國的利益。

此外，如果與圖 2-1 圖示的情況相反，即 I 國對 Y 商品實行專業化，II 國對 X 商品實行專業化，也可以獲得分工的益處，但分工的益處要少於圖示標出的益處。這是因為，Y 商品的成本與圖示相比沒有多大變化，而 X 商品

37

專業化后的成本則高於圖示的成本。因為，在圖 2-1 中，從 Y 商品來說，兩國成本曲線基本相同，初期生產量也基本相同，因而初期成本基本是一致的；而從 X 商品來說，初期生產量小的 I 國雖然成本較高，但是它的成本遞增率很大，隨著生產規模的擴大，成本越來越低了。

因此，如果兩國富有預見性和合理性，就應該選擇圖示的分工。不過，即使與圖示相反的那種分工，對雙方來說，也遠比不進行分工更為有利。不論是圖示第 1 類型的分工還是與之相反的第 2 類型的分工，實際上都不是強制性的，而是完全依賴於預見性。在現實中，很可能因為 II 國 X 商品初期成本較低而容易實行第 2 類型的分工。但是這不一定是最佳的選擇。不過，即使這是次佳的選擇，也遠比完全聽任競爭而不去進行協調分工更為有利。雖然不存在選擇最佳分工的原理，但分工都比不分工有利。因此，通過某種協議進行分工是必要的。小島清認為，傳統自由貿易理論均假設貿易各國之間的分工是通過自由競爭的市場機制形成的。無論是李嘉圖的比較優勢理論，還是赫—奧的生產要素稟賦理論，都將私人廠商的自由競爭作為國際分工形成的依據。他認為，隨著經濟一體化的出現，對於在規模經濟條件下生產的商品，完全可以通過各國政府的協商機制確立國際分工，發展國際貿易；而且，建立在國家協調基礎上的國際分工，會有效地配置國家之間的資源，增加貿易利益。而以完全自由競爭為基礎的比較優勢和生產要素稟賦分工的理論不可能完全實現規模經濟的好處，還可能導致各國企業的集中和壟斷，影響分工的和諧和貿易的穩定發展。

他認為，各國為了互相獲得規模經濟的好處，國家間實行協調式的國際分工是非常有利的。

2. 達成協議性國際分工的條件

（1）兩個（或多數）國家的資本、勞動稟賦比率沒有多大差別、工業化水平和經濟發展階段大致相等，協議性分工的對象商品在哪個國家都能進行生產。在這種情況下，在互相競爭的各國之間擴大分工和貿易，既是關稅同盟理論所說的貿易創造效果的目標，也是協議性國際分工理論的目標。而在要素稟賦比率和發展階段差距較大的國家之間，由於某個國家可能陷入單方面的完全專業化或比較成本差距很大，此時以遵循價格競爭原理（比較優勢原理）為宜，並不需要建立協議性的國際分工。

（2）作為協議分工對象的商品，必須是能夠獲得規模經濟的商品。規模經濟的獲得，在重工業的化學工業中最大，在輕工業中較小，而在第一產業中幾乎難以得到。

（3）不論對哪個國家，生產 X 商品或生產 Y 商品的利益都應該沒有很大

差別。也就是說，本身實行專業化的產業和讓給對方的產業之間沒有優劣之分，否則就不容易達成協議。這種利益或產業優劣主要決定於：①規模擴大后的成本降低率；②隨著分工而增加的需求量及其增長率。

從第三個條件可以得出如下的結論：協議性分工是同一範疇商品內更細的分工。

上述三個條件表明，在發達國家之間，可以進行協議性分工的商品範疇範圍較廣，因而利益也較大。此外，生活水平和文化等方面類似、互相接近的地區，容易達成協議和保證相互需求的均等增長。

3. 協議性國際分工的適用範圍

小島清認為，他的協議性國際分工原理除適用於國家之間、經濟貿易集團成員內部分工外，也包括公司內部的分工。「通過企業合併、資本合作，實行生產品種的專業化，或者像大眾汽車公司和菲亞特汽車公司那樣，對不同的型號汽車實行專業化，也可以包括在我所說的協議性分工的範疇之內。」

（四）勞爾·普雷維什的「中心—外圍」論

勞爾·普雷維什（R. Prebisch, 1901—1986）是拉丁美洲最著名的經濟學家。他先后擔任聯合國拉丁美洲經濟委員會執行秘書、聯合國貿易和發展會議秘書長、聯合國分管發展事務的副秘書長等。他對歷史上形成的國際分工進行了批評，提出了「中心—外圍」論，提出了發展中國家如何參與國際分工的學說。

1. 「中心—外圍」論的提出

1945年5月，普雷維什在向拉丁美洲經委會遞交的報告《拉美經濟發展及其主要問題》中，系統地提出了「中心—外圍」理論。在報告中，他指出：「在拉美，現實正在削弱陳舊的國際分工格局，這種格局在19世紀獲得很大的重要性，而且作為一種理論概念，直到最近仍繼續發揮著相當大的作用。在這種格局下，落到拉美這個世界經濟體系的外圍部分的專門任務是為大的工業中心生產糧食和原材料。」在傳統的國際分工下，世界被分成了兩個部分：一個部分是「大的工業中心」，另一個部分是「為大的工業中心生產糧食和原材料」的外圍。在這個「中心—外圍」分工格局中，工業品與初級產品之間的分工並不是古典主義或新古典主義經濟學家所說的互利的關係，恰恰相反，由於技術進步及其傳播機制在「中心」和「外圍」之間不同的表現和作用，他們之間的關係是不對稱的，是不平等的。

2. 「中心—外圍」之間關係的特徵

（1）整體性。

普氏認為，無論是中心還是外圍，都是整個資本主義世界經濟體系的一

部分，而不是兩個不同的經濟體系。現存的世界經濟體系是資產階級工業革命以后，伴隨著資本主義生產技術和生產關係在世界範圍內逐個地傳播而形成的，維繫這一體系運轉的是在19世紀極其重要的國際分工。在這種分工體系中，首先發生技術進步的國家就成了世界經濟體系的中心，而在生產、技術和組織等方面處於落后地位的國家則淪落為這一體系的外圍。中心和外圍的形成是一種歷史的必然，是由技術進步在資本主義世界經濟體系中發生和傳播的不平等性所決定的。

（2）差異性。

普氏強調二者在經濟結構上的巨大不同。他認為，技術進步首先發生在中心，並且迅速而均衡地傳播到它的整個經濟體系中，因而中心的經濟結構具有同質性和多樣性。同質是指現代化的生產技術貫穿於中心國家的整個經濟，多樣是指中心國家的生產覆蓋了資本品、中間產品和最終產品在內的廣泛的領域。外圍部分的經濟結構則與之不同。外圍國家和地區的經濟結構是單一專業化的，絕大部分的生產資源被用來不斷擴大初級產品的生產部門，而對工業製成品和服務的需求大多需要依靠進口來滿足。此外，經濟結構還是異質性的，即生產技術落后、勞動生產效率極低的經濟與使用現代化生產技術、具有較高勞動生產率的部門同時存在。二者之間差異的主要根源是中心在世界經濟體系中擴張帶來的。

（3）不平等性。

普氏認為，從「中心—外圍」體系的起源、運轉和發展趨勢來看，二者之間的關係是不對稱和不平等的。

首先，從起源上，二者體系從一開始就處在發展進程的不同起點上，外圍地區遠遠落在中心的后面。隨著資本主義生產關係的發展和工業革命在英國的發生，英國的工業品與世界其他國家和地區的初級產品之間逐步形成了垂直型的國際分工，以這種分工為基礎，形成資本主義世界經濟體系，出現了「中心—外圍」的體系。

其次，初級產品貿易條件的長期惡化趨勢加深了「中心」與「外圍」之間的不平等。普氏認為，造成初級產品貿易條件惡化的因素有三個。其一，技術進步的利益在二者之間的不平等分配，是造成初級產品貿易條件長期惡化的重要機制。其二，貿易週期運動對中心和外圍的不同影響，是外圍國家貿易條件惡化的重要原因。其三，初級產品的需求收入彈性大大低於製成品，這使得它們的價格不但呈現出週期性下降，而且還出現結構性下降。

最后，資本主義世界經濟體系「動力中心」的轉移，進一步加深了二者之間的不平等。普氏認為，在「中心—外圍」體系形成初期，該體系「動力

中心」是英國，英國所奉行的自由貿易政策使「外圍」國家和地區能夠在這個體系下具有獲得一定發展的可能性，這是由於英國一直保持較高的進口系數。這樣能夠通過進口更多的初級產品，而將發展的動力傳播給外圍國家和地區。普氏估計，英國在19世紀的進口系數一直保持在30%～35%的較高水平，由此，英國犧牲了大部分的初級產品生產部門，從而通過進口外圍國家和地區的初級產品而使其技術進步的部分利益也轉移到了外圍國家和地區。但在世界經濟體系的「動力中心」轉移到美國以後，因其進口系數很低，使外圍國家和地區處在更加不利的地位上。普氏指出：「因為自然資源豐富和實施保護主義政策，美國歷來就是一個進口系數較低的國家。而且，這一系數還在不斷地下降。」再加上20世紀30年代出現的世界性經濟大危機，外圍國家和地區處於更加不利的地位。具體來說，美國低的進口系數給外圍國家和地區帶來兩種不利的影響。第一，美國的低進口系數意味著從外圍國家進口的數量相對較少，減弱了外圍國家初級產品出口部門帶來的動力。普氏指出，在英國為世界經濟體系的「動力中心」時，其不斷上升的進口系數為外圍國家的初級產品出口部門提供了發展的動力，因此，「在19世紀，在聯合王國作為世界的主要動力中心的保護下，世界貿易獲得了非常迅速的發展」。第二，美國的低進口系數進一步壓低了初級產品的需求收入彈性，使初級產品的貿易條件日趨惡化。

3. 外圍國家擺脫不利地位的出路與措施

（1）出路：實行進口替代工業化。

所謂進口替代就是通過建立和發展本國的工業，替代過去從國外進口的工業品，以帶動經濟增長，實現國家工業化。

（2）實行進口替代工業化的措施。

①外圍國家採取有節制和選擇性的保護主義政策，對幼稚工業進行必要的保護。

②加強國家在經濟增長活動中的作用。普氏認為，由於外圍國家經濟結構上的異質性，市場機制只能發揮部分的作用，如果外圍國家像中心國家那樣採取完全的市場經濟體制，聽任市場力量自由地發揮作用，只會對經濟發展造成傷害。因此，國家對經濟活動的適當干預，是外圍國家實現經濟發展的必要條件，其主要辦法是國家應通過制定發展規劃，採取經濟和行政手段，對市場力量和經濟運行起到一定的調節作用。

③以增加國內儲蓄為主，吸收外國資金為輔，大力提高投資率。

④加強外圍國家之間的經濟合作，適當擴大市場規模，為進口替代部門提供更大的活動空間。在外圍國家合作方面，普氏除提出拉美經濟一體化的

理論外，還積極參與聯合國貿易與發展會議的工作，提出建立國際經濟新秩序的設想。

(五) 競爭優勢理論

邁克爾‧波特（Michael Porter）是美國著名的管理學家，哈佛大學商學院教授，並兼任世界上許多大公司和政府機構的諮詢顧問，是當今世界有關競爭策略與國際競爭力方面的權威之一。1983年時波特開始在里根總統的產業競爭力委員會任職。在競爭理論方面，他出版了《競爭戰略》（1980）、《競爭優勢》（1985）、《國家競爭優勢》（1990）以及《競爭策略案例》（1992）等著作，這些著作被美國《幸福》雜誌標列的全美500家最大企業的經理、諮詢顧問及證券分析家們奉為必讀的「聖經」。

波特教授在《國家競爭優勢》中指出，李嘉圖和奧林的比較利益分工理論脫離了當代國際貿易實際，提出以國家競爭優勢理論取代他們的分工理論。

1. 李嘉圖、奧林國際分工理論存在的問題

波特教授認為，李嘉圖和奧林的分工根據不能解釋當今世界豐富多元的貿易形態。在李嘉圖的比較優勢理論中，貿易產生的原因來源於勞動生產力的差異。瑞典經濟學家赫克歇爾和奧林以要素稟賦進一步發展比較優勢理論，提出「要素稟賦」學說，即按生產要素（土地、勞動、資本）的豐缺生產商品，選擇發展條件最佳的產業，出口比較利益高的產品，進口比較利益低的產品。但是愈來愈多的例證顯示，生產因素的比較利益不足以解釋豐富多元的貿易形態。例如：韓戰結束時的韓國，資本奇缺，但卻建立了出口導向的鋼鐵、造船、汽車等資本密集型產業。相反地，美國雖然擁有充沛的資金、傑出的科學家以及熟練的工人，但是卻在理當強勢的工具機、半導體、精密電子產品的市場上節節敗退。同時，全球大多數的貿易發生在資源相近的工業先進國家之間。國際貿易中有相當比例的產品，其生產條件頗為相似。而跨國企業與它海外子公司之間大量的進出口貿易現象，更超出生產因素的比較利益法則。

2. 李嘉圖、奧林國際分工理論的前提不切實際

李嘉圖、奧林生產因素比較利益法則的假設不考慮經濟規模，認為技術具有普遍性、生產本身沒有差異性，連國家資源也被設定，還假設資金與熟練的工人不會在國家之間移動。這個理論是一個全然靜態的概念。它只強調企業影響政府政策的企圖，卻未考量到在企業活動中，改善技術、發展產品差異性等策略的角色。

3. 影響當代國際分工發展的因素

(1) 技術的變遷。當代產業脫離比較利益原則發展的因素很多，如規模

經濟的擴大、產品的差異、各國的消費者對產品的需求不同，但技術的演進則是最普遍並有持續影響的因素。技術所造成的影響力，如果不是完全淘汰傳統生產因素，至少也可以相當程度地減輕這些因素的陰影。在很多產業中，企業對資源的需求反而不如對技術、效能、效率的需求。

（2）資源條件的逐漸普及。傳統上有利於先進國家的資源條件，正在向一些發展中國家普及。一些發展中國家重視教育，很多產業的勞動力素質和技能都在提高，再加上基礎建設的發展，他們也逐步具備了與發達國家進行競爭的條件。

（3）經濟全球化趨勢。很多產業的競爭已經國際化。國際化競爭不只出現在製造業，而且還出現在服務業。企業的全球化競爭策略包括全球化的生產、銷售和全球化資源和材料。產業全球化解決了企業依賴單一國家資源的問題。此外，資金流向國際間資信良好的國家，也使產業發展不再受限於本國資金的投資環境。在經濟全球化趨勢下，即使國家之間的特殊技術交流仍有障礙，跨國企業還可以通過在當地設立子公司來解決。

4. 比較利益原則對當代國家產業發展的危害

（1）生產要素被加速替代。

在產業競爭中，生產要素非但不再扮演決定性的角色，其價值也在快速消退中。以生產要素作為比較優勢的弱點在於，更低成本的生產環境會不斷出現。今天以廉價勞動力看好的國家，明天可能就會被新的廉價勞動力國家所取代。由於新科技的快速發展，以往被認為不可能的、不經濟的資源會異軍突起，讓以傳統資源見長的國家轉瞬間失去競爭力。誰能想像黃沙遍地的以色列竟然成為高效率的農業生產國家。

（2）勞動力或資源競爭力在衰退。

以勞動成本或天然資源為優勢的產業，往往是資金週轉率低的產業，容易引來很多的競爭者進行生產成本或價格的競爭，並時時處於失去競爭力的威脅中；當產業競爭依靠品質、產品開發的時效與特性，而不是價格時，以生產要素為基礎的比較優勢的國家會陷入困境。

（3）對發展中國家是個「陷阱」。

發展中國家以比較利益法則指導產業發展時，「由於逃脫生產成本的限制，這類國家時時處在失去競爭力的威脅中，年復一年面臨薪資與資本週轉的問題。它們有限的利潤完全仰仗國際經濟的波動」。

5. 需要以國家競爭優勢理論取代比較優勢理論

波特教授在對以生產要素為基礎的比較優勢理論考察後，提出當代競爭理論必須從比較優勢理論提升到國家競爭優勢理論上面。

(1) 取代原因。

①國家是企業最基本的競爭優勢。

因為，產業競爭優勢的創造與持續是一個本土化的過程。競爭的成功更源自各個國家的經濟結構、價值、文化、政治體制以及歷史文化的差異。在經濟全球化下，國家在產業競爭中的地位更加重要。在貿易自由化深化發展時，當保護障礙初步取消後，以產業技術與現場經驗為支柱的國家的重要性將大為提高。國家不但影響企業所作的決策，也是創造並持續發展生產與技術的核心。

②創新沒有國界。

在資本流動全球化下，企業的國籍不再成為主要問題。在此背景下，一個國家想保持並提升本身生產力的關鍵在於，它是否有資格成為一種先進產業或重要產業環節的基地。

(2) 取代前提。

在動態國家競爭優勢理論中，「動態與不斷進化的競爭」是其前提，必須把「技術進步」和「創新」放在重要位置。

6. 國家競爭優勢圖解

波特把他所構建的國家競爭優勢理論體系冠名為「國家鑽石體系」，如圖2-2。

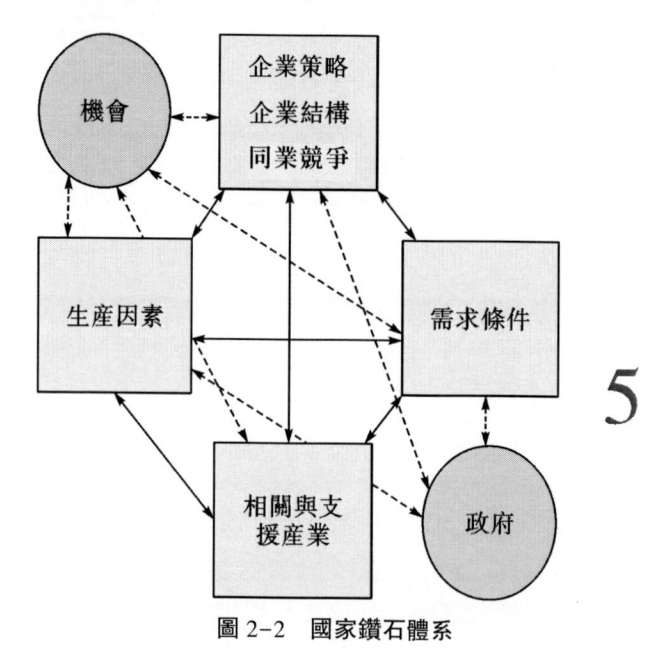

圖2-2　國家鑽石體系

鑽石體系說明，一國競爭優勢取決於生產因素、需求條件、企業策略、

企業結構、同業競爭和相關與支援產業的環境。這些因素可能會提高本國企業創造國內競爭優勢的速度，也可能造成企業發展遲滯不前。生產因素是指一個國家在特定產業競爭中有關生產方面的表現，如勞工素質或基礎建設的良莠。需求條件是指本國市場對該項產業所提供產品或服務的需求。相關產業和支援產業是指與該項產業相關的上游和下游產業是否具有國際競爭力。企業的策略、結構和競爭對手是指一個國家的基礎、組織和管理形態，以及國內市場競爭對手的表現。在國家環境與企業競爭力的關係上，還有「機會」和「政府」兩個變數。產業發展的機會通常要在基礎發明、技術、戰爭、政治環境發展、國外市場需求等方面發生重大變革與突破后才會出現。政府在構成一國競爭力中具有重要作用。比如，反托拉斯法有助於國內競爭對手的崛起、法規可能改變國內市場的需求、教育發展可以改變生產因素、政府的保護收購更可能刺激相關產業興起，等等。

【案例分析】

1. 內容分析

耐克公司的虛擬經營

以生產運動鞋而聞名於世的耐克（Nike）公司創建於1972年。起初，公司的兩個創始人布沃曼和耐特都身兼數職，公司連自己的辦公樓都沒有。但耐克公司卻后來居上，超過了曾雄踞市場的領導品牌阿迪達斯、彪馬、銳步，被譽為「近20年世界新創建的最成功的消費品公司」。

耐克公司能夠取得這樣巨大的成功，除了產品優良的品質性能、精心的廣告宣傳以及公司創建者的現代商業意識和開拓精神之外，其選擇的虛擬的生產經營方式也是重要的因素之一。所謂「虛擬」是計算機術語中的一個常用詞，被引用到企業管理中，實質上就是直接用外部力量，整合外部資源的一種策略。耐克公司不需要購進原材料，不需要龐大的運輸車隊，沒有廠房、生產線和生產工人這些「實」的東西，主要依靠自身非凡的品牌價值、卓越的設計能力、合理的市場定位以及廣闊的營銷網絡等「虛」的東西。它可以選擇市場上最好的制鞋廠家作為供應商，按照耐克總部的設計和要求生產耐克運動鞋，並可以依據市場環境和公司的商業戰略需要分工與世界市場轉換生產基地。

20世紀70年代，耐克公司研製出一系列新型跑鞋。他們與日本廠商簽訂了合同，由美國人設計，而生產則完全交由日本廠家完成。耐克公司除了在

日本聯合設廠、打入了日本市場以外，還通過在愛爾蘭設廠進入了歐洲市場，並以此躲過了高關稅。20世紀80年代，日本的生產成本迅速提高，耐克公司將合作對象從日本、西歐轉移到了韓國、中國臺北，進而轉移到中國、印度等勞動力價格更為低廉的發展中國家。20世紀90年代，耐克則更看好越南等東南亞國家。

由於耐克公司在生產經營上不擁有傳統意義上的生產手段，而是採取虛擬經營的方式，並且，它僅擁有耐克品牌和一些專門從事設計、研究、營銷和管理的人員，因而，本部人員相當精簡而又有活力，避免了很多生產問題的拖累，使公司能集中精力關注產品設計和市場營銷等方面的問題，及時收集市場信息，及時將它反應在產品設計上，然后快速由世界各地的簽約廠商生產出來以滿足要求。耐克公司將與知識有關的核心部分留在美國，而將與知識相關度較低的生產活動以特許生產方式分配到全球各地其他公司，這就是公司層次上的「大腦」和「手腳」的分工。

2. 分析要求

請談談你對耐克公司國際分工方式的看法？

第三章　世界市場

第一節　概述

　　世界市場是世界各國交換貨物和服務的場所，是在世界範圍內通過國際分工聯繫起來的各個國家內部以及各國之間的市場總和，體現了世界各國的交換關係。

　　在世界市場上，參與交換的國家一般可分為發達市場經濟國家、發展中國家和經濟轉型國家。世界市場交換的對象隨著市場的發展而不斷豐富，從以貨物主，發展到貨物和服務並重，並且出現了知識產權和生產要素的跨國界流動。世界商品市場的經營主體既包括專門從事貿易活動的流通企業、從事生產和貿易的工貿企業，也包括國家機關和部門，它們從事政府採購等業務。除了這些直接參與貿易的經營主體外，貨物貿易的交換還離不開運輸、保險、銀行和諮詢等部門的服務。國際商品市場的交易方式除了直接貿易之外，還有通過轉口等方式的間接貿易；除了單純的購銷形式外，還有拍賣、招投標、補償貿易、加工貿易等貿易方式。

一、世界市場形成的標誌

　　世界市場的形成開始於19世紀80年代，結束於20世紀初。這個時期，壟斷代替了競爭，發生了第二次產業革命，資本主義生產力得到飛躍性的發展，資本輸出成為爭奪世界市場的一個重要手段。世界市場形成的標誌為：

（一）多邊貿易和多邊支付體系的形成

　　多邊貿易是指兩國間貿易在進出口相抵後總有餘額，用對某些國家的出超支付對另一些國家的入超，在若干國家之間進行多邊支付與結算的貿易。

　　隨著世界城市和農村對立的國際分工體系的建立，西歐大陸和北美這些經濟發達國家從經濟不發達的初級產品生產國購買了越來越多的原料和食物，出現了大量的貿易逆差。與此同時，英國繼續實行自由貿易政策，從西歐大陸和北美的新興工業國輸入的工業品持續增長，經常呈現大量的逆差。但英

國又是經濟不發達國家工業品的主要供應國，呈現大量的貿易順差。這樣，英國就用它對經濟不發達國家的貿易順差所取得的收入來支付對其他經濟發達國家的貿易逆差。而經濟不發達國家，又用對西歐大陸和北美的貿易順差來彌補對英國的貿易逆差。英國此時成為多邊支付體系的中心。這個體系為所有貿易參加國提供購買貨物的支付手段；同時使國家之間債權債務的清償、利息和紅利的支付能夠順利完成，有助於資本輸出和國際間短期資金的流動。

(二) 國際金本位制度的建立與世界貨幣的形成

在這一時期，建立了國際金本位制度。它也是世界多邊貿易多邊支付體系發揮作用的貨幣制度。這個制度的作用，主要有兩個：(1) 它給世界市場上各種貨幣的價值提供了一個互相比較的尺度，並能使各國貨幣間的比價（匯價）保持穩定；(2) 給世界市場上各國的商品價格提供一個互相比較的尺度，從而使各國的同一種商品的價格保持一致，把各國的價格結構聯繫在一起。

世界市場的發展與世界貨幣的發展是緊密聯繫在一起的。一般來說，作為世界貨幣的黃金，有三種職能：第一是作為國際上一般通用的支付手段；第二是作為國際上一般的購貨手段；第三是作為國際間財富的一般體現物。其中最重要的是充當支付手段以平衡國際收支差額的職能。這幾項職能都是與世界市場上商品的買賣、資本的轉移和無形項目的交易直接或間接聯繫在一起的。可見，黃金最後確立為世界貨幣，是世界市場形成的標誌，是資本主義生產方式和交換方式國際化的表現，也是本時期內世界市場的基本特徵之一。

(三) 資本主義的各種經濟規律制約著世界市場的發展

資本主義社會中各種固有的規律，諸如基本經濟規律、經濟發展不平衡的規律、價值規律等在世界市場上居於主導地位，制約著世界市場的發展。

(四) 形成了比較健全、固定的銷售渠道

大型的、固定的商品交易所、國際拍賣市場、博覽會形成了，航運、保險、銀行和各種專業機構建立健全了，比較固定的航線、港口、碼頭建立了。這一切都使世界市場有機地結合在一起。因此，世界市場的發展程度取決於參加交換的國家數目、交換的規模、運輸、保險、營銷、信息網絡、融資和支付、機制等因素。

二、世界市場的交易方式

世界商品市場是通過國際間的買賣使各國國內市場相互聯繫起來的市場

總和。按交易進行的形式，它可分為有固定組織形式的市場和無固定組織形式的市場。

(一) 有固定組織形式的世界商品市場

它是指在固定場所，按照事先規定好的原則、規章和程序進行商品交易活動的市場。這種市場主要包括：商品交易所、國際拍賣、國際博覽會和展銷會等。

1. 商品交易所

商品交易所是世界市場上進行大宗商品交易的一種典型的具有固定組織形式的市場。它與普通市場不同，其經營活動是根據交易所規定的法規和條例進行的。商品交易所一般具有以下特點：（1）必須在規定的時間和地點進行交易；（2）必須通過交易所內特定的交易人員進行交易；（3）通常是根據商品的品級標準或樣品進行交易。成交後，無需交割實物，賣方只是把代表商品所有權的憑證轉讓給買方。

世界最早的交易所是1531年在比利時的安特衛普建立的。商品交易所主要設在發達國家的城市。交易所交易的商品主要是大宗初級產品，如穀物、棉花、食糖、油料、黃麻、橡膠、羊毛、茶葉、可可、咖啡、有色金屬等。國際上有50多種農產品和原料是在交易所進行交易的，其成交額約占世界出口貿易額的15%~20%。世界上最大的商品交易所設在美國的紐約和英國的倫敦。世界性的大宗商品交易所，每天開市後第一筆交易的成交價格，即所謂的開盤價格和最後一筆交易的成交價格，即所謂的收盤價格，以及全天交易中的最高、最低價格，均被刊載於重要的報紙上，作為市場價格動態的重要資料。因此，世界性商品交易所價格，即交易所牌價，一般被公認為是世界市場價格的重要參考數據。在交易所進行商品買賣，必須嚴格遵守交易所的規章制度，其一般方法是在大廳裡口頭喊價、公開交易。有資格進場做交易活動的，應是交易所的會員。會員除進行自己的商品交易外，往往還充當經紀人，替非會員進場交易，以取得佣金收入。

在交易所中進行的商品買賣，基本可以分為實物和期貨交易兩種。實物交易可以是現貨交易，也可以是未來交貨。期貨交易是指對正處於運輸途中，或者需經一定時間後才能裝運的貨物的期貨合同進行的交易。實物交易的特點是進行實際商品的買賣活動，合同的執行是以賣方交貨買方收貨付款來進行的。期貨交易絕大多數只是期貨合同的倒手，因此人們又把這種交易稱為紙合同交易。目前，交易所期貨合同交易從性質上看主要有兩類：一是投機，即買空賣空，從兩次交易中的價格差額中獲利；二是在期貨市場上拋出或購進期貨合同，以臨時替代實際貨物的交易，轉移價格變動的風險，這就是套

期保值，又叫「海琴」（Hedging）交易。目前，商品交易所進行的交易中約80%是期貨交易。

2. 國際拍賣

它是一種在規定的時間和場所，按照一定的規章和程序，通過公開叫價競購，把事先經買主看過的貨物逐批或逐件地賣給出價最高者的交易過程。以拍賣方式進入世界市場的商品，大多數為品質不易標準化，易腐爛不耐貯存，生產廠家眾多，產地分散或需要經過較多環節才能逐漸集中到中心市場上進行交易的商品，如羊毛、鬃毛、毛皮、茶葉、菸草、蔬菜、水果、魚類、工藝品、地毯、石油、黃金等，一些外國政府在處理庫存物資或海關及其他機構處理罰款沒收的貨物時，也常採用這種交易方式。在實際交易中，拍賣具有以下特點：

（1）在拍賣中，買賣雙方並不直接洽商，而是通過專營拍賣業務的拍賣行來進行的。拍賣行設有專門的拍賣場所、專業人員和設備。

（2）拍賣是一種單批、實物的現貨交易，具有當場公開競購、一次確定成交的性質。拍賣物須事先運至拍賣地，並由參加競購者驗看，拍賣后賣方或拍賣舉辦人對貨物的品質一般不負賠償責任。

3. 國際貿易博覽會、展覽會

國際貿易博覽會又稱國際集市，是開展國際貿易和經濟交流的重要場所，是指在一定的地點定期舉辦的有眾多國家、廠商參加，展、銷結合的國際市場。它是由區域性的集市發展演變成為一種定期定點的展銷市場，舉辦博覽會的目的是使參加者展示科技成就、商品樣品，以便進行宣傳，發展業務聯繫，促成貿易。展覽會一般是不定期舉辦的，它與博覽會的區別在於只展不銷，通過展覽會促成會后的交易。

從商品範圍來看，博覽會和展覽會大致可分為以下幾種：

（1）綜合性國際博覽會。它是有許多國家和廠商參加的，包括工、農、林、牧、服務業等各方面產品均可參展並洽談交易的博覽會，如歷史悠久的米蘭、萊比錫、巴黎等地的國際博覽會。世界著名的國際博覽會，一般多屬綜合性的博覽會。這種博覽會規模較大，產品齊全，且會期較長。

（2）樣品國際博覽會。這是一種看樣成交的集市。參展國家、廠商以參展樣品達成交易。國際上較大的萊比錫博覽會、里昂博覽會的正式名稱就是樣品集市。

（3）主要工業部門產品國際博覽會。這類博覽會規模較大，是各種新技術、新產品薈萃展銷的市場。每年在世界各地舉辦的航空航天、汽車、船舶、電子、自動化設備等博覽會都屬於這種博覽會。

（4）一般工業部門產品展銷會和集市。這類博覽會規模可大可小，展品多屬衣帽鞋類、玩具、照相用品等。

（5）專業性國際博覽會。它是指僅限於某類專業性產品參展和交易的博覽會，其規模較小，會期也較短。世界上比較著名的專業性國際博覽會，如科隆博覽會，每年舉行兩次，一次展銷紡織品，一次展銷五金製品。

再如計算機代理分銷業展覽會（Computer Distribution Exposition, COMDEX）。它創辦於 1979 年，每年秋季在美國拉斯維加斯舉辦，已有 20 多年的歷史。COMDEX 展會是目前世界上規模較大、影響較大的 IT 展會，COMDEX 的組織者每年都以其領先的技術產品、良好的組織運作和優質國際貿易的服務展示活動，吸引著數以千計來自世界各地的參展企業，它已成為世界性的專業品牌展覽會。

（6）國別展覽、展銷會。這是指一個國家在另一個國家舉辦的綜合性展銷會或各行業各類產品的展銷會。

（7）獨家公司展覽、展銷會。這是指大企業跨國公司專門為本企業的產品舉辦的展覽、展銷會。

(二) 沒有固定組織形式的世界商品市場

除了有固定組織形式的國際市場外，通過其他方式進行的國際商品交易，都可以納入沒有固定組織形式的國際市場。這種市場大致上可以分為兩大類：一類是單純的商品購銷；另一類則是與其他因素結合的商品購銷形式，如加工貿易、補償貿易、易貨貿易、招標投標和租賃貿易，等等。

1. 單純的商品購銷形式

單純的購銷形式是指交易雙方不通過固定市場而進行的商品買賣活動。它是通過交易雙方直接洽商而進行的。這種方式的一般原則為：買賣雙方自由選擇成交對象；對商品的品質、規格、數量、價格、支付、商檢、裝運、保險、索賠、仲裁等方面都要進行談判；在相互意見一致的基礎上簽訂合同成交。單純購銷形式是世界上最基本、最普遍的國際商品交換方式。

2. 補償貿易

補償貿易是指買方以信貸的形式從賣方購進機器設備、技術工藝、專利、技術秘密、中間產品等，進行生產後，在約定的期限內，以所生產的商品或其他勞務支付貸款的貿易。這種方式是貿易與信貸相結合的商品購銷。這種補償貿易方式的主要優點是能夠利用外國的資金和設備，引進一些適宜的先進技術，一定程度上可以通過對方的銷售渠道使本國產品進入國際市場。另外，由於它是以銷定產，所以有利於企業內部機制的轉換，更好地適應國際市場競爭。

補償貿易的基本做法有三類，一類叫返銷（回購），一類為互購，另一類是其他形式的補償做法。返銷是指買方利用對方提供的設備、技術工藝等開發生產出來的產品（直接產品或關聯產品）償還進口設備等貨款。互購是指買方不是用進口設備、技術等開發生產的直接產品，而是用雙方商定的其他產品或勞務來支付進口貨款，這種情況實際是把一種交易分為兩種互有聯繫的交易。第三類補償比較複雜，有幾種情況，例如進口設備的貸款中，部分用商品補償，部分用現匯支付，這叫做部分補償；有第三方參與，負責接受、銷售補償產品或提供補償產品的，叫做多邊補償。

3. 加工貿易

加工貿易是一種加工再出口業務。它把加工和擴大出口、收取加工費結合起來。目前的主要做法有：（1）來料加工。它是指加工一方按照對方的要求，把對方提供的原輔料加工成製成品交與對方以收取加工費。（2）來樣加工。對方只提出各方面要求並提供樣品，加工方全部採用國產原輔料加工，成品交與對方。（3）來件裝配。它是指對方提供零部件或元器件，加工方進行裝配並將成品交與對方。（4）進料加工。是指加工方自己進口原輔料進行加工，成品銷往國外，這種情況又稱以進養出。

4. 招標與投標

招標是招標人按事先規定的條件公開徵求應徵人，選擇最優者成交；投標是投標人根據招標人提出的要求，提出自己相應的價格和條件，通過競爭，爭取由招標者選中成交，即中標。

招投標的具體過程包括招標、投標和開標三個環節。首先，招標人在政府公報或有關報紙、刊物上發表招標公告，投標人填好標書等文件後，採用密封遞價辦法，在規定的投標截止期前寄予招標人或其代理。開標有公開和非公開兩種辦法。公開開標是指投標人監督開標。非公開開標是指招標人在沒有投標人參加的情況下，自行選擇中標人，這時決定中標的因素就不完全取決於經濟因素。如果開標後招標人對所有投標人的條件都不滿意，可以全部拒絕，宣布招標失敗，另行重新招標。招標人確定了中標人之後，需要向對方發出採購意向書，然後正式簽訂合同，中標人也要繳納約為合同金額10%的履約保證金。

在國際市場上，一些國家（尤其是發展中國家）的政府機構、公用事業單位的採購和工程、國際經濟組織的援建項目，大多要通過招投標確定承包人。

5. 租賃

租賃是出租人在一定期限內將商品使用權出讓給承租人，並收取租金的一種貿易形式。出租的商品主要有成套設備、大型計算機、飛機、輪船等。

租賃一般分為短期租賃（約1年以內）、中期租賃（1~3年）、長期租賃（3年以上），當前長期租賃業務佔有絕大多數的比重。在發達國家，租賃業務大多是由商業銀行、保險公司、工業公司或專門的租賃公司展開的。

租賃與其他貿易方式相比，有以下特點：（1）由於出租人始終對商品保有所有權，承租人只享有佔有權和使用權，故出租人大多負擔維修、保養工作。（2）承租人租入設備使用，可以免除因設備更新快而出現的無形磨損，尤其可以滿足一時性、季節性的需要。（3）承租人的租金可以納入營業費用，這樣可以減少企業的納稅額。（4）承租人一般保有留購權利。

6. 電子商務（E-Commence）

隨著信息技術，特別是網絡通信與計算機技術在國際經貿領域的運用，傳統的國際貿易交易方式日益受到挑戰，電子商務作為一種新型的交易方式在國際貿易領域越來越顯示出它的優勢。電子商務是指企業運用現代信息技術從事商務和經營的活動。通過電子商務，逐步使國際貿易活動實現網絡化、信息化、無紙化。根據電子商務所涉及的市場主體不同，電子商務主要可以分為商家對消費者（Business to Consumer，B2C）和商家對商家（Business to Business，B2B）的形式。電子商務的運行方式很多，例如，電子商店（E-shops），從事網上售物；電子採購（E-procurement），從事網上採購；電子商城（E-malls），出租網上商店；電子拍賣（E-auction），進行網上拍賣；虛擬社區（Virtual Communities），建立並管理網上社區；協作平臺（Collaboration Platforms），出租網上平臺；第三方市場（Third-party Market），建立和管理網站；價值鏈整合商（Value-chain Integrators），整合價值鏈，主要把價值鏈的不同環節整合在一個服務平臺；價值鏈服務提供商（Value-chain Service Providers），提供價值鏈服務，主要提供價值鏈中某些方面的服務，例如提供貨款的結算和支付的服務，或提供物流的服務等；信息仲介商（Information Brokerage），提供信息服務，例如Yahoo網站；信用服務及其他服務（Trust and Other Services），提供信用服務，主要是指營運商在網上為客戶提供認證、鑑別、授權、諮詢等信用業務。這些經營方式通過不同的服務，收取不同的費用。

第二節　世界市場的發展與構成

一、世界市場的含義與作用

(一) 含義

世界市場是世界各國進行貨物、服務和生產要素交換的領域，是國際分工和國際貿易的表現。世界市場是在國內市場的基礎上發展起來的，但它不是各國國內市場的總和。在國家存在的前提下，各國國內市場有其獨立性，世界市場和國內市場通過對外貿易聯繫起來。馬克思指出，世界市場不僅是同存在於國內市場以外的一切外國市場相聯繫的國內市場，同時也是作為本國市場的構成部分的一切外國市場的國內市場。

相對於國內市場而言，世界市場具有如下特點：首先，貨物、服務和要素流動不如在國內市場自由；其次，價值規律起作用不如在國內市場通暢；再次，由於國家和國境的存在，世界市場依靠的社會制度、經濟體系和發展程度比國內市場更加多樣和複雜；最后，國內市場與世界市場的融合度取決於各國經濟與市場的發展程度。

(二) 作用

1. 調節世界各國的生產要素和資源配置

在世界市場上，通過供求關係的變化和價值規律的作用決定世界各國資本、技術、生產資料和勞動力等資源的流向，使其得到比較合理的配置。

2. 世界各國相互依賴和相互依存的基礎

馬克思在 19 世紀就指出，要知道每一個經濟部門個別地、安靜地獨自存在的時代早已過去了，現在它們全都互相依賴，既依賴最遙遠的國家的進步，也依賴緊鄰的國家的進步以及變動著的世界市場行情。在經濟全球化迅猛發展的 21 世紀，這種狀況大大加深。

3. 促進各國國內市場經濟體制的建立與完善

「如果要讓一個複雜的市場經濟發揮作用，它就必須解決五個問題，第一，資訊務必平穩順暢地流通，使得人們對於他們所要買的東西擁有充分的信心；第二，它必須理性地假定人們會遵守他們的承諾，即便這些承諾是在未來幾十年后才執行，也要充分信任對方；第三，必須培育出競爭的環境；第四，財產權必須獲得保障；第五，第三者所帶來最糟的副作用必須能夠有效地制止。」世界市場上各國的競爭和合作，加強了市場經濟的開放性、平等性、規範性和分化性。它們影響著各個參與國際貿易國家本身的經濟體制和貿易體制改革的建立與完善。

4. 加強世界各國之間的相互傳遞

第一，發達國家與發展中國家之間的雙向傳遞。發達國家通過世界市場把它們的經濟發展傳遞到發展中國家和地區，同時也把它們的經濟衰退和危

機傳遞到發展中國家，這是單向傳遞。在經濟全球化下，在發達國家傳遞的基礎上，發展中國家和地區對發達國家也進行反傳遞。第二，世界市場上交換內容相互之間的傳遞在擴大。在世界市場交換對象以貨物貿易為主時，國家之間的上述傳遞局限在貨物貿易領域；在經濟全球化下，世界市場的交換內容從貨物延伸到服務、知識和生產要素，拓寬了傳遞的領域。第三，在市場經濟體制被世界各國廣泛接受的情況下，傳遞機制障礙減少，傳遞速度加快。第四，在上述背景下，世界各國的經濟波動、衰退和危機向同步化發展。各國尤其是經濟貿易大國的國內經濟貿易問題演變成國際問題。

二、世界市場的發展

（一）萌芽階段

這個時期包括 16~17 世紀和 18 世紀的大部分年份。15 世紀末和 16 世紀初的地理大發現促進了西歐各國的經濟發展，使世界市場進入萌芽階段。

（二）迅速發展階段

這個時期始於 18 世紀 60 年代，結束於 19 世紀 70 年代。在這個時期內產業革命爆發了，資本主義生產方式居統治地位，大機器工業建立起來，市場交換的商品種類日益增多，這不僅需要一個不斷擴大的世界銷售市場，也需要日益擴大的原料供應來源。同時這也促進了工業和人口不斷向城市集中，擴大了世界勞動市場，促進了鐵路、海運、通信事業的發展，把各國的市場真正有效地聯繫在一起，世界市場進入了迅速發展的時代。

（三）形成階段

這個時期始於 19 世紀 80 年代，結束於 20 世紀初。這一時期壟斷代替了自由競爭。第二次科技革命的發生以及資本輸出的加強，使國際分工進一步發展，形成了統一的、無所不包的世界市場。

1. 多邊貿易和支付體系的建立

1870 年以前，世界貿易的中心國家是英國，國家之間的貿易支付比較簡單。1870 年後，其他一些國家都開始成為貿易的重要國家，加上國際分工的形成，更多地區進入世界市場，過去國家對國家的貿易單邊支付被多邊支付體系取代。這時，各國不再刻意追求與每一個貿易國家保持貿易平衡，而是在出現不平衡後，用對一國的貿易順差抵補對另一國的貿易逆差。這樣，參與貿易的各國相互結成多邊貿易的多邊支付網，這使貿易的往來更加便利。這個網絡為所有貿易參加國提供購買貨物的支付手段，同時使國際之間債權債務的清償、利息與紅利的支付能夠順利完成，促進了資本輸出和國際間短期資金的流動。

2. 國際金本位制度的建立與世界貨幣的形成

世界市場的發展與世界貨幣的發展是緊密連系在一起的。作為一般支付手段的貨幣職能起源於對外貿易。隨著國內市場和世界市場的發展，貨幣的職能也趨於多元化，要求出現國際貨幣。早期的國際貨幣是黃金和白銀。19世紀末期，黃金被各國確立為世界貨幣，建立起國際金本位制度。這個制度的作用主要有兩點：第一，它給世界市場上各種貨幣的價值提供了一個互相比較的尺度，並使世界各國貨幣間的比價，亦即匯價保持穩定；第二，它給世界市場上各國的商品價格提供了一個相互比較的尺度，把各國的價格結構聯繫在一起。國際金本位制度不是一個單純的貨幣制度，而是世界市場的一個重要組成部分。

3. 世界市場上商品多樣化和大宗貿易的增長

19世紀下半葉，隨著第二次產業革命的進展和大機器工業所生產的各種製成品的數量和種類的增加，以及對工業原料需求的增加，一些大宗產品的統一世界市場開始形成。17世紀以前，國際貿易以香料和其他奢侈品貿易為主。18世紀，糖、菸、棉花、茶葉和酒成為國際貿易中的主要商品。19世紀70年代以後，伴隨著交通運輸工具的改進，國際貿易中的商品種類大量增加，加工貿易所需的價格比較低、體積比較大的原材料，如煤炭、鐵礦石、糧食、肉類、纖維等大宗貨物出現在世界市場上。20世紀初，亞洲、非洲和拉丁美洲的採礦業和種植園迅速發展。大量的錫、銅、橡膠、石油以及糖、咖啡、茶葉等在世界市場上銷售，以適應新興汽車工業和其他工業的生產需要及西歐國家人民的消費需要。進入20世紀，隨著科技進步和交通運輸的發展，一些鮮活商品如鮮花、草莓、蔬菜、鮮魚、新鮮龍蝦等都成為國際貿易的商品。

4. 出現了比較固定的銷售渠道

19世紀末20世紀初，隨著國際貿易的發展，形成了大型、固定的商品交易所、國際拍賣市場、博覽會；建立健全了航運、保險、銀行等各種專業機構；建立了比較固定的航線、港口、碼頭。這一切都把世界市場有機地結合在一起。

5. 資本主義經濟規律制約著世界市場的發展

資本主義社會中各種規律諸如基本經濟規律、經濟發展不平衡規律、價值規律等在世界市場上居於主導地位，制約著世界市場的發展和波動。

三、當代世界市場的構成

（一）國家與地區

按照經濟發展類型，參加世界市場活動的國家和地區可分為三個主要類別：發達國家、發展中國家、經濟轉型國家。按照主要出口商品的類別，發

展中國家又可分為三個類型，即主要石油出口國家、主要製成品出口國家、其他國家和地區。按照主要特徵，發展中國家又可分為最不發達國家、內陸國家和沉重負債的窮國。按照人均國內生產總值（GDP），世界又分為高收入國家（人均 GDP 在 4,500 美元以上）、中等收入國家（人均 GDP 位於 1,000~4,500 美元之間）、低收入國家（人均 GDP 在 1,000 美元以下）。

由於發達國家佔有國際貨物貿易、服務貿易和要素流動的絕大部分，它們成為世界市場的主體，在世界市場上起著主導作用。

（二）貿易廠商

世界市場上的訂約人，按照活動的目的和性質可分為三類：公司、企業主聯合會、國家機關（政府各部和各主管部門）和機構。公司是指那些追求商業目的的訂約人，它們是在工業、貿易、建築、運輸、農業、服務等方面以謀利為目的而進行經濟活動的企業。企業主聯合會是企業家集團的聯合組織，它們與公司的區別在於，其活動目的不是獲取利潤，而是以協會、聯盟、代表會議等形式參與政府的決策活動，為企業擴大出口、開拓世界市場服務。國家機關（政府各部和各主管部門）和機構是世界市場上第三類訂約人，它們只有在得到政府授權後才能進入世界市場，從事外貿業務活動，但不以營利為目的。

（三）交易商品

交易標的是指世界市場上交易的商品，它包括貨物、服務和生產要素等。《聯合國國際貿易標準分類》將貨物分為 10 大類、67 章、261 組、1,032 個分組和 3,188 個基本項目。世界貿易組織（WTO）將服務性產品劃分為 12 大項，即商務服務、通信服務、建築服務、銷售服務、教育服務、環境服務、金融服務、衛生服務、旅遊服務、娛樂服務、運輸服務和其他服務。此外，還有各種技術產品的貿易。

（四）交易場所與渠道

1. 有固定組織形態的國際市場

有固定組織形態的國際商品市場，是指在固定場所按照事先規定的原則和規章進行商品交易的市場。這種市場主要包括商品交易所、拍賣會、集市、博覽會和展銷會等。

2. 沒有固定組織形態的國際市場

除了有固定組織形態的國際市場外，通過其他方式進行的國際商品交易，都可以納入沒有固定組織形態的國際市場。這種市場可以大致分為兩大類：一類是單純的商品購銷；另一類則是與其他因素結合的商品購銷形式，如「三來一補」、投標與招標、易貨貿易、租賃貿易，等等。

3. 商品銷售渠道

商品銷售渠道是指商品從生產者到消費者手中所要經過的環節。其作用是：溝通生產與銷售；節約企業推銷商品所需的人力和時間；為貿易各方提供各種方便；化解企業商品生產后的風險；滿足消費者的不同需要。

世界市場上的銷售渠道通常由三部分構成：第一部分是出口國的銷售渠道，包括生產企業或貿易公司本身；第二部分是出口國與進口國之間的銷售，包括貿易雙方的中間商；第三部分是進口國國內的銷售渠道，包括經銷商、批發商和零售商等。

4. 運輸和信息媒體網絡

運輸網絡由鐵路運輸、公路運輸、水上運輸、航空運輸、管道運輸等組成，承擔著世界市場上的各種運輸服務。

信息媒體網絡由國際電話、電視、廣播、報刊、通信衛星、計算機網絡等組成，承擔著世界市場上的信息傳播和通訊。

5. 國際物流

整個世界的經濟活動由生產、流通和消費三大部分構成，其中流通是聯繫生產和消費的必要環節。沒有流通，整個世界經濟活動將停止，商品的價值和使用價值都無法實現。隨著經濟全球化的加速發展、國際分工的深化和廣化、跨國公司的發展以及競爭的加劇，需要在世界市場上有效、合理地組織世界各國之間的商品物流，以獲得較高的經濟效益和實現利潤最大化。在這一背景下，國際物流應運而生。

國際物流（International Logistics，IL）是指物流活動超越國家疆界的限制，延伸到其他國家和地區，其目的是降低運輸費用，加快商品週轉和提高競爭力，獲取銷售效益。它把商品製造、運輸和銷售有機地結合起來，是集採購、生產、運輸、保管、信息和管理為一體的世界市場活動。

21世紀國際物流進入大發展的時代，呈現信息化、網絡化、智能化、柔性化、標準化和整體化的特點。如果世界市場上交換的商品是「血液」，國際物流則是世界市場肌體中的「血管」。

（五）管理與協調機構

管理與協調機構包括世界市場上各種管理組織和機構，如世界貿易組織、國際貨幣基金組織、世界銀行、國際商會、仲裁機構、各種認證機構、標準化組織等。通過它們的運作，保證世界市場健康、有序地運行。

四、當代世界市場的分類

（一）按交易國家劃分

1. 發達國家市場

發達國家市場一般是指那些生產力高度發達，具有成熟的市場經濟體系的國家。在全世界191個國家中，發達國家有42個。2006年，這些國家擁有人口9.7億，占當年世界人口的13.9%；其國土面積總和為3,247萬平方公里，占世界面積的23.9%。2005年，它們的國內生產總值為33.3億美元，占當年世界國內生產總值的75.0%，其中，農業占3.9%，工業占24.9%，服務業占73.5%。2004年，發達國家的人均國內生產總值為33,052美元，是世界人均國內生產總值（6,411美元）的5.2倍。2006年，發達國家的出口貿易額占當年世界出口貿易額的59.1%。

上述特點決定發達國家市場成為世界市場中的主導市場。

2. 發展中國家市場

發展中國家市場通常是指那些過去長期遭受帝國主義國家殖民統治和剝削，第二次世界大戰後取得政治獨立，但經濟發展相對落後，面臨經濟發展問題的國家。全世界發展中國家有170多個，分佈在亞洲、非洲和拉丁美洲。

第二次世界大戰後，發展中國家在經濟上有所發展，但發展很不平衡。按其出口產品劃分，有主要石油出口國（21個）、主要製成品出口國家和地區（12個）以及其他國家和地區（其中包括50個最不發達國家）。

2006年，整個發展中國家擁有人口52.8億，占世界人口的75.9%；土地面積為8,083萬平方公里，占世界土地面積的59.4%。2005年，其國內生產總值為9.9萬億美元，其中，農業占10.5%，工業占37.8%，服務業占51.7%。2004年發展中國家的人均國內生產總值為1,648美元，相當於世界人均國內生產總值（6,411美元）的22.3%。2006年，其出口貿易額占當年世界出口貿易額的36.8%。

上述特點決定了發展中國家市場是世界市場中的次要市場，其運行要受制於發達國家市場。

3. 經濟轉型國家市場

經濟轉型國家共有19個，20世紀90年代以前，它們都屬於社會主義國家，20世紀90年代以後，這些國家的政治和經濟制度都發生了巨變，開始重新組合，如俄羅斯和一些國家組成獨聯體，有些國家加入了歐盟。

2004年，這些國家人口為3.3億，占世界人口的4.7%；土地面積為2,272萬平方公里，占世界土地面積的16.7%。2005年，其國內生產總值為1.2萬億美元，其中，農業占8.1%，工業占36.7%，服務業占55.3%，占世界國內生產總值的2.8%。2004年經濟轉型國家的人均國內生產總值為2,816

美元，占世界人均國內生產總值（6,411 美元）的 44.0%。2006 年，其出口貿易額占當年世界出口貿易額的 4.1%。

上述特點決定了經濟轉型國家的市場是一個新興的市場。

(二) 按交易內容分類

1. 貨物市場

按加工程度劃分，貨物市場可分為兩類：

(1) 初級產品市場。其中包括：農業食品（糧食、咖啡、水果等）；農業原料（棉花、天然橡膠、木材等）；燃料（石油、煤、天然氣等）；金屬礦產品（銅、鐵礦砂等）。

(2) 工業製成品市場。其中包括：化工產品；機械產品；紡織品和服裝；其他。

2. 服務市場

這是指無形商品的國際交易，也稱為無形貿易。服務業包括 12 個部門，即商業、通信、建築、銷售、教育、環境、金融、衛生、旅遊、娛樂、運輸、其他。

此外，按對市場集中和控製的程度，世界市場可分自由競爭市場、壟斷競爭市場、壟斷市場和寡頭市場；按供求關係區分，在供過於求時，形成買方市場；反之，在供不應求時，會出現賣方市場。

五、當代世界市場的特徵

(一) 國內外市場的融合加速

20 世紀 90 年代以後，世界各國國內市場與世界市場的融合在加速。其融合途徑如下。

(1) 市場經濟體制逐步趨同。20 世紀 80 年代，首先是印度，然后是中國逐步脫離了計劃經濟體制。20 世紀 90 年代，東歐和中亞的一些國家脫離計劃經濟體制，轉向市場經濟體制。

(2) 貿易壁壘下降，關稅稅率不斷下調，非關稅壁壘受到約束和規範，擴大了貨物貿易的市場准入。

(3) 資本自由化。絕大多數國家從限制外資轉變為歡迎外資，給外資以各種優惠待遇。

(4) 在跨國公司的作用下，形成了世界性的生產網絡和銷售網絡，出現了「無國界經濟」。

(5) 在科技革命的作用下，世界的通信、運輸、物流網絡不斷完善，把

各國市場有機地結合起來。

（6）世界貿易組織取代1947年關稅與貿易總協定，成為多邊貿易體制的組織和法律基礎。其成員根據該組織負責實施、管理的協定與協議修正本國的貿易規則。

（7）地區經貿集團大量出現，通過內部的自由化，加速成員之間市場的融合。

（8）國際協調機制加強。其融合的成果是：世界貿易的增長速度快於世界生產的增長速度。世界出口貿易額占世界國內生產總值的比重從20世紀70年代的10%提高到2005年的23.4%，這表明國內外市場的融合度在不斷擴大。

（二）市場容量不斷擴大

隨著各國國內市場與世界市場融合的加速，世界市場的容量（貿易額）在不斷擴大，世界出口貿易額迅速增加。世界貨物出口貿易額從1980年的20,320億美元提高到2007年的138,330億美元。出口貿易額的年均增長速度從20世紀八九十年代的個位數提高到21世紀初的兩位數。具體增長速度見表3-1。

表3-1　　　　　世界與大類國家貨物出口貿易年均增長速度　　　　　單位:%

	1980—1990	1980—2000	1980—1985	1990—2000	1990—2005	1995—2005	2000—2005	2002—2003	2003—2004	2004—2005	2005—2006	2007
世界	6.0	7.1	7.1	6.8	6.9	6.5	11.3	16.3	21.8	13.9	14.8	14.4
發達國家	7.3	7.6	6.8	5.9	5.8	5.2	9.4	15.3	17.9	9.2	12.6	13.7
發展中國家	3.1	7.6	8.2	9.0	9.3	9.1	14.1	17.4	28.2	21.3	17.6	15.2
經濟型國家	2.9	0.5	3.0	6.7	9.3	10.2	19.9	27.2	36.0	26.3	22.8	18.7

與此同時，世界服務出口貿易額增長很快。世界服務出口貿易額在1980年為3,910億美元，在1990年為8,308億美元，在2000年為15,293億美元，在2007年為33,374億美元。

（三）傳導機制在加強

所謂傳導，是指國內市場與世界市場之間的相互聯繫和影響。隨著經濟全球化的加速，二者的相互聯繫和影響不斷加強。

1. 傳導領域拓寬

傳遞領域從貨物拓展到服務和生產要素的流動，傳遞的渠道增多。當今世界市場的傳遞渠道在原有的貨物價格渠道的基礎上，增加了服務渠道，資本流動渠道，人力資源流動渠道，科技、知識、信息傳播渠道等。

2. 傳導從單向轉向雙向

20 世紀 70 年代以前，發達國家市場是世界市場的傳遞中心，它的擴大和萎縮直接影響到發展中國家的市場。20 世紀 80 年代以後，隨著發展中國家的興起，其經濟的發展和波動也反向傳遞到發達國家。如 1973 年石油危機和 1997 年爆發的東南亞金融危機也波及了發達國家。

3. 傳導速度加快

市場經濟體制成為世界各國普遍接受的經濟體制，對外開放成為主流的經濟貿易政策，國內和世界市場的融合度提高，這使得傳遞的阻礙減少，導致傳遞加速和經濟波動同步性增強。有些國家積極接受這種傳遞，可能有助於加快發展；有些國家反應遲鈍，可能失去發展機會。當經濟波動或衰退出現時，如果一國敏感並及時調節，可能規避這種風險；如果一國應對滯後，可能造成災難，並演變成世界性的危機。

4. 傳導機制出現協調

（1）國際組織層次上的協調。如聯合國貿易與發展會議進行發達國家與發展中國家的經濟貿易利益關係的協調；每年召開一次的七國首腦會議、八國首腦會議和各種高峰會議。

（2）區域經濟貿易組織內部的協調。

（3）世界貿易組織通過規則對世界貿易的協調。

（4）巴塞爾委員會對國際金融的協調。

（四）市場利益分配仍不公平

在當今世界市場，參與世界市場活動的國家和地區在利益獲取上存在不公平現象。

（1）在世界市場上，貨物、勞動力、知識產權和資本運行的主導權仍然掌握在發達國家手中。它們既是經濟發展傳遞的中心，同時也是經濟波動或衰退的危機發源地。在這個過程中，發達國家處於主動地位，而其他處於外圍的國家將要承擔更大的風險和傷害。

（2）世界市場協調機制是通過談判和規則來進行的，在談判和各種規則的制定中，發達國家由於經濟實力強大，處於決策地位，而發展中國家由於經濟實力較弱，在談判中處於弱勢地位，參與規則制定的話語權很小。

（3）在世界市場的運行規則中，發展中國家經過努力，爭取到一些特殊待遇條款，但由於發展上的差距，無力把這些優惠待遇變成現實。

（4）上述原因導致了世界市場帶來的利益不是平等地在發達國家和發展中國家分配。在世界市場運作的雙贏中，發達國家獲得的利益遠遠多於發展中國家。

第三節　世界市場的開拓

一、開拓世界市場的準備

（一）調研國家市場環境

包括以下內容：
（1）經濟因素：即要進入國家的市場和地區經濟發展的程度與水平。
（2）政治因素：即要進入國家的政體、政府機構、法律體系、是否與他國在政治和經濟上結盟。
（3）文化因素：即要進入國家的宗教、信仰、教育文化水平、社會風俗習慣等。
（4）社會因素：即要進入國家的辦事效率、工會組織、政府穩定狀況等。

（二）確定進入具體市場目標

包括以下內容：
（1）商品進入哪個地區或城市。
（2）商品面向哪一個消費者階層，然后將其出租給承租人使用，承租人按期交付租金。租賃期滿后租賃設備通常採取三種處理方法，即退租、續租和轉移給承租人。
（3）經營租賃。租賃公司購置設備，出租給承租人使用，出租人負責維修、保養和零部件更換等工作，承租人所付租金包括維修費。

二、世界市場交易的達成

（一）合同的確立

合同是世界市場上交易雙方、當事人之間的有約束力的書面協議，是貿易商之間達成交易的標誌。簽訂合同的要素是：有訂約能力的交易雙方當事人；標的（買賣的商品）；意願一致；義務的相互性。在所有法系中訂立合同的原則是：要約人必須作出一項要約；接受要約人必須接受該要約。

合同中買方與賣方的權利與義務根據 1988 年 1 月 1 日生效的《聯合國國際貨物銷售合同公約》列出的貿易術語確立。

在合同確立時，要遵循平等、自願、誠實、守信、合法和尊重社會公德原則。

(二) 合同的類型

根據貿易方式，出現的貿易合同包括：商品銷售合同、包銷合同、代理合同、寄售合同、拍賣合同、招標與投標合同、易貨貿易合同、補償貿易合同、加工貿易合同、租賃合同等。

(三) 合同的履行

合同當事人要根據合同的各種條款，如實地履行，若有違反，應根據合同條款解決。

第四節　世界市場競爭

一、世界市場競爭特點

競爭就是指追逐利潤的競賽。在世界市場上，各國貿易商為了追逐利潤，展開了激烈的競爭，出現了各種競爭方式與策略。

(一) 市場競爭成為國際競爭的重要內容

在當代國際環境下，國家之間存在著政治競爭、軍事競爭、經濟競爭、社會競爭和文化競爭。其中經濟競爭成為各國競爭的主要場所，它也成為其他競爭的基礎。而在經濟競爭中，市場開拓、維護與佔有的競爭占據非常重要的地位。

(二) 市場競爭格局出現多元化

第二次世界大戰以後，隨著發達國家經濟的巨大發展、發展中國家經濟的崛起、蘇聯和東南歐國家的巨變，以及中國等社會主義國家的對外開放，在世界經濟發展不平衡規律的作用下，市場競爭格局呈現多元化。它包括六個方面的競爭：一是發達國家之間的競爭；二是發達國家與發展中國家和地區之間的競爭；三是社會主義國家與發達國家和發展中國家的競爭；四是地區性經濟貿易集團之間的競爭；五是跨國公司、大企業之間的競爭；六是跨國公司、大企業與中小企業之間的競爭。

(三) 市場競爭的領域日益廣泛與深化

（1）從局部競爭走向整體競爭。參加競爭的商品從貨物貿易向服務貿易和知識產權貿易發展。

（2）競爭方式從粗放式走向集約式。貿易中的非價格競爭已取代傳統的

價格競爭而占據主導地位。

（3）國際貿易方式方法日趨多樣。在傳統貿易方式，如經銷、代理和寄售、招投標的基礎上，出現了加工貿易、對等貿易、技術貿易、租賃貿易和電子商務。

（4）從封閉式的市場競爭走向開放式的市場競爭。在市場競爭中，各國從被動的保護轉向主動對外開放，推行貿易和投資自由化，參加WTO等國際組織。

（5）構成商品競爭力的要素從自然資源要素走向管理與新興的科學技術。新技術、新工藝在生產過程中的推廣與採用，成為市場上商品競爭能力的重要基礎。

（6）把商品貿易與投資活動密切結合起來，資本流動成為進行市場滲透的重要工具。

（7）在市場競爭中把理論與實際密切結合起來。如出現了產品生命週期理論、企業競爭戰略理論、營銷策略理論和國家競爭優勢理論。

（8）積極組建和參加經貿集團。從國家之間競爭轉向經貿集團之間的競爭。地區經貿集團的數目從1972年前的50多個躍升到1992年的100多個。到2002年3月，到WTO登記的區域經貿組織已達255個。

（9）把情報視為競爭力的重要基礎。一方面，通過合法和非法手段收集和竊取情報；另一方面，製造和散布假情報，迷惑競爭對手。

（四）在國家干預和保護下競爭

在當代世界市場競爭中，各主權國家政府為了維護本國的經濟利益，不斷運用國家權力通過各種方式對競爭進行干預和保護，以促進本國經濟的發展，最大限度地減少競爭對本國經濟發展所起的負面作用。如通過經濟政策、科技政策、產業政策改善本國企業參與世界市場競爭的環境和條件，優化出口產業結構，提高出口產品的競爭力。

（五）公平競爭成為主流

隨著世界市場的擴大，市場活動對各國經濟發展的作用在加強，公平競爭日益受到各貿易國家的重視。在世界市場上，各國通過貿易條約、協定、慣例等，貫徹公平競爭原則。其辦法如下：

（1）通過雙邊貿易和投資協定，確定雙方的權利與義務，實現平等、互利，為公平競爭提供基礎。

（2）通過經貿集團內各種協定，確定成員之間的權利與義務，進行公平競爭。

（3）國際貿易法規日益規範化。它們包括：涉及國際貿易某一領域的國際條約，如國際貨物買賣合同公約、國際貨物海上運輸公約等；指南性的文件，如對銷貿易法律指南；標準合同範本，交易雙方當事人可按此種範本訂立合同，比如大型承包工程合同的範本；具體的合同條款，如租船合同條款、船舶和貨物保險條款、租船合同、保險合同都十分具體，各國貿易商都按統一的條款進行貿易，以減少分歧，保證公平；標準化要求，如 ISO9000 系列等。

（4）成立世界貿易組織，協調世界各國的貿易方面的法律，實現公平競爭。如 1995 年建立 WTO 的目標就是保證組織成員進行「開放、公平和無扭曲的競爭」。

二、國際競爭力的定義與指標

（一）國際競爭力的定義

國家競爭力「可被界定為一國生產符合國際市場標準的貨物和服務，同時又能保持和提高人民的實際收入的能力」。「一個具有競爭力的公司能夠明確要生產什麼，為誰生產，並且能夠為實現其生產和營銷目的高效率地管理資源的獲取和分配，從而實現討價還價的能力。」

（二）國際競爭力的表示

1. 貿易專業化系數（Trade Specialization Coefficient，TSC）
（1）基本公式：

$$貿易專業化系數 = \frac{出口（X）-進口（M）}{出口（X）+進口（M）}$$

當 TSC＝1 時，表明該國處於完全出口專業化；當 TSC＝-1 時，表明該國處於完全進口專業化。

（2）一國某產品的國際競爭力：

一國 A 產品的國際競爭力

$$= \frac{一國 A 產品對世界出口額 - 一國 A 產品從世界進口額}{一國 A 產品對世界出口額 + 一國 A 產品從世界進口額}$$

當計算結果大於 0 時，表明該產品的競爭力強；反之，當計算結果小於 0 時，則表明該產品競爭力弱。

（3）國家之間產品競爭力比較：

A 國與 B 國間 a 產品的國際競爭力

$$= \frac{A 國對 B 國 a 產品出口額 - A 國從 B 國 a 產品進口額}{A 國對 B 國 a 產品出口額 + A 國從 B 國 a 產品進口額}$$

計算結果趨向於 1 時，表明 A 國 a 產品競爭力強，對 B 國形成垂直分工；計算結果趨向於 -1 時，表明 B 國 a 產品競爭力強，對 A 國形成垂直分工；結果趨向於 0 時，表明兩國在產品上各有優勢，形成水平分工。這個計算方法對於貿易性強的產品和行業具有實際分析意義。

2. 出口業績相對指數（Index of Relative Export Performance，IREP）

計算公式為：$IREP_{ij} = \dfrac{X_{ij} / \sum_{j} X_{ij}}{\sum_{i} X_{ij} / \sum_{i} \sum_{j} X_{ij}}$

其中，X_{ij} 為 j 國 i 產品出口額；

$\sum_{j} X_{ij}$ 為世界各國 i 產品出口總額；

$\sum_{i} X_{ij}$ 為 j 國出口總額；

公式中，分母的含義是 j 國出口額在世界出口總額中所佔有的比例，分子的含義是 j 國 i 產品出口額在世界 i 產品出口總額中所佔有的比例。如果 $IREP_{ij}$ 大於 1，說明 j 國 i 產品出口占世界 i 產品出口額的比例大於 j 國出口總額占世界出口總額的比例，表明 j 國在 i 產品生產與出口上擁有競爭優勢，具有出口競爭力；如果 $IREP_{ij}$ 小於 1，則表明 j 國在 i 產品上不具有出口競爭力。

3. 固定市場份額模型指標

固定市場份額模型（The Constant Market Share Model，簡稱 CMS）指標是指在一定時期內，本國某產品的出口增長率與為保持該產品原有的市場佔有份額應有的出口增長率之差。如其數值為正數，則表明本國該產品在這一時期內的出口競爭力相對於其他出口國有所提高；反之，則表明該國競爭力下降。由於很難測定保持原有市場份額而應達到的出口增長率，因此，這一指標的實際運用有一定難度。

4. 顯示性比較優勢指標（Revealed Comparative Advantage Index，RCA）

計算公式為：$RCA_{ij} = \dfrac{X_{ij} / \sum_{i} X_{ij}}{\sum_{j} X_{ij} / \sum_{i} \sum_{j} X_{ij}}$

其中，RCA_{ij} 為 j 國 i 商品的顯示性比較優勢指數；

X_{ij} 為 j 國 i 產品的出口額；

$\sum_{i} X_{ij}$ 為 j 國全部產品的出口額；

$\sum_{j} X_{ij}$ 為世界上 i 產品的出口總額；

$\sum_{i} \sum_{j} X_{ij}$ 為世界所有產品的出口總額。

一般認為，若 $RCA_{ij} > 2.5$，則表明 j 國的 i 產品（或產業）具有極強的競

爭力；若 $1.25<RCA_{ij}<2.5$，則表明 j 國 i 產品具有較強的競爭力；若 $RCA_{ij}<1.25$，則表明 j 產品具有中等程度的競爭力；若 $RCA_{ij}<0.8$，則表明 j 國 i 產品的競爭力較弱。此指標運用較多。

三、企業全球競爭戰略

（一）企業全球戰略含義

企業的競爭戰略就是在一個產業裡尋求一個有利的競爭地位。競爭戰略的目標是針對決定產生競爭的各種影響力而建立起一個有利可圖的和持久的地位。

（二）企業全球戰略確立

一般而言，企業全球戰略的確定的基點取決於該企業在一國的市場份額和潛在的贏利水平，其確立的基礎取決於如下因素：

1. 世界範圍的成本競爭能力

企業必須佔有世界市場的一定的最低份額，以承擔適當的經濟規模與產品開發任務。

2. 世界市場上的比重

企業必須在一國市場上贏得較高水平的市場份額，才有可能對全球其他競爭者的行為產生影響。如果一個企業在外國市場的份額只占1%或2%，則表明其實力較弱，影響力較小。

3. 產品系列的健全

全球競爭要求具有全面整體的商品概念。

4. 經營範圍的擴展

在企業生產的多種商品能從同樣的商品銷售和商標投資中得益時，其銷售和商標投資才是經濟合算的，即此時企業在低成本的基礎上不斷開發出新產品的經營範圍是恰當的。

5. 全球資源的控製

企業在全球競爭中面臨最大的問題是如何配置資源。根據其經營範圍，它應具有對其子公司進行有計劃地配置資源的控製能力。

6. 戰略思想的構成

在這些戰略思想中，要考慮本企業面臨的侵入威脅、替代威脅、買方的議價談判能力、供方的議價談判能力和現有競爭對手的競爭狀況。

（三）全球競爭優勢來源

一般而言，企業全球競爭優勢來源於五個方面：比較優勢、規模經濟、

產品差別、專有的產品技術與克服障礙的能力。

1. 比較優勢

比較優勢是全球競爭的決定因素。當企業生產的某種產品具有很大的成本優勢或質量優勢時，它才能夠在國內市場上佔有很大份額並且能大量出口。

2. 規模經濟

企業因在生產（或提供服務）上存在規模經濟，通過跨國經營生產，取得成本優勢。這種規模經濟存在於全球經營的經驗、后勤系統、市場營銷和採購中。為在這些方面取得規模經濟效益和成本優勢，企業要堅決地建立起高效、具有規模的生產設備，嚴格控製成本和管理費用，以及最大限度地節約研發、服務、推銷、廣告等方面的成本費用。

3. 產品差別

它是指企業把生產的產品或提供的服務差別化，樹立起一些產業範圍中具有獨特性的東西。實現產品差別的途徑有：品牌形象、技術特點、性能特點、顧客服務、商業網絡等方面的獨特性。若企業在上述幾方面都有顯著的特點，則其競爭力會很強。

4. 專有產品或服務技術

它是指企業主攻某個特殊的顧客群、某個產品線或某個服務部門的細化。其實現的途徑有很多形式，但前提是企業的專一化能夠以更高的效率、更好的效果為某一特定的對象服務，從而在較廣的範圍內超越競爭對手。

5. 克服競爭障礙的能力

企業在獲取全球競爭優勢會遇到如下各種障礙。

（1）經濟障礙：諸如運輸和庫存的成本、不同的產品需求、銷售渠道的建立、售後服務與當地維修的力量、對產品週期與技術轉移的敏感性、一國市場上地區市場的分割、世界性需求的變動等。

（2）管理障礙：諸如因國家、地區、文化、習慣、支付能力帶來的不同的經銷辦法；全球性的集中管理與局部的當地企業的管理；新技術的使用與推廣等。

（3）制度障礙：諸如各國政府為維護本國經濟發展、削弱他國企業競爭力而設置的產業政策、關稅壁壘與非關稅壁壘等。

（4）資源障礙：企業本身的資本擁有量與融資能力、研發能力、人力資本等。

（四）國際競爭戰略

1. 確定競爭對手

競爭對手是指與企業有直接利益關係的對象。按其實力的強弱，競爭對

手可分為市場領先者、同本企業實力相當的競爭者和區域性的競爭對手。在確定競爭對手前，要明確的問題有：誰是主要競爭者；其銷售額、市場佔有率、財務狀況如何；其競爭目標和意圖是什麼；他們有無可利用的弱點；他們在環境、競爭、內部發展等方面在近期內會作出什麼樣的反應；等等。在此基礎上，確定競爭層次和具體對手。

2. 樹立產品整體觀念

在世界市場上，商品是由三個層次構成的。它們是商品的核心、商品的形體和商品的附加利益。商品的核心，是指商品給用戶提供的基本效用，如飲料解渴、棉衣御寒。商品的形體是指商品的外觀，即商品的外形，包括款式、造型、包裝裝潢、品名、牌號等。商品的附加利益是指商品購買前後從買方得到的保修等各種服務，其中包括維修、保證、安裝和其他服務。

在樹立產品整體觀念的基礎上，要積極研製新產品，使產品向「輕、薄、短、小、智能化」方向發展。所謂輕，是指重量輕、輕快；薄是指厚度薄；短是指長度短、高度低、用時少、動作快；小是指量小、單位較低；智能化，是指按客觀環境的需要，產品本身自動調整的功能。

3. 建立通暢的銷售渠道

銷售渠道是指商品從生產者向最終用戶轉移的過程中，要經過的各種銷售環節。它分為直接渠道和間接渠道。直接渠道指的是生產企業直接向國外中間商或最終用戶推銷其產品，其特點是國內沒有中間商參與出口。間接渠道指的是生產企業把產品出售給國內的出口企業出口或委託國內出口企業代理出口，其特點是國內中間商參與出口。

4. 講究促銷活動

促銷是指企業為了推動商品的銷售所作的溝通信息的各種努力。根據產品類別、市場特點，企業分別採用不同的促銷手段，諸如人員推銷、廣告、營業推廣和文字宣傳等。促銷有助於向目標市場傳遞商品所具有的特點和優越性的信息；有助於提高商品的銷量；幫助企業確立一項新商品的市場地位；幫助企業將它的商品順利通過渠道進入銷售網絡；有助於企業樹立它本身的優良形象；有助於在生產上縮小淡旺季的差距。

5. 掌握及時、可靠的信息

在世界市場競爭中，信息對競爭戰略、策略的制定與實施起到重要的作用。為了掌握及時、可靠的信息並作出決策，各國企業紛紛建立信息系統，其中營銷信息系統占據重要地位。它一般由內部報告系統、營銷情報系統、營銷研究系統和營銷分析系統組成。與此同時，各國企業不斷採用高科技，通過各種途徑，採用各種手段（包括使用商業間諜）收集涉及本企業競爭的

政治、經濟、科技等方面的信息。企業還積極與政府信息機構溝通，甚至互相提供和交流收集到的情報。

6. 運用電子商務

所謂電子商務，是指通過電子信息技術、網絡互聯技術和現代通信技術，交易雙方得以借助電子方式進行聯繫及交易活動的處理，而無需依靠大量紙面文件、單據的人工處理與傳輸或直接的實物接觸的形式完成交易，從而實現全部或部分交易過程電子化、自動化的一種商務形式。其核心是應用先進的信息技術，提高交易夥伴之間商務聯繫的效率，進而提高企業整體的經營管理效率。

【案例分析】

1. 案例內容

國際貿易中的物流網絡系統

所謂國際物流網絡系統，是由多個收發貨的「節點」和它們之間的「連線」所構成的物流抽象網絡以及與之相伴隨的信息流動網絡的集合。

所謂收發貨節點，是指進、出口過程中所涉及的國內外的各層倉庫，如製造廠倉庫、中間商倉庫、貨運代理人倉庫、口岸倉庫、國內外中轉站倉庫以及流通加工/配送中心和保稅區倉庫。國際貿易商品和交流物資，就是通過這些倉庫的收進和發出，並在中間存放、保管，實現國際物流系統的時間效益，克服生產時間和消費時間上的背離，促進國際貿易系統和國際交往的順利進行。節點內商品的收與發是依靠運輸連線和物流信息的溝通、輸送來完成的。

所謂連線，是指連接上述國內外眾多收發貨節點的運輸連線，如各種海運航線、鐵路線、飛機航線以及海、陸、空聯合運輸線路。從廣義上講，連線包括國內連線和國際連線。這些網絡連線代表庫存貨物的移動——運輸的路線與過程；每一對節點有許多連線以表示不同的路線、不同產品的各種運輸服務；各節點表示存貨流動的暫時停滯，其目的是為了更有效地移動（收或發）；信息流動網上的連線通常包括國內外郵件，或某些電子媒介（如電話、電傳、電報以及互聯網、郵件和電子數據交換報文等），其信息網絡的節點，則是各種物流信息匯集及處理之點，如員工處理國際訂貨單據、編製大量出口單證，或準備提單，或電腦對最新庫存量的記錄。

物流網絡與信息網並非獨立，它們之間的關係是密切相連的。國際貿易

中的物流系統網絡圖如圖 3-1 所示。

2. 分析要求

(1) 國際物流網絡在哪個方面表現出世界市場的構成？

(2) 從事國際貿易的企業如何構建通暢的有競爭力的國際物流網絡？

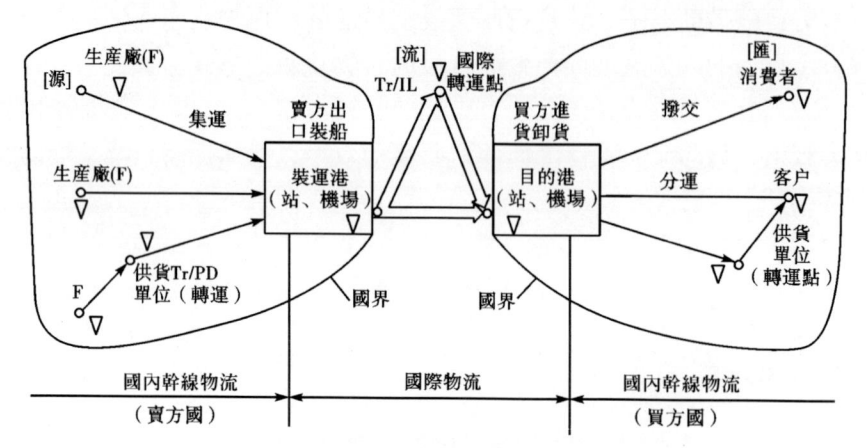

F—工廠；Tr—運輸；PD—分銷物流；IL—國際物流
▽—倉儲；⇒—國際段運輸；→—國內段運輸

圖 3-1　國際物流系統網路圖

第四章　世界市場價格

第一節　概述

一、世界市場價格的含義

世界市場價格是商品國際價值的貨幣表現，即以貨幣表現的商品的國際價值。

二、國際價值的形成

(一) 商品國際價值形成的基礎

商品的國際價值是在國別價值的基礎上形成的。任何國家所生產的商品的價值內容，都是由抽象的社會勞動所決定的。當資本主義破壞了分散的自然經濟，並把地方市場結合成全國市場，隨后又結合成世界市場之后，社會勞動便獲得全面的發展，它不僅是作為個別國家的勞動，而且是作為世界上一切國家的勞動。當商品交換變成世界性交換的時候，社會勞動便具有普遍的國際性質。

(二) 國別價值和國際價值質的同一性和量的差別性

商品的國別價值和國際價值作為一般人類勞動的凝結物，在本質上是完全相同，而在量上則是不同的。國別價值量是由該國生產該商品的社會必要勞動時間所決定的。社會必要勞動時間是在現有的社會正常的生產條件下，在社會平均的勞動熟練程度和勞動強度下製造某種使用價值所需要的勞動時間。

在世界市場上，商品的價值（即國際價值），不是取決於各國的社會必要勞動時間，或國民平均勞動時間，而是取決於「世界勞動的平均單位」。這個勞動的平均單位，就是在世界的平均技術條件下，在各國勞動者的平均勞動強度下，生產某種商品時所需要的世界社會必要勞動時間。國家不同，勞動的中等強度也就不同，即有的國家高些，有的國家低些。於是各國的平均數

形成一個階梯，它的計量單位是世界勞動的平均單位。因此，強度較大的國民勞動比強度較小的國民勞動，會在同一時間內生產出更多的價值，而這又表現為更多的貨幣。馬克思在這裡所說的勞動的中等強度是指在一國國內生產一單位產品時所花費的國民平均勞動或社會必要勞動。衡量各個國家的勞動的中等強度或國民平均勞動的高低或多少，需要有一個計量單位或尺度，這個計量單位和尺度就是「世界勞動的平均單位」。

三、影響國際價值量變化的主要因素

(一) 國際分工和世界市場聯繫的廣度與深度

在資本主義社會以前和資本主義社會初期，隨著地區性對外貿易的發展，已出現了地區性的國際價值。隨著廣闊的資本主義世界市場的形成和國際貿易的巨大發展，形成了世界性的國際價值。第二次世界大戰後，資本國際化、生產國際化和跨國公司大量出現，地區經濟一體化不斷擴大和深化，國際分工向廣度和深度發展，世界市場日益擴大，這使各國的國別價值更多地體現出來。

(二) 勞動生產率

國際價值量隨國際社會必要勞動時間的變化而變動，因為商品的國際價值量是由生產這種商品的國際社會必要勞動時間決定的。生產商品的國際社會必要勞動時間變了，商品的國際價值量也要發生變化。國際社會必要勞動時間是隨著世界各國的社會必要勞動時間變化而變化的，假如各國的社會必要勞動時間縮短了，則國際社會必要勞動時間也將隨之縮短；反之，則擴大。各國生產商品的社會必要勞動時間是隨著勞動生產率的改變而改變的。

勞動生產率的變化，必然會引起生產商品的社會必要勞動時間的變化，從而引起商品價值量的變化。勞動生產率越高，單位時間內生產的商品越多，則生產單位商品所需要的社會必要勞動時間越少，單位商品的價值量就越小；反之，勞動生產率越低，單位時間內生產的商品越少，則生產單位商品所需要的社會必要勞動時間便越多，單位商品的價值量便越大。

(三) 勞動強度

國際價值量還受各國勞動強度的影響，勞動強度是指勞動的緊張程度，也就是指同一時間內勞動力消耗的程度。單位時間消耗的勞動多，勞動強度就大；反之，則小。勞動強度即勞動消耗量與價值量是成正比的。換句話說，勞動強度同時均等地增加了，新的較高的勞動強度就會成為普通的社會勞動標準強度，從而也影響國際上的勞動標準強度，進而影響國際價值量。

(四) 貿易參加國的貿易量

國際社會必要勞動時間的形成與參加國際貿易國家的貿易量有著密切關係。

（1）如果絕大多數國際貿易商品是在大致相同的正常的各個國家的社會必要勞動時間下生產出來的，則國際社會必要勞動時間就是該商品各個國家的社會必要勞動時間。在這種情況下，商品國別價值與國際價值基本上是一致的。

（2）假定投到國際市場上的該商品的總量仍舊不變，然而在較壞條件下生產的商品的國別價值，不能由較好條件下生產的商品的國別價值來平衡。這導致在比較壞的條件下生產的那部分商品，無論同中間生產條件下生產的商品相比，還是同較好條件下生產的商品相比，都構成一個相當大的量，那麼，國際價值就由在較壞條件下生產而出口的大量商品來調節。

（3）假定在高於中等條件下生產的商品的出口量，大大超過在較壞條件下生產的商品的出口量，甚至同中等條件下生產的商品的出口量相比也構成一個相當大的量，那麼，國際價值就由在較好條件下生產的那部分商品來調節。

第二節　世界市場價格確立的基礎

世界市場商品的價格差異是貿易產生的直接原因，而商品的價格差異構成的基礎是商品所包含的國際價值量。

一、商品國際價值量的形成

商品國際價值量是商品國際價值的大小。則由前所述，它的形成是以國別價值為基礎，以國別價值與國際價值的異同為前提的。商品的國別價值量多以本國貨幣表現出來，即商品的國內價格。商品的國際價值是直接以世界貨幣表示的。

二、商品國別價值差異的原因

各國在同一時間裡生產的國際價值量是不相等的，它根源於各國經濟發展程度的不同。一國經濟發展水平愈高，勞動的國民強度和勞動生產率也愈高；相反，則愈低。由於各國經濟發展水平的差異，有些國家的國民平均勞動強度和平均勞動生產率高於國際水準，有些則低於國際水準以下。「因此，

不同國家在同一勞動時間內所生產的同種商品的不同量，有不同的國際價值，從而表現為不同的價格，即表現為按各自的國際價值而不同的貨幣額。」各國勞動生產率和勞動強度成為商品國別價值差異的重要原因。

(一) 勞動生產率

勞動生產率的高低，取決於多種因素。其中主要的因素有：勞動者的熟練程度、生產資料，特別是生產工具的裝備水平、勞動組織和生產組織的狀況、科學技術的發展和應用程度、原料和零部件的優劣，以及各種自然條件，等等。在不同的部門和企業中，上述每一因素對其勞動生產率的影響程度是不同的。如在農業和採礦業中，勞動生產率受自然條件這一因素的影響比較大，而在一般的加工工業中就比較小。

勞動生產率的變化，必然會引起生產商品的社會必要勞動時間的變化，從而引起商品價值的變化，即引起商品價值量的變化。各國勞動生產率不同，商品國別價值差異就出現了。

(二) 勞動強度

國別價值差異還受各國勞動強度的影響。勞動強度是指勞動的緊張程度，也就是指同一時間內勞動力消耗的程度。單位時間消耗的勞動多，勞動強度就大；反之，則小。勞動強度與價值量是成正比的。勞動強度越大，商品價值量越大；反之，則小。故各國勞動強度不同，即商品國別價值差異產生了。

三、影響價值量轉換的因素

(一) 社會經濟發展的水平

通常，經濟發展水平越高，國內市場越發達，本國商品的國別價值轉化為國際價值越容易，而且由於單位時間內創造的國別價值高於國際價值，可以轉化為更多的國際價值，出現國別價值增值；而發展中國家單位時間內創造的價值低於國際價值，在轉化為國際價值時，要失掉一部分國別價值。

(二) 參與世界市場的貿易量

商品國際價值量與參加國際貿易國家的貿易量有密切關係。具體關係已在第一節闡述，在此不再贅述。

(三) 貨幣自由兌換的程度

通常，本國貨幣與國際貨幣實行自由兌換國家的國別價值較容易轉化為國際價值；反之，實行外匯管制或不能自由兌換的國家，商品的國別價值轉化為國際價值比較困難。

第三節　世界市場價格的形成與類別

一、供求關係決定世界市場價格

商品的世界市場價格的基礎是商品所含的國際價值量，但世界市場上的商品價格最終由商品的供求關係決定。

馬克思指出，商品的價格是由買主和賣主之間的競爭即供求關係決定的。這種競爭包括三個方面，即賣主之間的競銷、買主之間的競購、買主與賣主之間的競爭。各方面競爭的結果，使一切已知的同一種和品質相同的商品逐步取得相同的國際市場價格，使得國際市場價格接近國際生產成本。

當世界市場需求擴大時，商品價格趨漲；當市場需求萎縮時，商品價格趨跌；當商品供給減少時，商品價格趨漲；當商品生產過剩時，商品價格趨跌；當商品需求擴大，供給同時縮減時，價格急遽上升；當商品需求下降，供給同時增加時，價格急遽下跌。

二、供求變動的主要因素

（一）壟斷

1. 壟斷組織對市場的控制

壟斷組織為了奪取最大限度的利潤，採取各種辦法控制世界市場價格。

（1）直接的方法。瓜分銷售市場，規定國內市場的商品銷售額，規定出口份額，減產；降低商品價格，使競爭者破產，然後奪取這些市場並規定這些商品的壟斷價格；用奪取原料產地的方法壟斷原料市場；開採原料並按壟斷價格出售原料，獲取國家訂貨，並按壟斷價格出售這些訂貨；直接調整價格，即規定一定的價格，低於這一價格便不出售商品；跨國公司內部採用劃撥價格，公司內部相互約定採購商品和勞務時所規定的價格。

（2）間接的方法。限制商品生產額和出口額，限制開採礦產和妨礙新工廠的建立；在市場上收買「過多」商品並出口「剩餘」產品。

2. 國家壟斷

為了經濟安全和保證國民生活的需要，一些國家對涉及國計民生的行業進行壟斷，由政府主管部門直接確定價格。

一些生產石油的國家，為了保證本身的權益，利用他們的儲藏的優勢和難以替代的特點，組織石油輸出國組織，通過限制產量來控制石油價格。

一些初級產品的生產國和消費國為了保證銷路和供應來源，通過簽署國際商品協定，穩定價格，保證供應。

(二) 經濟發展週期

馬克思指出：「資本主義的生產要經過一定的週期性循環。它要經過消沉、逐漸活躍、繁榮、生產過剩、危機和停滯等階段。商品的市場價格和市場利潤率都隨著這些階段而變化。」資本主義經濟危機是有週期性的。在危機期間，生產猛然下降，大批商品找不到銷路，存貨積壓，一般來說，價格會下跌。危機過去之後，生產逐漸上升，對各種產品的需求增加，價格又開始上漲。

第二次世界大戰以後，國家對經濟的管理、干預和調節，擴大到生產、流通、分配和社會生活的各個方面。但是對世界經濟的宏觀管理和調控卻遠遠落後於各國內部。由於占主導地位的資本主義生產方式內部矛盾的存在，各國和世界經濟仍處於不斷的波動之中，經濟危機和金融危機不斷，而且，隨著經濟一體化的發展，世界經濟和各國經濟的發展週期出現同步性。這種經濟波動對產品的價格起著重要的影響。

(三) 生產者和消費者的收入與需求

生產者即世界市場上各國生產企業的經營、管理和競爭能力，他們本身既是商品生產者，也是各種生產資料的需求者。消費者的需求取決於他們的收入水平和需求偏好。在世界市場上，經濟貿易大國的企業和國民對各種產品的供給和需求有巨大的影響。

(四) 各國匯率的變化

匯率是一種貨幣用另一種貨幣來計算的價格。20世紀70年代以後，國際社會進入固定匯率制、自由浮動匯率制和管理浮動匯率制並存的時代。

匯率分為名義匯率和實際匯率。名義匯率是銀行所公布的一種貨幣對另外一種貨幣的比價，實際匯率是調整物價變動因素以後的匯率。二者的關係以下面公式表示：

$$\rho = eP^* / P$$

式中：ρ 為實際匯率；e 為以本國貨幣標價的外幣價格（本幣/外幣），即名義匯率；P 為本國的價格水平；P^* 為外國的價格水平。

影響匯率變化的主要因素有：貿易差額的變化、國際資本流動特別是短期資本的流動、貨幣數量的投放、外匯儲備、主要國際貨幣國家和集團，如美國（美元）和歐盟（歐元）經濟貿易狀況的變化。

一般來說，貿易順差大，外匯儲備多的國家的貨幣會成為硬幣，其匯率

呈升值趨勢；相反，貿易逆差大，外匯儲備短缺的國家的貨幣會變成軟幣，其匯率呈下跌趨勢。

匯率變化對一國貿易有重要影響。如果本幣對外幣貶值，那麼該國貨物出口供給增加，貨物進口需求減少，但可以刺激國內服務貿易的發展；相反，如果本幣對外幣升值，那麼出口供給將會下降，而進口需求將會增加，但會刺激對外投資。

(五) 各國政府採取的政策措施

第二次世界大戰結束后，各國政府採取了許多政策措施來支持本國經濟貿易發展，如支持價格政策、出口補貼政策、進出口管制政策、外匯政策、稅收政策、戰略物資收購及拋售政策等，這對世界市場商品的供求有很大的影響。

(六) 商品銷售中的各種因素

商品銷售中的各種因素包括：定價技巧、付款條件的難易、運輸交貨是否適時、銷售季節的趕前與錯后、是否名牌、使用貨幣的幣種、成交數量的多少、商品的質量和包裝、地理位置的遠近、廣告宣傳的效果、服務質量、電子商務的運用、國際物流的管理，等等。他們對世界市場的供求都有影響。

(七) 其他因素

其他因素包括季節變化、自然災害、政治和經濟上的偶發事件等，都會影響世界市場的供求關係。

三、世界市場價格種類

(一) 代表性的世界市場價格

1. 代表條件

(1) 該價格應該是在國際貿易中心市場上經常性的、商業性的、大宗的出口和進口交易的價格，或者是由主要出口國形成的出口價格和主要進口國形成的進口價格。

(2) 該價格一般是用可自由兌換的貨幣支付。

(3) 該價格是互不關聯的普通商業合同的成交價格。

(4) 價格成分：一般包括國內共有成本和與出口相關的成本。

2. 代表價格種類

(1) 成交價格。

成交價格是指貿易廠商在日常交易中所達成的合同價格。它能夠迅速而

準確地反應世界市場價格的動態和水平。但是這一價格通常只有買賣雙方知道，在報刊上有所透露。

(2) 交易所價格。

在商品交易所成交的價格被稱為交易所價格。許多大宗初級產品的交易在交易所進行。交易的價格通過激烈的市場競爭而達成，是許多國家簽訂合同確定價格的主要依據。

交易所的交易可分為兩類：現貨交易和期貨交易。兩者的價格是不同的。前者接近實際成交價格，后者是一段時間以後的價格。

初級產品的現貨交易中心一般多位於商品的產地，如一些發展中國家，而期貨市場則多設在主要的國際金融中心，如芝加哥、倫敦、紐約等。許多商品的交易可以參照商品交易所的價格，如銅、鉛、鋅、錫等金屬交易可以參照倫敦商品交易所的價格，天然橡膠可參照新加坡商品交易所的價格，玉米、燕麥等穀物產品可參照芝加哥商品交易所的價格。

(3) 拍賣價格。

拍賣是商品交易的一種方式。拍賣價格就是以拍賣方式進行交易時形成的價格。它也是一種實際成交價，並且是現貨成交價。拍賣價格不附帶什麼特別條件，能反應某些商品市場行情的變化和水平。拍賣市場有的在銷售地，如倫敦有茶葉和豬鬃等拍賣市場；也有的在產地，如印度、斯里蘭卡、東非各產茶國的茶葉拍賣市場，澳大利亞的羊毛拍賣市場等。

(4) 開標價格。

某一國家或大企業為購進大批物資，有時以公告方式向世界承銷商招標，通過招標而成交。如摩洛哥的茶、印度的燒鹼、東南亞某些國家購買化肥等大多都採用這種方式。而開標價格就是通過招標投標方式進行交易時達成的價格。由於參加投標者眾多、競爭性強，所成交的價格往往低於一般成交價格。

(5) 參考價格。

所謂參考價格，是指經常在各種期刊和批發價格表上公布的價格。參考價格變化較緩慢，因此實際交易中的參考價格是通過加價或折扣來適應市場變化的。在將參考價格應用到實際中時，必須注意運用外貿中所慣用的折扣辦法，如現金折扣、數量折扣、季節性折扣等。

(二) 企業市場營銷價格

1. 出口報價

其中包括：銷往國外市場的商品成本；與出口相關的營運成本（調研、額外的運輸與保險、通信和促銷支出）；市場進入成本（關稅、商業、政治和

外匯風險)。

2. 國外市場定價

其中包括：公司目標；成本；顧客行為和市場條件；市場結構；環境約束。

3. 協議價格

協議價格是指大公司之間通過協商達成的價格。當一個市場由數家公司的產品控製時，他們通過協商，訂立一個大家都可以接受的價格來控製市場價格，日本一些企業有時採取這種價格，減少彼此競爭，獲得「保證利潤」。

4. 調撥價格

調撥價格又稱轉移價格，是指跨國公司成員之間的交易所進行的定價。其目的是：保持在國際市場上的競爭力，減少關稅和其他稅收的負擔，更好地管理現金流，使匯率風險降到最小，避免與本國和東道國政府之間的衝突，保持內部協調。

5. 傾銷價格

為了打開國外市場，企業以低於國內市場正常價值的價格把產品銷往國外市場。

6. 壟斷價格

壟斷價格是指國際壟斷組織利用其經濟力量和市場控製力量決定的價格。在世界市場上，國際壟斷價格有兩種：一種是賣方壟斷價格；另一種是買方壟斷價格。前者是高於商品的國際價值量的價格；后者是低於商品的國際價值量的價格。在兩種壟斷價格下，均可取得壟斷超額利潤。壟斷價格的上限取決於世界市場對於國際壟斷組織所銷售的商品的需求量，下限取決於生產費用加國際壟斷組織所在國的平均利潤。由於壟斷並不排除競爭，故壟斷價格也有一個客觀規定的界限。

(三) 國家和集團干預價格

1. 國家壟斷價格或管理價格

它是指國家通過國內外貿易和法規干預和影響價格。在當今世界市場上，國家干預價格有兩種做法。

(1) 國家機構對商品市場的單方面干預。

國家機構對商品市場的單方面干預在農業方面表現得最為突出。為了保護農業，世界各國尤其是發達國家通過以下方法對農產品價格進行干預：①通過收購；②限制產量；③按照保證價格與市場價格之間差額數，給予補貼；④管理進出口；⑤國家經營收購業務和進出口貿易。這些做法，自然影響世界市場價格。

（2）政府間貿易協定。

政府間的貿易協定不管是雙邊或多邊的，都對世界市場價格產生一定的影響。如國際商品協定、多種纖維安排、生產輸出國組織等。

2. 區域性經濟貿易集團內的價格

第二次世界大戰後，世界上成立了許多區域性的經濟貿易集團。在這些經濟貿易集團內部，形成了區域性經濟貿易集團內價格。如歐洲經濟共同體的共同農業政策中的共同農產品價格。共同農產品價格的主要內容是：（1）共同體內部農產品實行自由貿易；（2）對許多農產品實行統一價格來支持農場主的收入；（3）通過規定最低的進口價格來保證農產品價格穩定，並對內部生產提供一定支持；（4）徵收進口差價稅以保證最低價格的實施；（5）對過剩農產品採用補貼出口和加速國內消費的方法。

第四節　國際貿易商品價格的職能與作用

一、國際貿易商品價格的職能

（一）表現商品的國際價值

這是價格的基本職能，也是價格的本質所在。無論在世界市場上，還是在國內市場上，物化在商品中的勞動量不可能用直接的必要勞動時間來計算。各個商品生產者使用在商品生產上的個別勞動，必須轉化為價值，才能成為社會勞動或國際社會勞動的一部分。因此，商品的國內價格或世界市場價格承擔著表現社會勞動或國際社會勞動的職能。

（二）核算經濟效果

在市場經濟條件下，任何一個經濟單位，都必須計算經濟活動的耗費，評價其經濟活動的效益。在價值還無法直接計算的情況下，作為價值的貨幣表現形式的價格，就成為世界各國外貿計量經濟活動效益的一個工具。

（三）調節生產和消費

當價格高於價值、商品利潤較多時，生產規模就會擴大，供給就會增加；當價格低於價值、商品無利或虧損時，生產規模就會縮小，供給也就相應減少。價格對於需求的作用正好與上述情況相反。價格通過市場供應來調節生產、流通和消費。

在國際貿易中，世界各國進出口商品國內價格與世界市場價格的高低、

差價，都會直接或間接調節貿易參加國的社會生產、流通和消費。

二、國際貿易商品價格的作用

(一) 調節國際分工

  1. 調節早期的垂直型國際分工的形成

在歷史上，歐美資本主義國家利用廉價的工業品摧垮經濟不發達國家的民族工業，形成了有利於自己的國際分工。在資本主義初期，特別是採用機器技術和蒸汽發動機的大工業國家，其勞動生產率大大提高，其工業品的價值大大低於不發達國家手工製造的手工業品價值。這樣，發達資本主義國家利用其價廉物美的工業品衝擊一切經濟不發達國家的市場，使不發達國家的手工業者與農民破產，並使這些國家被迫從事工業國所需要的農業生產、礦業生產，僅生產幾種或一兩種原料、食品或礦產品，形成「單一經濟」。

第二次世界大戰以后，隨著生產和資本國際化過程的加強，發達國家與發展中國家的國際分工形式發生了變化。發達國家利用勞動者的熟練程度和發達的科學技術發展那些高、精、尖、用料少、污染輕的資本集約工業，而把一般用料多、污染重的工業放到發展中國家，其重要原因是前者產生的國際價值量遠遠高於后者，發達國家可以從兩者的交換中得到更多的利益，這就刺激了新型分工的形成。

  2. 調節著發達國家之間的分工

在資本主義各國，產業資本家總是面對著世界市場，不僅將自己的成本價格同國內的市場價格相比較，也同全世界的市場價格相比較。比較的結果會出現以下幾種情況：(1) 當其成本價格低於世界市場價格時，無疑會繼續生產該種商品。(2) 當其成本價格高於世界市場價格時，通過改進生產技術，提高勞動生產率，使其生產成本等於或低於世界市場價格。(3) 科學文化技術高度發達的國家生產那些高精尖的所謂資本集約和知識集約產品；資源比較豐富的國家從事各種資源集約型產品的生產。(4) 利用各自的長處，相互分工和協作，從事項目巨大的研究與發展，將產業各部門之間的分工向各個部分內部的分工發展，取得規模經濟效益、節約時間的經濟效果。

  3. 社會主義國家參加國際分工的重要依據

社會主義國家在參加國際分工時，既要從宏觀經濟的角度考慮其利益，也要從微觀經濟的角度重視其利益，這就是要考慮對外貿易的經濟盈利性。考慮這種盈利性的重要依據就是本國出口商品的本國價值與國際價值之間的比例關係。生產效能大於國際水平的本國勞動在世界市場上被看做是比較集約的勞動，即在單位時間內能創造更大數量的價值的勞動。出口這種產品的

數量和比重越大，其本國價值越是小於國際價值，則越能通過對外貿易實現社會勞動的節約。就商品進口而言，只有在進口商品的國際價值小於該商品的本國價值時，才能實現社會勞動的節約。因此，社會主義國家在參加國際分工時，應充分考慮國際貿易商品價格的作用。

（二）刺激貿易各國改進出口和銷售技術

商品的國際價值，不是取決於生產商品的國別社會必要勞動時間，而是取決於國際社會必要勞動時間。因此，那些勞動生產率較高、國別社會必要勞動時間較少、即商品的國別價值較低的國家，按照由國際社會必要勞動時間決定的國際價值出售產品，便可以獲得較多的利益；反之，那些勞動生產率較低、國別勞動耗費較多、即商品的國別價值較高的國家，按照國際價值出售產品，便只能獲得較少的收入。另外，那些國別價值較低的國家，還可以以低於國際價值的水平來出售商品，不僅可以獲利，而且還可以打擊競爭對手。

因此，各參加貿易的國家為了獲得較多的利益，並在競爭中爭得主動地位，便採用各種辦法提高勞動生產率，降低商品生產成本。

此外，競爭還迫使各個參加貿易的國家在降低生產成本的同時，在商品的質量、裝潢、外形、包裝、消費者的現代需求和趣味、銷售條件、交貨條件、信貸的提供上下功夫，其結果是改進了國際的交換手段，使之更為現代化。

（三）各國制定對外貿易政策的重要依據

資本主義國家在制定對外貿易政策時，除政治因素外，還要考慮其出口商品價格的競爭能力。經濟發達、生產力水平高、商品競爭能力強的國家都主張或執行自由貿易政策，一旦其商品競爭能力減弱時，英國即轉而採取保護貿易政策。經濟比較落後、生產力不發達、商品競爭能力弱的國家基本上都採取或執行保護貿易政策，在其出口商品競爭能力提高後，它們又放棄保護貿易政策，鼓吹自由貿易政策。價值規律的成本作用是資本主義國家制定和改變貿易政策的重要基礎。以英國為例，在其發生產業革命、成為「世界工廠」以後，就拋棄保護主義（重商主義），鼓吹和執行自由貿易政策。在20世紀初，由於資本主義政治經濟發展不平衡，其出口商品能力減弱時，英國就被迫放棄自由貿易，實行超貿易保護政策。第二次世界大戰以前，美國實行貿易保護政策；戰後，由於經濟競爭能力加強，它就制定與推行自由貿易政策。

【案例分析】

1. 案例內容

初級商品價格變化

從 1996 年開始，初級商品價格全面下降，這一趨勢一直持續到 2002 年。但在各個市場上，價格的動向大不相同，主要原因是供應條件不同。需求減緩，加上長期供過於求，對許多初級商品價格形成持續的向下壓力，包括咖啡、香蕉、某些金屬和礦產。與此相對，不利的供應條件幫助抵消了許多商品的需求減緩，如可可、穀物、植物油和油籽，從而穩定甚至提高了價格。對其他許多農產品而言，特別是棉花和糖，發達國家的市場支持政策，諸如美國 2002 年 5 月實施的新農場法，使得這些產品的世界價格變得疲軟。

在連續四年下降之后，2002 年熱帶飲料價格指數有所回升。這主要是由於可可的價格大幅度上漲。2001 年的咖啡價格，是 30 年的最低價。咖啡市場危機的主要原因是越南等新來者進入市場、巴西新開闢了種植園和生產力的提高，這些都使產量迅速增加，導致供大於求持續存在。從 2002 年第三季度以來，由於關於巴西和越南生產收縮的投機預期上升，咖啡價格略有回升。2002 年 10 月，國際咖啡組織啟動了改進咖啡質量方案，以便將低質咖啡逐出市場，該方案看來也有助於改善世界咖啡市場的供求關係。

可可市場的發展情況主要由科特迪瓦政治局勢造成的不確定性決定。科特迪瓦是世界最大的可可生產和出口國，約占世界生產和出口的 45%。2002 年，可可供應連續兩年全球短缺，導致價格上漲 63.3%。與此相對，在茶葉市場上，由於存貨量大和世界需求疲軟，茶葉價格下跌。

2002 年，食品平均價格再次下跌，年均下跌 4%，抵消了前兩年的反彈。然而，這一組類不同商品的價格走勢很不相同：糖價大幅度下跌，香蕉下跌幅度較小，牛肉僅略微下跌。巴西糖產量繼續有增無減，過去十年翻了一番。歐盟糖的產出好於預期，中國和南非的產量增加，這對價格產生了 20% 以上的壓力，將其壓到接近 1999 年的極低水平。儘管東亞和俄羅斯新興市場經濟體增加的消費可能會減輕一些下降的趨勢，但糖供過於求的狀況預計短期內將會持續。糖市場上的一個主要特徵是市場扭曲，這主要是因為歐盟和美國提供補貼以使其國內生產者免受國際市場壓力。

表 4-1 世界初級商品價格（1997—2002 年）

（相對上一年的百分比變化）　　　　單位：%

商品組類	1997	1998	1999	2000	2001	2002
所有商品	-0.5	-13.1	-13.9	2.0	-2.9	-2.0
食品和熱帶飲料	2.3	-14.9	-18.5	1.0	0.0	-2.0
熱帶飲料	33.3	-17.3	-20.9	-13.2	-22.0	8.7
咖啡	54.7	-28.5	-23.22	-16.2	-28.5	0.0
可可	11.2	3.7	-23.1	-22.2	22.7	63.3
茶	35.1	4.3	-7.0	6.8	-20.2	-9.5
食品	-4.2	-14.1	-18.3	5.3	5.6	-4.0
糖	-4.9	-21.2	-30.0	30.5	5.6	-20.3
牛肉	4.0	-7.0	6.1	5.7	10.0	-0.2
玉米	-25.3	-13.4	-5.5	-1.0	4.2	0.3
小麥	-22.6	-19.9	-10.9	3.5	9.2	16.2
大米	-10.7	1.3	-18.6	-18.1	-15.2	11.0
香蕉	4.3	-3.1	-9.9	-2.3	38.8	-9.6
植物油籽和植物油	-0.9	7.1	-23.3	-22.8	-8.5	26.2
農藥原材料	-10.3	-10.8	-10.3	1.9	-1.9	-6.7
原皮與皮革	-19.8	-22.7	-27.6	73.8	41.1	-9.2
棉花	-8.9	-8.3	-22.9	-3.5	-20.9	-3.3
菸葉	15.6	-5.5	-7.0	-3.3	-0.3	-8.5
橡膠	-28.3	-29.8	-12.6	7.9	-14.1	33.1
熱帶木材	-5.5	-1.2	-7.2	3.8	-6.3	-10.5
礦產、礦砂和金屬	0.0	-16.0	-1.8	12.0	-9.9	-1.8
鋁	6.2	-15.1	0.3	13.8	-6.8	-6.5
磷礦石	7.9	2.4	4.6	-0.4	-4.5	-3.3
特礦砂	1.1	2.8	-9.2	2.6	4.5	-1.0
錫	-8.4	-1.9	-2.5	0.6	-17.5	-9.4
銅	-0.8	-27.3	-4.9	15.3	-13.0	-1.2
鎳	-7.6	-33.2	29.8	43.7	-31.2	13.9

表4-1(續)

商品組類	1997	1998	1999	2000	2001	2002
鎢砂	-9.3	-6.4	-9.3	12.1	45.5	-41.8
鉛	-19.4	-15.3	-5.0	-9.7	4.9	-4.9
鋅	28.4	-22.2	5.1	4.8	-21.5	-12.1
原油	-6.0	-31.8	38.7	55.6	-13.3	2.0

註：不包括原油。

香蕉價格在2001年大幅度上升之後，2002年暴跌。雖然生產和出口略有收縮，美國消費略有增加，但全球需求下降；由於消費者對牛肉這一特定食品項目的信心回升，牛肉消費有所增加，但全球牛肉供應也有所增加，因為飼料價格上揚推動了屠宰，其結果是牛肉價格略有下降；由於北美和澳大利亞主要產區出現干旱和其他不利的氣候條件，穀物供應減少，動用存貨及其他地區產出增加也未能彌補，因此價格有所上漲；玉米價格未動，儘管中國大量出口在價格上有競爭力的低質量小麥，對玉米價格產生了向下的壓力；由於不利的氣候條件影響到主要出口國的作物，因而產量下降，植物油籽和植物油價格大幅度上升。

農業原材料和礦物、礦砂和金屬價格最容易受到經濟活動週期性下降的傷害。由於有大量存貨及行業需求疲軟，這些組類中的所有商品價格都下跌。棉花儲存充足，人造纖維競爭激烈，2002年棉花均價下跌。然而，2002年農作物年產量較低以及中國需求強勁，導致棉花價格在該年下半年回升到一定水平。美國和中國帶補貼的棉花生產繼續加劇了供過於求的情況，使價格達到農作物生長季的歷史最低點。受這些措施打擊最重的是西非和亞洲的生產國，其中許多都是世界上最貧窮的發展中國家。各種質量棉花的價格演變各不相同，質量較好的棉花價格比質量較差的棉花價格演變得更為激烈。

由於需求強勁、生產國匯率上升以及橡膠行業的不平衡，天然橡膠儲存減少，價格上漲。這種情況使泰國等一些生產國政府干預市場。氣候條件也影響了橡膠的產量從而減少了供應量。三個主要生產國——印度尼西亞、馬來西亞和泰國——設立了國際三方橡膠組織（International Tripartite Rubber Council, ITRC），目標是協調並使產量合理化，該組織的設立也對橡膠價格產生了一些影響。

金屬和礦產價格與世界經濟增長績效密切相關。由於世界經濟低迷，對大多數金屬的需求僅略有增長。儘管價格在2002年年初有一定程度回升，但總的趨勢還是不利的，儘管削減了部分生產能力，但生產商的短期預測仍然

悲觀，因為儲存量仍相對較高時，需求前景不確定。由於消費增長迅速，中國作為多種金屬和礦產的新興市場，正在發揮日益重要的作用。對於鐵礦砂、鋁和銅而言，中國的工業擴張對增加全球需求和抬升價格至為關鍵。鎳也是如此，鎳是生產不銹鋼最重要的原料，不銹鋼生產占全世界原鎳消費的 2/3。由於產量不大可能與需求保持同步，鎳的儲存很可能會進一步下降，價格會上升。

　　石油價格在 2001 年大幅度下降之后，由於石油輸出國組織（Organization of Petroleum Exporting Countries，OPEC）確立了紀律，油價自 2002 年初以來相當穩定。產量指標的確定是為了將每桶油價維持在 22~24 美元的範圍，以及與非 OPEC 石油輸出國家的產量協調都在很好地發揮作用。2002 年原油價格上漲主要是由中東和委內瑞拉政治不穩定引起的。油價最終未像人們所擔心的那樣急遽上漲。在 2002 年 1 月 OPEC 的指標被初步降低之后，2002 年全球生產有所擴大，OPEC 於 12 月份上調了其指標，以努力調整供應，滿足因北半球溫度低於預期的冬天以及日本和美國從消費其他能源轉向石油而增加的需求。這種情況迫使人們在一定程度上動用儲備，尤其是在美國。

　　隨著 2003 年 3 月伊拉克戰爭開始，石油市場更加動盪不定。但即使在戰后，由於伊拉克在石油市場上的作用仍然不確定，近期油價將會如何變動，前景仍然不明朗。在 2003 年第二季度，一些促使油價上漲的因素得到消除，包括委內瑞拉和尼日利亞生產逐步恢復，隨著北半球冬天結束而引致的季節性需求減少、世界經濟產出增長緩慢以及因非典而引起的旅行減少可能進一步削弱需求的增長。顯然，石油價格的演變仍然高度取決於 OPEC 在新的地緣政治情況下維持某種紀律的能力。

　　2. 分析要求

　　（1）從供求兩方面歸納影響上述初級產品價格變化的原因。

　　（2）中國在初級產品價格變動中起了什麼作用？

第五章　國際服務貿易

第一節　概述

一、國際服務貿易的含義

「服務貿易」一詞最早出現在 1971 年經濟合作與發展組織（Organization for Economic Co-operation and Development，OECD）的一份報告中，這份報告探討了 GATT（General Agreement on Tariffs and Trade，意為關貿總協定）中「東京回合」談判所涉及的議題。美國在《1974 年貿易法》的「301 條款」中，首先使用了「國際服務貿易」一詞。在 20 世紀 70 年代后期，「服務貿易」成為共同使用的貿易詞彙。國際服務貿易（International Trade in Service）泛指國家之間服務的交換，表現為國家之間服務的提供與消費。

迄今為止，有關服務貿易的定義與範圍，尚沒有一致的看法。但國際社會所普遍認同的是關貿總協定烏拉圭回合談判時達成的《服務貿易總協定》（General Agreement on Trade in Service，GATS）對服務貿易的描述。具體地說，《服務貿易總協定》按提供服務的方式，把服務貿易定義為跨界提供、過境消費、商業存在和自然人流動四種形式。

（一）跨界提供

跨界提供（Cross-border Supply）是指由一個成員方境內向另一個成員方境內提供的服務。在這種形式下，服務提供者和被提供者分別在本國境內，並不移動過境，這種服務提供方式往往要借助於遠程通信手段或者遠程通信服務本身。例如國際電話通訊服務、衛星影視服務等。

（二）過境消費

過境消費（Consumption Abroad）是指在一個成員方境內向任何其他成員方的消費者提供的服務。這種方式的主要特點是服務的消費者到達服務提供者所在的國家或地區接受服務。例如服務消費者到服務提供者所在的國家或地區的境內旅遊或者求學等。

（三）商業存在

商業存在（Commercial Presence）是指一個成員方的服務提供者在另一成員方境內通過設立商業機構或其他專業機構，為後者境內的消費者提供服務。這種商業機構或其他專業機構實際上就是指外商投資企業，其企業形式可以採取獨立的法人形式，也可以是一個分支機構或代表處。這種服務的提供以直接投資為基礎，涉及資本與人員的跨國流動。例如一國的銀行或者保險公司到另一國境內開設分行或者分公司，提供金融、保險服務等。

（四）自然人流動

自然人流動（Movement of Personnel）是指一個成員方的服務提供者在任何其他成員方境內通過自然人提供的服務。這種形式涉及到提供者作為自然人的跨國流動，與商業存在不同的是，它不涉及投資行為。例如中國某公司請一個國外著名會計師事務所的註冊會計師前來作財務諮詢或者進行講學，那麼這可以被看做「自然人流動」。如果通過該會計師事務所在中國設立的分支機構提供相應的服務，則屬於「商業存在」。自然人流動方式與設立商業或專業機構的相似之處在於服務的提供者都來到了消費者所在的成員國的領土內。

二、國際服務貿易的分類

《服務貿易總協定》中的「服務部門參考清單」列出的服務業包括12個部門，即商業、通信、建築、銷售、教育、環境、金融、衛生、旅遊、娛樂、運輸及其他服務，這12個部門又進一步被細分為160多個分部門。

（一）商業性服務

商業性服務（Business Services）主要指在商業活動中涉及的服務交換活動。服務貿易談判小組列出的6類這種服務，其中既包括個人消費的服務，也包括企業和政府消費的服務。

1. 專業性（包括諮詢）服務

專業性服務涉及的範圍包括法律服務；工程設計服務；旅遊機構提供服務；城市規劃與環保服務；公共關係服務等，專業性服務中包括涉及上述服務項目的有關諮詢服務活動；安裝及裝配工程服務（不包括建築工程服務），如設備的安裝、裝配服務；設備的維修服務，即除固定建築物以外的一切設備的維修服務，如成套設備的定期維修、機車的檢修、汽車等運輸設備的維修等。

2. 計算機及相關服務

這類服務包括計算機硬件安裝的諮詢服務、軟件開發與執行服務、數據處理服務、數據庫服務及其他。

3. 研究與開發服務

這類服務包括自然科學、社會科學及人類學中的研究與開發服務。

4. 不動產服務

這類服務指不動產範圍內的服務交換，但是不包含土地的租賃服務。

5. 設備租賃服務

這類服務主要包括交通運輸設備，如汽車、卡車、飛機、船舶等的租賃服務，以及非交通運輸設備，如計算機、娛樂設備等的租賃服務，但是不包括其中有可能涉及的操作人員的雇用或所需人員的培訓服務。

6. 其他服務

這類服務指生物工藝學服務；翻譯服務；展覽管理服務；廣告服務；市場研究及公眾觀點調查服務；管理諮詢服務；與人類相關的諮詢服務；技術檢測及分析服務；與農、林、牧、採掘業、製造業相關的服務；與能源分銷相關的服務；人員的安置與提供服務；調查與保安服務；與科技相關的服務；建築物清潔服務；攝影服務；包裝服務；印刷、出版服務；會議服務；其他服務等。

(二) 通信服務

通訊服務（Communication Services）主要指所有有關信息產品操作、儲存設備和軟件功能等服務。通信服務由公共通信部門、信息服務部門、關係密切的企業集團和私人企業間進行信息轉接和服務提供。它主要包括郵電服務；信使服務；電信服務，其中包含電話、電報、數據傳輸、電傳、傳真；視聽服務，包括收音機及電視廣播服務；其他電信服務。

(三) 建築服務

建築服務（Construction and Related Engineering Services）主要指工程建築從設計、選址到施工的整個服務過程。它具體包括：選址服務，如涉及建築物的選址；國內工程建築項目，如橋樑、港口、公路等的地址選擇等；建築物的安裝及裝配工程；工程項目施工建築；固定建築物的維修服務；其他服務。

(四) 銷售服務

銷售服務（Distribution Services）主要指產品銷售過程中的服務交換。它主要包括：商業銷售，主要指批發業務、零售服務；與銷售有關的代理費用

及佣金等；特許經營服務；其他銷售服務。

（五）教育服務

教育服務（Educational Services）主要指各國間在高等教育、中等教育、初等教育、學前教育、繼續教育、特殊教育和其他教育中的服務交往，如互派留學生、訪問學者等。

（六）環境服務

環境服務（Environmental Services）主要指污水處理服務、廢物處理服務、衛生及相似服務等。

（七）金融服務

金融服務（Financial Services）主要指銀行和保險業及相關的金融服務活動，包括：

1. 銀行及相關的服務

如銀行存款服務；與金融市場運行管理有關的服務；貸款服務；其他貸款服務；與債券市場有關的服務，主要涉及經紀業、股票發行和註冊管理、有價證券管理等；附屬於金融仲介的其他服務，包括貸款經紀、金融諮詢、外匯兌換服務等。

2. 保險服務

如貨物運輸保險，其中含海運、航空運輸及陸路運輸中的貨物運輸保險等；非貨物運輸保險，具體包括人壽保險、養老金、傷殘及醫療費用保險、財產保險服務、債務保險服務；附屬於保險的服務，如保險經紀業、保險類別諮詢、保險統計和數據服務；再保險服務。

（八）健康及社會服務

健康及社會服務（Health-related and Social Services）主要指醫療服務、其他與人類健康相關服務，如社會服務等。

（九）旅遊及相關服務

旅遊及相關服務（Tourism and Travel-related Services）指旅館、飯店提供的住宿、餐飲服務及相關的服務，以及旅行社及導遊服務。

（十）文化、娛樂及體育服務

文化、娛樂及體育服務（Recreational, Cultural and Sporting Services）指不包括廣播、電影、電視在內的一切文化、娛樂、新聞、圖書館、體育服務，如文化交流、文藝演出等。

（十一）交通運輸服務

交通運輸服務（Transport Services）主要包括貨物運輸服務，如航空運輸、海洋運輸、鐵路運輸、管道運輸、內河和沿海運輸、公路運輸服務；也包括航天發射以及運輸服務，如衛星發射等；客運服務；船舶服務（包括船員雇用）；附屬於交通運輸的服務，主要指報關行、貨物裝卸、倉儲、港口服務、起航前查驗服務等。

（十二）其他未包括的服務

三、國際服務貿易的特徵

國際服務貿易自身的複雜性以及與國際貨物貿易的差異，使其表現出以下幾個方面的特徵：

（一）貿易標的具有無形性和不可貯存性

服務的空間形態基本上是不固定的、無形的。一方面，服務提供者通常無法向顧客介紹空間形態確定的服務樣品；另一方面，服務消費者在購買服務之前，往往不能感知服務，在購買之後也只能覺察到服務的結果而不是服務本身。但這種無形性不是絕對的，隨著科學技術的發展，有些無形的服務變得有形化了，比如載有內容的唱片、膠片、軟盤等，軟盤本身是服務的載體，其價值主體是所承載的服務。

服務一旦被生產出來，一般不能長久擱置。如果服務不被使用，則既不會給購買者帶來效用，也不會給提供者帶來收益。比如醫院、商店、餐館和銀行等行業，如果沒有顧客光顧，就會造成巨大的經濟損失。當然有些服務也可能體現在某一貨物中或者可以和生產者、服務出口者分離，比如購買保險就可以在購買以後的整個有效期內消費，具有一定的貯存性。但是服務貿易的不可貯存性仍然廣泛存在。

（二）部分服務具有生產和消費的同時性

國際服務貿易中大部分服務是無形的，是不能貯存的，它要求服務的生產和消費同時進行，並要求服務提供者和使用者存在某種形式的接觸。也就是說，服務的使用價值的創造過程與服務價值的形成和讓渡過程，以及服務使用價值的消費過程往往是在同一時間和地點完成的。如果沒有消費者接受服務，原則上服務並不發生。比如開演唱會，隨著演唱會結束，服務也提供完畢，而作為服務消費者的聽眾消費也就此結束。

(三) 服務質量的差別性

國際貨物貿易中貨物的品質和消費效果通常是相同的，比如同一品牌的汽車，其品質和消費效果基本上沒有差異，而同一種服務的質量和消費效果往往存在顯著差別。這種差別來自供求兩方面：第一，服務提供者的技術水平和服務態度往往因人、因時、因地而異，服務質量因而產生差異；第二，服務消費者對服務也時常提出特殊要求，所以同一種服務的一般與特殊的差異是經常存在的，統一的服務質量標準只能規定一般要求，難以確定特殊的標準。

(四) 服務貿易市場的高度壟斷性

國際服務貿易在發達國家和發展中國家的發展嚴重不平衡，且服務市場的開放涉及跨國銀行、通信工程、航空運輸、教育、自然人跨國界流動等，它們直接關係到服務進口國家的主權、安全、倫理道德等極其敏感的領域和問題。因此，國際服務貿易市場具有很強的壟斷性，受到國家有關部門的嚴格控制。

(五) 貿易保護方式更具隱蔽性

各國政府對本國服務業進行保護時，往往採用國內立法、在市場准入方面制定限制政策或進入市場後不給予國民待遇等方式。這些保護措施往往不是以地區性貿易保護和「獎出」式進攻型保護為主，而是以行業性貿易保護和「限入」式防禦型保護為主。這種以國內立法形式實施的「限入」式非關稅壁壘往往缺乏透明度，使國際服務貿易受到的限制和障礙更具隱蔽性。

(六) 營銷管理具有更大的難度與複雜性

國際服務營銷管理無論在國家的宏觀管理方面，還是在企業的微觀經營方面，都比商品的營銷管理具有更大的難度。宏觀上，國家對服務進出口的管理，不僅僅是對服務自身的「物」的管理，還必須涉及服務提供者和消費者的人的管理，包括人員簽證、勞工政策等一系列更為複雜的問題。國家主要採取制定法規的辦法對服務貿易進行調控和管理，而法規管理往往存在時滯，因法律的制定與修訂均需要一定時間。微觀上，服務的固有特性使得營銷管理過程中的不確定性因素增多、調控難度增大，突出表現在對服務的質量控制和供需調節這兩個最為重要的環節上。

(七) 服務貿易統計的複雜性

服務產業本身複雜多樣，國內服務貿易與國際服務貿易統計尚未完全區分開，而服務貿易統計又因國際服務統計體系尚未確立難以實現準確性。因

此，現有的國際服務統計數字可能大大低於實際而數字。

第二節 《服務貿易總協定》的主要內容

一、《服務貿易總協定》的產生與結構

(一)《服務貿易總協定》的產生

近年來，世界服務貿易發展十分迅速，其速度已超過貨物貿易的發展速度，尤其是在發達國家，服務業在其經濟結構中已占據主導地位。發達國家在服務貿易上的競爭優勢促使它們進行多邊服務貿易談判，以便在這一新的貿易領域盡快制定國際競爭規則；而發展中國家參與制定一個全面、多邊的服務貿易規則，有利於它們在其中體現自身利益，還有助於利用這樣的規則預防發達國家在這一新的貿易領域對它們採取單方面的行動，或是防止在區域貿易安排中出現對它們不利的歧視性做法。此外，貨物貿易經過多輪多邊談判，磋商空間日漸縮小；服務貿易則與此相反，缺少既定的國際游戲規則。在這一背景下，多邊服務貿易談判被提上了議事日程。

美國在 1982 年關貿總協定部長級會議上提出了進行服務貿易多邊談判的提議，但由於發達國家和發展中國家服務貿易的發展水平不同，對談判有關問題爭執不下，該提議未予採納。1986 年 9 月，在發動烏拉圭回合多邊貿易談判的部長級會議上，各國做出相應的妥協，最終一致同意在新一輪多邊談判中就服務貿易舉行談判，並在其發布《烏拉圭回合部長宣言》的第二部分中明確表示，服務貿易談判屬於烏拉圭回合的組成部分，但它是獨立於 GATT 之外的一項重要議題。

1993 年 12 月 15 日，經各成員方的努力，烏拉圭回合談判終於達成了服務貿易總協定。1994 年 4 月 15 日，在摩洛哥的馬拉喀什 111 個國家和地區的代表正式簽署《服務貿易總協定》並規定於 1995 年 1 月 1 日生效。這標誌著世界第一套有關國際服務貿易的、具有法律效力的、多邊的國際服務貿易規範體系正式建立起來了。

(二)《服務貿易總協定》的結構

《服務貿易總協定》由以下 3 個主要部分組成（見表 5-1）：

(1) 適用於所有成員的基本義務的框架協定，即《服務貿易總協定》條款。

(2) 根據《服務貿易總協定》第 29 條成為《服務貿易總協定》有機組成部分的涉及各服務部門的特定問題和供應方式的附件，以及第 2 條「豁免」

的附件。

（3）根據《服務貿易總協定》第 20 條規定的應附在《服務貿易總協定》之後，並成為《服務貿易總協定》重要組成部分的具體承諾表。

表 5-1　　　　　　　　《服務貿易總協定》主要組成部分

第一部分	服務貿易總協定條款（共 29 條）
第二部分	附件（共 8 個） 包括：豁免附件；根據本協議自然人移動提供服務的附件；空運服務的附件；金融服務附件一，金融服務附件二；海運服務談判附件；電信服務的附件；基礎電信談判附件
第三部分	各國提交的具體承諾表（共 94 個）

除上述 3 個主要部分外，《服務貿易總協定》還有 9 項有關文書，包括部長決定和金融服務承諾諒解書、4 項組織機構決定和 1 項關於服務貿易與環境的決定。

二、《服務貿易總協定》的主要內容

（一）《服務貿易總協定》的宗旨與目標

《服務貿易總協定》序言說明了締結該協定的宗旨、目標和總原則。它具體表現在：

（1）談判各方希望在透明度和逐步自由化的條件下，建立一個有關服務貿易的原則和規則的多邊框架，以促進貿易各方的經濟增長和發展中國家的經濟與社會發展。

（2）在尊重各國政策目標的前提下，在互利的基礎上，提高各參與方利益的目的和確保各方的權利和義務，希望能通過多輪多邊談判以促進服務貿易自由化早日實現。

（3）希望能通過增強其國內服務業的能力、效率和競爭性來促進發展中國家在國際服務貿易中的更多參與和服務出口的增長。

（4）對最不發達國家在經濟、發展、貿易和財政需求方面的特殊困難予以充分的考慮。

（二）《服務貿易總協定》的範圍與定義（第 1 條）

《服務貿易總協定》適用於「服務部門參考清單」所列 12 種服務部門的服務貿易，既涉及私有企業，也涉及政府所有（或控製）的公司，其前提是：這些部門的服務業是基於商業目的的。

《服務貿易總協定》對服務貿易下了較為準確的定義，服務貿易包括以下

四種提供方式：

1. 跨境提供

即從一締約方境內向境外任何締約方提供服務，如通過視、聽等為對方提供服務，又如遠洋運輸、國際航運等。一家航空公司可以飛越國境為另一成員的居民提供服務，其特點是服務提供者和消費者分處不同國家，這是典型的跨國界貿易型服務，是國際服務貿易的基本形式。

2. 境外消費

即在一締約方境內向任何其他締約方的服務消費者提供服務，諸如涉外旅遊服務，為外國病人提供醫療服務等。

3. 以商業存在方式提供服務

即一締約方在其他締約方境內通過商業存在提供服務，即服務提供者在外國建立商業機構為消費者服務，例如，一締約方在其他締約方開設百貨公司、銀行、保險公司、運輸公司、諮詢公司、律師或會計事務所、飯店、賓館等。這種服務貿易往往與對外直接投資聯繫在一起。

4. 以自然人流動方式提供服務

即一締約方的自然人在其他任何締約方境內提供服務，如歌唱家等文藝工作者到其他國家或地區演出等。

(三)《服務貿易總協定》的普遍義務與原則

這是《服務貿易總協定》的核心部分之一，包括從第2條到第15條共14條內容，規定了各成員必須遵守的普遍義務與原則，這部分條款是各方一旦簽約就須普遍遵守。

1. 最惠國待遇（第2條）

最惠國待遇義務普遍適用於所有的服務部門，要求每一成員給予另一成員的服務或服務提供者的待遇，應立即無條件地以同樣的待遇方式給予任何其他成員方相同的服務或服務提供者。但《服務貿易總協定》規定一個成員可以在10年的過渡期內維持與最惠國待遇不符的措施，但要將這些措施列入一個例外清單。

2. 透明度（第3條）

《服務貿易總協定》要求各成員方政府必須公布所有與服務貿易有關的法律和規定，無論是由中央或地方政府作出的，還是由政府授權的非政府組織作出的，都應最遲在它們生效前予以公布；任何成員方也必須公布其已參加的所有影響服務貿易的其他國際協定。

《服務貿易總協定》要求每一個成員必須在WTO成立后兩年內（即1997年年底前）在政府機構中建立一個或多個服務業政策的諮詢點，其他成員的

企業和政府便可利用這些諮詢點獲得有關任何服務部門的法律法規信息。此外，對於已作出具體承諾的服務部門所適用的法律法規，各國政府還必須將任何的變動情況通知 WTO。

3. 發展中國家的更多參與（第 4 條）

此條款包括三層含義：

（1）有關成員應作出具體承諾以促進發展中國家國內服務能力、效率和競爭性的增強；促進其對技術的有關信息的獲取；增加其產品在市場准入方面的自由度。

（2）發達國家應在《服務貿易總協定》生效后的兩年內建立「聯繫點」，以使發展中國家的服務提供者更易獲得有關服務供給的商業和技術方面的信息，有關登記、認可和獲取專業認證方面的信息，服務技術的供給方面的信息。

（3）對最不發達國家予以特殊優惠，准許這些國家不必作出開放服務市場方面的具體承諾，直到其國內服務業具有競爭力。

4. 經濟一體化

此條款的主要內容是：不阻止各成員參加有關服務一體化協議，但不能阻礙服務貿易自由化的推進；對發展中國家之間的有關協議採取較為靈活的政策，允許其按發展水平達成某些協議；參加有關協議的各方對該協議以外的成員不應採取提高壁壘的措施；任何成員決定加入某一協議或對某一協議決定進行重大修改時，都應迅速通知各成員，而各成員可組成工作組對其進行檢查；如果某一成員認為某個協議損害了自己的利益，則通過貿易爭端機制解決。

（四）具體承諾

1. 市場准入（第 16 條）

《服務貿易總協定》規定：當一成員方承擔對某個具體部門的市場准入義務時，它給予其他成員方的服務和服務提供者的待遇應不低於其在具體義務承諾表中所承諾的待遇，包括期限和其他限制條件。若在一成員的具體義務承諾表上給出了不止一種的有關服務提供的准入途徑，那麼別的成員的服務提供者可以自由選擇其所樂意的那一種。該條款要求在承擔市場准入義務的部門中原則上不能採取數量限制的措施阻礙服務貿易的發展。

2. 國民待遇（第 17 條）

《服務貿易總協定》中的國民待遇不是適用於所有部門的，而是只針對第一成員方在承擔義務的計劃表中所列的部門。在《服務貿易總協定》中，每個行業規定的國民待遇條款不盡相同，而且一般要通過談判才能享受，所以

各國在談判中給予其他成員方國民待遇時，都有附加條件。

根據規定，每一成員方應在其承擔義務的計劃表所列的部門或分部門中，根據該表所述條件與資格，給予其他成員方的服務和服務提供者以不低於其本國相同服務和服務提供者所得待遇。

上述具體承諾中的市場准入和國民待遇條款是《服務貿易總協定》的最重要條款，是各方爭論的焦點。《服務貿易總協定》在結構上的一個重要特徵就是將市場准入和國民待遇不作為普遍義務，而是作為具體承諾與各個部門或分部門開放聯繫在一起，這樣可以使分歧較小的部門早日達成協議。發展中國家在談判中應以「發展中國家的更多參與」這一原則作為先決條件，並且發展中國家可以把互惠不局限在發達國家占優勢的部門，可以謀求部門間的妥協來獲取在自己較願意開放的部門中達成有利的協議。同時，發展中國家應在發達國家堅持資本在國際流動自由時堅持勞動力的流動自由，以利於自己勞動力優勢的發揮。各國在進行部門開放談判時，應充分考慮到各國發展水平的不同，以及各國競爭優勢的不同，本著「利益互惠」的原則來達成市場准入方面的具體承諾。

第三節　戰后國際服務貿易的發展

一、戰后國際服務貿易的迅速發展

第二次世界大戰前，服務貿易隨著交通運輸、金融、通信等行業的發展而有所發展，但其發展速度和規模以及在世界經濟中的地位和作用均不顯著。第二次世界大戰后，尤其是 20 世紀 60 年代后，科學技術革命推動了生產力的發展，促進了社會分工的擴大和深化，加強了各經濟部門之間和各經濟部門內部的相互依賴，這種情況要求有一種非生產的要素加入到生產過程中，以便協調各生產經營活動環節之間的關係，合理配置生產要素。服務行業就是所需要的這種要素，它應時崛起，成為生產經營活動不可缺少的成分。隨著經濟的發展，人民的物質生活水平不斷提高，這也刺激了對高消費的服務需求。這些因素使戰后服務貿易有了驚人的增長。世界服務貿易額在 1970 年為 640 億美元，在 1980 年為 3,800 億美元，在 1990 年達到 8,660 億美元，在 2000 年更達到 14,164 億美元。2001 年世界服務貿易額下降了 1%，為 14,000 億美元。服務貿易日益成為世界各國獲取外匯收入、改善本國在國際經濟貿易交往中的地位的重要途徑，在一定程度上決定了一國的國際貿易水平和在國際競爭中的地位。

二、國際服務貿易格局

由於各國服務業的發展水平極不相同,特別是西方發達國家服務業發展迅速,在國際服務貿易中處於絕對優勢,佔有主導地位。而發展中國家服務業則發展緩慢,在國際服務貿易中居次要地位。但是,新興工業化國家和地區的服務業發展速度較快,處於國民經濟中的重要地位,其國際服務貿易也發展較快。

表5-2和表5-3為2001年世界服務貿易主要進出口國家、地區排名表。西方發達國家是國際服務貿易的最大出口者和進口者。2001年西方7個服務貿易最大的出口國家(美國、英國、德國、法國、日本、義大利、西班牙)的服務貿易出口額占當年國際服務貿易出口總額的49.2%。美國既是世界商品貿易最大的出口國和進口國,也是世界上服務貿易的最大的出口國和進口國。2001年美國服務貿易出口額為2,629億美元,占世界服務貿易出口總額的18.3%,高於同年其商品貿易出口占全球的比例(11.9%)。從表5-2和表5-3中還可看出,主要的服務貿易出口國也是服務貿易進口最多的國家。2001年西方7個服務貿易最大的進口國家(美國、德國、日本、英國、法國、義大利、荷蘭)服務貿易進口額占當年國際服務貿易進口總額的47.80%。2001年美國服務貿易進口額為1,876億美元,占當年世界服務貿易進口總額的13.1%,該比例低於服務貿易出口總額所占的比重。美國在服務貿易上有巨額的順差。

從表5-2和表5-3還可看出,發展中國家和地區服務貿易發展是不平衡的,新興工業化國家與地區服務貿易較發達,特別是「亞洲四小龍」,它們均列入2001年世界服務貿易主要進出口國家和地區的前20名。

中國的服務貿易進出口發展比較迅速。中國服務貿易出口額從1992年的9.1億美元增加到2001年的310億美元,在世界服務貿易出口總額中所占的比重從0.9%上升為2.2%,所占名次從第22位提高到第12位。中國服務貿易進口額從1992年的9.2億美元增加到2001年的364億美元,在世界服務貿易進口總額中所占的比重從0.9%上升為2.5%,所占名次從第24位提高到第10位。

表5-2　　　　2001年世界服務貿易主要出口國家、地區排名表

出口國家或地區	出口額(10億美元)	占世界出口量(%)	2000年增減率(%)	2001年增減率(%)	2000年排名	2001年名次
美國	262.9	18.3	9	−3	1	1

表5-2(續)

出口國家或地區	出口額 (10億美元)	占世界出口量(%)	2000年增減率(%)	2001年增減率(%)	2000年排名	2001年名次
英國	108.3	7.5	3	-6	2	2
德國	79.8	5.5	-3	-1	4	3
法國	79.0	5.5	-1	-3	3	4
日本	63.3	4.4	13	-7	5	5
義大利	59.5	4.1	-4	7	6	6
西班牙	56.7	3.9	0	7	7	7
荷蘭	50.9	3.5	-2	-1	8	8
中國香港	43.0	3.0	13	2	9	9
比/盧	42.6	3.0	5	0	10	10
加拿大	34.7	2.4	7	-5	11	11
中國	31.0	2.2	15	3	12	12
奧地利	30.0	2.1	-3	0	13	13
韓國	28.4	2.0	12	-2	14	14
新加坡	26.4	1.8	13	-2	15	15
瑞士	25.9	1.8	0	-1	16	16
丹麥	22.8	1.6	21	12	17	17
瑞典	20.8	1.4	2	4	19	18
臺灣	20.8	1.4	18	3	18	19
印度	20.1	1.4	26	14	22	20

表5-3　2001年世界服務貿易主要進口國家、地區排名表

出口國家或地區	出口額 (10億美元)	占世界出口量(%)	2000年增減率(%)	2001年增減率(%)	2000年排名	2001年名次
美國	187.6	13.1	16	-7	1	1
德國	128.5	9.0	-3	-3	2	2
日本	106.7	7.5	1	-8	3	3
英國	88.5	6.2	2	-5	4	4

表5-3(續)

出口 國家或地區	出口額 (10億美元)	占世界 出口量 (%)	2000年 增減率 (%)	2001年 增減率 (%)	2000年 排名	2001年 名次
法國	60.0	4.2	-3	-2	5	5
義大利	58.5	4.1	-2	7	6	6
荷蘭	52.3	3.7	3	1	7	7
加拿大	39.6	2.8	7	-4	8	8
比/盧	38.9	2.7	5	2	9	9
中國	36.4	2.5	16	2	10	10
愛爾蘭	33.6	2.4	8	17	14	11
韓國	32.6	2.3	23	-1	11	12
西班牙	32.2	2.3	2	5	12	13
奧地利	29.0	2.0	-1	0	13	14
印度	23.7	1.7	15	21	19	15
臺灣	23.6	1.7	10	-8	16	16
中國香港	22.9	1.6	2	0	15	17
瑞典	22.7	1.6	4	-3	17	18
俄羅斯	20.5	1.4	30	18	23	19
新加坡	20.0	1.4	13	-6	22	20

三、戰后國際服務貿易迅速發展的原因

(一) 服務業在各國經濟中的地位上升

服務貿易的迅速發展反應了服務業交換的擴大，也是服務業在國民生產總值（GNP）或國內生產總值（GDP）比重上升的客觀反應。20世紀60年代以來，世界各國經濟結構的重心開始轉向服務業，1999年在世界國內生產總值中，服務業的產值占61%，製造業占34%，而農業僅占5%左右。服務業在各國國民生產總值和就業中的比重也不斷加大。發達國家服務業占GDP的比重由1970年的58.2%提高到1999年的65.3%，服務業就業人數占國內就業總數的比重為55%~75%；發展中國家服務業占GDP的比重也從42.5%上升到48.1%，服務業就業人數占國內就業總數的30%~55%，服務業已成為國民收入和就業增長的重要來源。服務業的發展推動了國際服務貿易的增長。

(二) 科學技術的發展使服務業日益專業化

　　許多服務項目由製造業分離出來而成為獨立的服務行業，其目的是應付國內和國際市場上激烈的非價格競爭。以知識密集型服務為例，由於面臨國內與國際市場的激烈競爭，知識密集型服務必須不斷地把技術進步轉化為生產能力和國際競爭力，因而在生產的各階段不斷出現對專門服務的需求。在生產的上游階段，要投入的專門性服務有：可行性研究、產品概念與設計、市場調研等。在生產的中游階段，有的服務與貨物生產本身相結合，如質量控製、設備租賃、后勤供應、保存和維修；有的服務與生產中游並行出現。公司運行需要各種專門服務，如會計、人力資源管理、電信、法律、保險、金融、安全、伙食供應等。在生產的下游階段，需要廣告、運輸、銷售、人員培訓等。

　　一個生產企業在世界市場上保持競爭地位的關鍵是保持下游、上游和中游三個階段服務的反饋，以保證其產品的生產和銷售的擴大。

　　此外，服務已成為產品增值的主要來源之一。生產下游階段的服務既有助於競爭能力的提高，又是產品增值的來源之一。在當今世界市場上，影響資本和消費品競爭地位的主要因素是服務的支持，如產品/服務一攬子協議使顧客難於離開供應者，使新供應商難於進入該產品領域。高技術產品的出口刺激了知識密集型服務的出口，反之亦然。例如，諮詢服務的出口可導致資本貨物的出口，而飛機的出口導致訓練目的和維修協議的達成。

(三) 跨國公司的迅速發展加強了服務的國際化

　　跨國公司的大量增加，提高了服務國際化的速度。信息技術的發展有助於加速服務範圍的擴大，更便於對外國市場提供服務。跨國公司在金融、信息和專業服務上都是重要的供應者，其中許多公司迅速擴大，向全球提供服務。

(四) 國際服務合作的擴大促使服務貿易擴大

　　國際服務合作是指擁有工程技術人員和勞動力的國家和地區，通過簽訂合同，向缺乏工程技術人員和勞動力的國家和地區提供所需要的服務，並由接受服務的一方付給報酬的一種國際經濟合作形式。國際服務合作主要有以下幾種方式：(1) 承包外國各類工程；(2) 勞務輸出；(3) 各種技術性服務出口或生產技術合作，如出口各種技術、專利、科技知識、科研成果、工藝等知識形態的服務；(4) 向國外出租配有操作人員的各種大型機械；(5) 向國外提供諮詢服務等。

(五) 國際旅遊業的迅猛發展加快了服務貿易的發展

第二次世界大戰後，旅遊業的發展速度超過了世界經濟中的許多部門，旅遊業成為蓬勃發展的行業。1970 年以來，國際旅遊業成為僅次於石油和鋼鐵工業的第三大產業。出國旅遊人數從 1980 年的 2.85 億人次增加到國際貿易 1996 年的 5.92 億人次。同期，旅遊業總收入從 925 億美元提高到 4,231 億美元。2001 年世界旅遊人數達 6.93 億人次，世界旅遊收入達 4,620 億美元。

四、二戰后國際服務貿易發展的主要特點：

第二次世界大戰後國際服務貿易發展具有以下幾個主要特點。

(一) 生產性服務在國際服務貿易中已上升為主體

當代世界市場的競爭已從價格競爭轉向非價格競爭，一個國家在世界市場競爭中能否占據優勢，在很大程度上取決於它是否能為貨物交換提供高水平的國際服務。所以，各國都注重生產性服務，不僅注重貨物生產過程中的服務，更重視貨物交換過程中的服務。

(二) 國際服務貿易的發展以高新技術為核心

高新技術的發展和應用帶動了世界經濟發展中服務生產的新的國際分工，擴大了服務的領域，改變了傳統的服務的提供方式，一定程度上增加了服務的可貿易性。

(三) 國際服務貿易的地理分佈不平衡

這種不平衡主要表現在工業發達國家和新興工業化國家與地區服務貿易發展迅速並且占據明顯優勢。其中北美洲和亞洲是世界服務貿易最活躍的地區，非洲、拉丁美洲和中東地區由於貨物價格的上漲和債務危機，在貨物貿易額下降的同時，服務貿易額也下降了。這種不平衡的發展主要是由於現代許多服務貿易是資本密集型和知識、技術密集型的，對於已進入服務社會的發達國家而言，它們在這方面必然占據優勢。

(四) 發達國家與發展中國家的國際服務貿易結構存在差異

發展中國家在服務貿易結構上存在著明顯的劣勢。到目前為止，發展中國家在服務貿易中仍主要靠旅遊、運輸等傳統的服務業。儘管包括新型服務業的「其他民間服務」在發展中國家服務貿易中所占比重有所上升，但 20 世紀 80 年代以來，該項目在發展中國家服務進口中的比重增長快於在服務出口中比重的增長。這說明發展中國家對「其他民間服務」進口的依賴程度在加大。可以說，發展中國家與發達國家在服務貿易中差距最大的領域是「其他

民間服務」，而這一項包括了銀行、保險、通信服務、數據處理、技術服務、諮詢、廣告等服務中與現代科技和物質生產結合最緊密的部分，它們是國際服務市場上有廣闊發展前景的行業。這些服務行業發展最快，國際化傾向最強，也最易受貿易自由化的影響，在這些領域中國際競爭力的強弱關係著一國在未來國際服務貿易格局中的地位的高低。而發展中國家由於經濟發展水平遠遠低於發達國家，在這些知識、技術和資本密集型服務領域中，尚難以與發達國家匹敵。

(五) 國際服務貿易市場呈多元化方向發展

20世紀70年代以前，西方發達國家是最主要的勞務輸入市場。20世紀70年代以後，西方發達國家的經濟長期陷入滯脹局面，導致了歐美各國對外籍工人需求的減少。與此同時，中東和北非的幾個主要石油生產國，每年都需要大量的外籍工人，它們日益成為勞務輸入的主要市場。20世紀80年代以來，亞洲、非洲和南美洲的一些國家和地區經濟發展迅速，對國外服務也有一定需求。東南亞的新加坡和馬來西亞經濟發展較快，建設投資增加，同時，它們又採取鼓勵外來投資政策的措施，新建工程不斷增加，這為國外承包商提供了相當多的工程承包機會。

(六) 國際服務貿易競爭加劇，保護主義盛行

由於服務貿易的迅速發展及其多元化、國際化趨勢的加強，更由於服務貿易對世界各國經濟的重要性日益提高，國際服務市場間的競爭加劇。

服務貿易壁壘難以列表和分類。最普通的是影響各種服務貿易的一些限制——電信技術（穿越國界的數據交流）限制、通貨限制和移民限制。這三種普通的限制對服務生產者和消費者的影響是一樣的，服務生產者可能難以獲得進行有效經營所必需的信息，難以購買需要的物品或將利潤匯回本國，難以使它的人員跨越國境等；服務消費者則可能難以獲得有關競爭性服務產品的信息，難以用其他貨幣或在其他國家購買服務，難以離開自己的國家或進入其他國家等。

五、影響國際服務貿易產生和發展的因素

(一) 社會生產力是國際服務貿易發展的決定性因素

(1) 國際服務貿易的形成和發展是社會生產力發展的必然結果，服務業國際分工也是社會生產力發展的結果。它突出地表現在科學技術的重要作用上。人類歷史上出現的三次科技革命對生產產生了革命性的影響，不斷更新工藝技術、勞動過程和生產過程，使社會分工和國際分工隨之發生根本性的

變革。這種變革推動了整個服務業的國際分工,也使服務業內部結構發生了較大變化。如國際交通、通信工具不斷更新,一批服務業跨國公司得到發展。

(2) 各國社會生產力水平決定了其在國際服務業分工中的地位和在國際服務貿易中的競爭力。歷史上,英國率先實現產業革命,生產力得以發展,成為「世界工廠」,處於當時國際分工中的領先地位。服務業國際分工也是如此,這就決定了英國在當時國際服務貿易中也處於較重要的地位。第二次世界大戰後,各國生產力普遍得到發展,而以美國為首的西方國家和少數新興工業化國家與地區發展較快。因而,美國等西方國家在國際服務貿易中處於絕對的優勢地位,新興工業化國家與地區也躋身於世界服務貿易前 25 位之列,特別是「亞洲四小龍」的服務業擁有較強的競爭力。

(3) 社會生產力的發展對服務業國際分工的形式、廣度、深度有著決定性影響,並最終決定國際服務貿易的內容、範圍和方式。科學技術作為第一生產力對經濟的影響越來越大。科技使各國產業結構發生轉變,使產業結構從農業轉向製造業,又從製造業轉向服務業,使服務業的分工形式與服務貿易的內容、方式、結構都發生了變化。

從服務貿易的內容上看,以計算機和現代通訊技術為基礎的新興信息服務業的出現大大拓展了傳統的服務業貿易領域。服務貿易的主要內容從運輸、工程建築等傳統的服務項目轉向知識、技術、數據等高度加工的情報信息領域。

從服務貿易的方式上看,新技術大大提高了服務的信息化程度,使銀行、保險、醫療、諮詢等許多服務從原來直接採用供求雙方直接接觸的方式轉向越來越多地採用遠距離信息傳遞的方式,從而改變了服務不可儲存和運輸的傳統特性。

現代科技的不斷發展大大推動了各國服務業結構的變化,使社會經濟進一步服務化,在物質產品生產領域中,白領工人、專業人員增加。隨著工廠自動化和產品生產的複雜化,在流水線上工作的工人正日益減少,更多的人力物力自然將用於計算機程序的編製、機器人的設計、研究、管理、計劃、銷售及售後服務等。

(二) 服務基礎設施對服務貿易方式、規模、質量有重要影響

所謂服務基礎設施,是指能提供服務的基本資源,在現代條件下,它主要是指信息技術設施、電信設施、交通運輸設施、維修設施、旅遊設施等,其中以信息技術設施、電信設施和交通運輸設施最為重要,它們直接影響著現代國際服務貿易的方式、規模和質量。

(三) 各國參加國際服務貿易競爭的比較優勢

比較優勢決定了國際服務貿易的格局。當前服務貿易的總格局是發達國

家占據優勢，發展中國家作為一個整體在服務貿易中處於逆差狀態。其中相當多的發展中國家持巨額逆差，少數新興工業化國家和地區在國際服務貿易中擁有少量順差。

在國際服務貿易中，比較優勢不是來自明確的「自然因素」，而是經濟發展水平和國際經濟格局造成的結果。當前，地理環境、資源、勞動力價格等這些相對穩定的因素在決定成本方面的作用在減弱，而資本和技術因素的作用在增強。資本和技術日益成為國際競爭力的主要因素。國際服務貿易本身又是一種資本累積和技術轉讓的渠道，它可以通過影響技術和其他生產條件改變原來的比較優勢，形成新的國際貿易格局，也可以強化原來的比較優勢。

（四）跨國公司對國際服務貿易的影響

第二次世界大戰後，在經濟發展不平衡規律和新技術革命的作用下，國際分工進一步深化，資本輸出大量增加，資本國際化程度大大提高，跨國公司蓬勃發展。它們集貨物貿易、服務貿易、對外直接投資於一身，在全球範圍內進行活動。它們在國際服務貿易中占據支配地位，通過承包工程和國際貿易技術轉讓，促進了勞動力的國際流動，帶動了金融服務、法律服務、保險服務、運輸服務、計算機服務、技術服務、工程諮詢服務等國際服務貿易的發展。同時，它對發展中國家的某些服務業也帶來了一些消極影響。

（五）社會需求結構變化對國際服務貿易的影響

社會的需求是服務業發展的動力，人類社會對於各種新興服務的需求極大地推動了國際服務貿易的發展。

下列原因使世界各國對服務產生了許多新需求，尤其是增加了對高質量服務的需求。

（1）生活水平的不斷提高；
（2）對較高生活質量的期望（如售後服務）；
（3）休假時間的增加；
（4）城市化；
（5）小孩和老齡人口的增長；
（6）社會經濟結構的變化；
（7）消費者需求的複雜多樣化；
（8）技術發展不僅提高服務質量還使新興服務成為可能（如有線電視、家用微機、各種先進醫療手段等）；
（9）管理行為的國際化、高級化、系統化的要求；
（10）貿易和投資的國際性競爭。

（六）各國政府政策對國際服務貿易的影響

各國政府所採取的政策對國際服務貿易的發展有著舉足輕重的影響。縱觀世界各國的政府政策，一般有兩種：一是鼓勵國際服務貿易的政策。其主要措施有：建立服務的自由貿易區，鼓勵對服務業的投資，大力發展信息及電信技術設施，對某些服務業提供財政支持，加強教育投資，鼓勵人才的國際交流，支持和鼓勵國際間和區域間服務部門的合作和一體化。二是限制國際服務貿易的政策。許多國家實行服務貿易保護政策，對本國金融服務、電訊服務、分銷服務、教育服務等對外開放，卻限制國外服務提供者進入本國服務市場。

【案例分析】

1. 案例內容

中國服務貿易的現狀及存在的問題

一、中國服務貿易發展的現狀

20世紀90年代以來，中國的服務業（即第三產業）有了長足的發展。據中國國家統計局數據顯示，1990年中國第三產業產值為人民幣5,813.5億元，1995年達到人民幣17,947.2億元，2002年則高達人民幣35,132.6億元。在1990—2002年的12年裡，中國服務貿易的年平均增長速度為15.71%，中國GDP和同期的國內服務業的年平均增長速度分別為15.38%和16.17%。

1990年中國服務貿易進出口總額為102.07億美元，1995年增至443.53億美元，1999年高達550.66億美元，2002年服務貿易進出口總額為855億美元。服務貿易的迅速發展對國內服務業的發展起到了重要的推動作用，第三產業的從業人數也有了大幅度增長。近年來，中國的服務業除了傳統行業有較大發展外，金融、保險、郵電通信等新興行業增長最快。有些專項服務項目，如衛星發射，也取得了令人矚目的成績。這些對中國服務業與國際接軌，進而發展國際服務貿易是極為有利的。另外，中國服務貿易出口結構也有明顯變化。在出口方面，1985年運輸占42.60%、旅遊占32.06%、金融占6.42%、其他占18.92%，而到1998年，運輸占10.23%、旅遊占52.38%、金融占1.71%、其他占35.68%。顯然，運輸的比重明顯下降，而旅遊的比重明顯上升，其他服務貿易比重也在明顯上升。到了2002年，這一變化趨勢更加明顯（見表5-4）。

表 5-4　　　　　　　　2002 年中國服務貿易的構成　　　　單位：十億美元

	出口			進口		
	數額	所占份額（%）		數額	所占份額（%）	
年份	2002	1997	2002	2002	1997	2002
總計	39.4	100.0	100.0	46.1	100.0	100.0
運輸	5.7	12.1	14.5	13.6	35.9	29.5
海運	2.5	4.0	6.4	8.4	24.5	18.3
空運	1.7	2.7	4.2	3.5	6.5	7.6
其他運輸	1.6	5.3	3.9	1.7	4.8	3.7
旅遊	20.4	49.3	51.8	15.4	29.3	33.4
其他服務	13.3	38.7	33.7	17.1	34.8	37.0
通信	0.6	1.1	1.4	0.5	1.0	1.0
建築	1.2	2.4	3.2	1.0	4.4	2.1
保險	0.2	0.7	0.5	3.2	3.8	7.0
金融	0.1	0.1	0.1	0.1	1.2	0.2
計算機與信息	0.6	0.3	1.6	1.1	0.8	2.5
專有權和許可證使用費	0.1	0.2	0.3	30.1	2.0	6.8
其他服務	10.4	33.7	26.5	8.0	21.5	17.3
個人、文化以及其他服務	0.0	0.0	0.1	0.1	0.2	0.2

二、中國服務貿易發展中存在的問題

（1）由於中國服務業發展水平遠遠落后於發達國家，甚至落后於一些發展中國家，因此中國服務貿易儘管增速很快，但是總量仍然不大。到 2002 年，中國服務出口占世界的比重只是 2.5%，進口比重也只是 2.6%。同期美國分別是 17.4%和 13.3%。

（2）中國服務業國際競爭力薄弱。美國是目前國際服務貿易的大國，也是最大的服務貿易順差國，其中信息產業已成為國民經濟的主導產業。而中國服務貿易出口結構仍以勞動密集型為主，服務的知識含量與技術含量難以與先進國家相比，這使得中國服務業難以與國外服務業競爭。舉例來講，服務出口的三個大項中，美國的「運輸」和「旅遊」分別由 1995 年的 22.7%和 37.8%下降為 2002 年的 17.0%和 31.3%，而「其他服務」在同期卻由原來的 39.5%快速上升為 51.5%。其中，在「其他服務」中除了通信和建築以外

其他都不同程度地上升。而中國在上述服務出口的三個大項中，升降趨勢不僅和美國恰恰相反，也同世界的整體趨勢是相反的（見表5-5）。

表 5-5　　　　　　按類劃分的 2002 年國際服務貿易出口　　　單位：十億美元

年份	金額 2002	比重（%） 1995	比重（%） 2002	年變化率（%） 1995—2000	2000	2001	2002
全部服務	1,570	100.0	100.0	4	6	0	6
運輸	350	25.2	22.3	3	7	-1	4
旅遊	480	33.7	30.6	3	4	-2	4
其他服務	740	41.1	47.0	6	7	2	0

（3）中國自然資源和初級勞動力資源豐富，長期以來在國際旅遊業、海洋運輸業和勞務輸出等資源密集型和勞動力密集型服務產業方面具有一定優勢，但各服務行業都在不同程度上缺乏高級資源要素。當今國際服務貿易最大的領域是金融、保險、諮詢和專有技術等知識密集型的服務所構成的「其他服務」（見圖5-1），而中國在該領域內處於競爭的劣勢地位。2002年，在「其他服務」出口的國家和地區中，中國連15強都沒有擠進，而印度和新加坡分別列第13位和第15位。當今世界服務業的競爭受自然資源、人力資源等初級要素的影響越來越小，相反，對知識、人才、通信手段等高級要素的依賴性卻越來越大。因此，缺乏高級資源和才能要素已成為中國服務業參與國際競爭的又一大障礙。

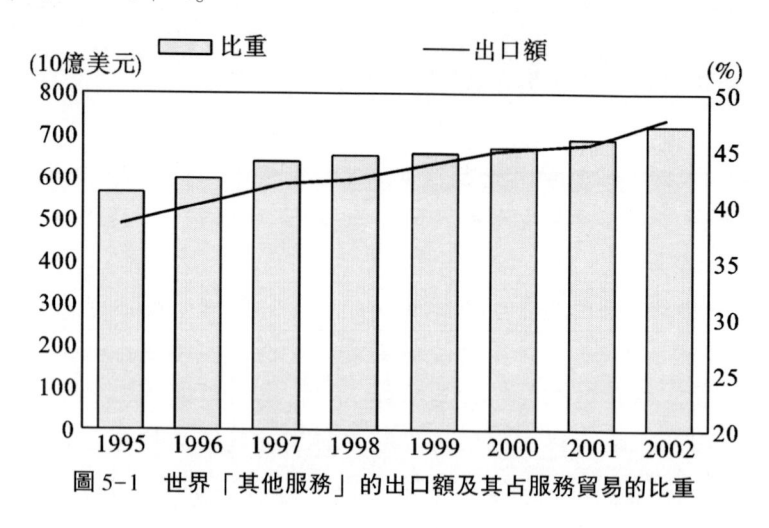

圖 5-1　世界「其他服務」的出口額及其占服務貿易的比重

（4）中國相當一部分服務企業尚不具備提供外向型服務的企業機制，相

當一部分企業的眼光仍停留在國內市場上，參與國際市場競爭的意識不強。有些服務行業由於政府的壟斷因素一直處於競爭不充分的狀態，例如郵政、電信和金融行業等。此外，中國國內目前還缺少一個全面綜合分析中國服務業狀況的機構，國家對服務行業缺乏必要的協調和管理。

2. 分析要求

（1）探索中國服務貿易發展中存在問題的原因。

（2）中國如何解決服務貿易發展中的問題？

第六章　國際貿易條約與協定

第一節　概述

一、國際貿易條約和協定的含義

國際貿易條約和協定（Commercial Treaties and Agreements）是兩個或兩個以上的主權國家為確定彼此的經濟關係，特別是貿易關係方面的權利和義務而締結的書面協議。

二、國際貿易條約和協定的類型

國際貿易條約和協定的類型按照締約國的多少，可分為雙邊貿易條約和協定與多邊貿易條約和協定。前者是兩個主權國家之間所締結的貿易條約和協定，后者是兩個以上主權國家共同締結的貿易條約和協定。這些貿易條約和協定一般都反應了締約國對外政策和對外貿易政策的要求，並為締約國實現其對外政策和對外貿易政策的目的服務。在國際經濟關係中，由於各國的社會經濟制度和政治經濟實力對比關係的差異，它們之間所締結的貿易條約和協定的內容和作用也有所不同。

作為對外貿易政策措施之一的貿易條約和協定，同關稅、非關稅等對外貿易的措施相比較，有其不同之處。許多關稅和非關稅措施是由主權國家的政府以立法或行政措施來制定的，因而屬於國內法範疇。而貿易條約和協定必須由兩個或兩個以上的主權國家進行協商並達成協議，所以，它受到國際法規範的約束。但是，貿易條約和協定與其他對外貿易措施之間又有著密切的關係和相互配合的作用。這些國內立法和行政措施往往是一個國家政府與其他國家政府進行貿易條約和協定談判的基礎。當一個國家的立法或行政措施同其他國家的立法和行政措施發生利益上的衝突時，就必須通過雙邊或多邊談判，採取協議的方式解決。當一個國家立法和行政措施的某些規定轉變為貿易條約和協定的條款或規定時，締約國一方的政府就應履行貿易條約和協定的義務。

國際貿易條約和協定是國際條約和協定的一種，但貿易條約和協定同其他政治性的國際條約和協定相比又有其一定的特殊性。從其內容上，貿易條約和協定主要是確定締約國之間的經濟和貿易關係。從國際法角度上，貿易條約和協定往往是人們遵守某些國際法通用的法律條款，如最惠國待遇條款和國民待遇條款等。從國際慣例上，貿易條約和協定，既可在建立正式外交關係的國家之間簽訂，也可在沒有建立正式外交關係的國家之間簽訂；既可在不同國家的政府間簽訂，也可在不同國家的政府與民間團體之間或雙方的民間團體之間簽訂。但政治性的國際條約和協定，一般只能在建立正式外交關係后由有關國家的政府簽訂。

第二節　國際貿易條約與協定適用的法律條款

　　在有權利與義務的國際貿易條約和協定中，通常以如下的法律原則條款來約束締約國間的經貿關係。

一、最惠國待遇原則條款

（一）最惠國待遇原則的含義

　　最惠國待遇原則（Most favoured nation Treatment）是指締約國一方現在和將來給予任何第三國的一切特權、優惠和豁免，也同樣給予對方。最惠國待遇原則是從國際法中國家平等原則派生出來的，是國家平等原則在經貿關係上的具體適用。在雙邊貿易條約和協定中，依據最惠國待遇原則而制定的條款稱為最惠國條款。

　　最惠國條款是雙邊貿易條約和協定中的一種專門條款。其主要作用在於，使該國出口的商品在外國市場上獲得與任何第三國同等的競爭條件，使其企業或船舶在外國享有不受歧視的地位。

（二）最惠國待遇條款的特徵

　　（1）最惠國待遇一般是相互給予的。

　　（2）最惠國待遇一般是平等的待遇，而不是享有獨有的特殊利益。

　　（3）締約國雙方給予的最惠國待遇是不需要對方給予任何補償的。

　　（4）最惠國條款所規定的優惠、特權或豁免必須是自動地適用於締約國對方，而不另外需要對方的申請手續和法律程序。

　　（5）締約國根據最惠國條款給予締約國對方的優惠、特權或豁免，在時

間上不僅包括以往在締約前所給予任何第三國而現時仍繼續有效的一切優惠、特權和豁免；同時也包括締約以後在條約有效期內所給予任何第三國的一切優惠、特權和豁免。

（6）最惠國待遇條款在國際慣例上是經濟和貿易性的條款，如條約和協定無特殊規定，將不適用於經濟和貿易關係以外的事項。

（三）最惠國待遇條款的分類

1. 無條件的最惠國待遇條款

無條件最惠國待遇條款是指，凡締約國一方現在或將來給予任何第三國的任何特權、優惠或豁免，締約國對方無須提出任何補償作為交換而立即無條件地享受同樣的特權、優惠和豁免。

2. 有條件的最惠國待遇條款

有條件的最惠國待遇條款是指，如果締約國一方現在或將來給予第三國的優惠是有條件的，那麼締約國另一方必須提供同樣的補償才能享受這種優待。

在現代雙邊貿易條約和協定中，有條件的最惠國待遇條款已屬罕見，但為了避免產生歧義，現在貿易條約與協定中的最惠國待遇條款上，仍有必要註明「無條件」的字樣。

（四）最惠國待遇條款的適用範圍

1. 關稅率、各種附加稅及海關手續

關稅包括進出口關稅率、各種附加稅、徵收的方法及海關的報關手續等。

2. 航行

航行問題一般包括以下的內容：船舶的駛入、駛出和停泊；貨物的裝載、卸載及旅客的上下；噸稅、港務稅、領港費、燈塔費、檢疫費等各種稅款和費用的徵收；燃料、水及糧食的供應，船舶的修理，港口設備的使用及其他港口服務事項。

3. 鐵路運輸及過境

在鐵路運輸及過境問題上，雙邊貿易條約和協定常常規定締約國雙方在規定運費率和鐵路運輸手續方面彼此提供最惠國待遇。

4. 自然人和法人的法律地位

法律地位主要指締約雙方自然人和法人的經濟權利，內容包括：移民權、財產購置權、經營工商業權、捐稅方面的權利和義務、法律保護權等。

但同時規定，自然人和法人在享受最惠國待遇時，也必須遵守對方國家政府的一切法律、規則和決議。

5. 特有所有權

這是指締約國雙方自然人和法人在對方境內取得和使用專利權、商標權、版權和其他特種所有權的問題上適用最惠國待遇。締約國雙方可以援引 WTO 負責實施管理的《與貿易有關的知識產權協定》和與知識產權有關的國際公約。

6. 進口配額制度

進口配額制度是一個國家以法令規定一定時期進口商品種類、數量或價值和來源地的分配定額的制度。

在許多國家都實施進口定額制的條件下，一個國家為防止本國的出口商品在別國分配不到滿意的進口配額，在與其他國家締結雙邊貿易條約和協定時，往往規定締約國間按最惠國待遇的原則分配給締約國對方商品的進口配額，得到公正和平等的比例。

7. 許可證制度

許可證制度是一個國家根據法令的規定由指定的貿易管理機關通過書面許可的方式來控製該國的進出口貿易。在雙邊貿易條約和協定中，最惠國待遇有時適用於許可證制度，但規定往往是含糊而籠統的。

8. 外匯管制

當雙邊貿易條約和協定中規定將最惠國待遇適用於外匯管制時，往往只規定在實行外匯管制時給予平等待遇，或相互給予對方以「公正和平等」的份額。

(五) 最惠國待遇條款的限制與例外

1. 限制

最惠國待遇條款的限制是指：在貿易條約所規定的理由存在時，不適用最惠國待遇。例如：為了國家安全，保護公共衛生或為了保護動植物免受病害、衰退、死亡等危害，締約雙方有權對這類貨物的輸入和輸出加以限制或禁止。

2. 例外

最惠國待遇條款的例外是指：在貿易條約所規定的某些場合下，不適用最惠國待遇。

(1) 邊境貿易。一些國家往往把邊界兩邊各 15 公里內的小額貿易當作特殊的當地貿易來處理，在關稅上、海關手續上給予減免等優惠。這種優惠不適用於最惠國待遇條款。

(2) 關稅同盟。關稅同盟是指以一關稅領土替代兩個或兩個以上關稅領土，以便對於成員領土之間的所有貿易或至少對於產於此類領土產品的所有

貿易，取消關稅和其他限制性貿易法規，而對同盟以外領土的貿易實施相同的關稅或其他貿易法規。關稅同盟成員內部在關稅上的特殊待遇被排除在締結最惠國條款的國家所享有的優惠範圍外。

（3）沿海貿易和內河航行。締約國一方在沿海貿易和內河航行方面給予他國的優惠視為例外。

（4）多邊國際條約中承擔的義務。若因締約國一方為參加聯合國或其他多邊國際條約而履行其所承擔的義務而觸及最惠國待遇利益者視為例外。

（5）其他例外。如沿海捕魚、武器進口、金銀外幣的輸出、港口服務以及為了保存藝術品和文物古跡而實行的禁止和限制等。

二、國民待遇原則條款

國民待遇，是指一個國家對外國自然人或法人在某些事項上（如在民事權利方面）給予不低於本國自然人或法人的待遇。

國民待遇的適用範圍是有一定限制的。它一般適用於外國自然人從事商業、外國天然物產和製造品所應繳納的國內捐稅，利用鐵路運輸和轉口過境的條件，船舶在港口的待遇以及知識產權等。至於本國人所享有的其他某些權利，如沿海貿易權、領海捕魚權、沿海和內河航行權、購買土地權、零售貿易權以及充當經紀人等，不屬於國民待遇的適用範圍。

第三節　國際商品協定

一、國際商品協定的產生與發展

（一）國際商品協定的含義

國際商品協定（International Commodity Agreement）是指某些初級產品的主要出口國和進口國之間為了穩定該項產品的經濟收益、保證供銷穩定和促使其發展等目的所締結的政府間的多邊書面文件。

（二）國際商品協定的產生與發展

第二次世界大戰以前，就已經有國際商品協定，即有小麥協定（1933 年簽訂）和糖協定（1937 年簽訂）。第二次世界大戰以後，隨著殖民體系的瓦解和發展中國家的獨立，為了穩定初級產品的經濟收益，作為主要初級產品出口的發展中國家與發達國家簽訂了更多的國際商品協定。到 20 世紀 90 年代，國際商品協定已達到 8 個，即國際可可協定，國際咖啡協定，國際黃麻

和黃麻產品協定，國際天然橡膠協定，國際橄欖油、食用橄欖油協定，國際熱帶木材協定，國際糖協定，國際穀物協定。

多數國際商品協定，如可可、黃麻和黃麻製品、橄欖油和食用橄欖油、天然橡膠、糖、熱帶木材的協定都是在 1964 年成立的聯合國貿易與發展會議的主持下達成的。而在聯合國貿易與發展會議成立以前已存在的其他國際商品協定繼續由它們各自的理事會來組織談判和實施。

早期的國際商品協定大多帶有穩定產品價格的經濟條款。隨著世界經濟貿易的發展和發展目標的不同，國際商品協定的作用與功能呈現多樣化。

二、國際商品協定的類別

（一）帶有經濟條款的國際商品協定

1. 目標

該協定的目標是穩定市場、價格和出口收益。

2. 協定名稱與內容

（1）國際可可協定。

在聯合國貿易與發展會議的主持下，1993 年 7 月 16 日，世界主要可可生產國和消費國談判達成了國際可可協定，並於 1994 年 2 月 22 日生效，有效期到 2003 年。2001 年，新的國際可可協定達成，於 2003 年開始生效。其成員現有 42 個，其中出口成員 13 個，都是發展中國家；進口成員 29 個，由歐盟的 27 個成員以及非歐盟成員的瑞士和俄羅斯組成。

國際可可協定的目標是，加強在世界可可經濟領域中的國際合作，促進其發展；為世界可可市場的穩定作出貢獻，以維護各成員的利益；使生產方面的調節變得比較容易，促進消費，以確保供給與需求的中長期均衡，從而使世界可可經濟得到均衡發展；對消費者和生產者來說，在公正合理的價格基礎上確保充足的供應；促進國際可可貿易的擴大；通過收集、分析和發布相關統計資料和開展相關的研究，提高世界可可經濟活動的透明度；促進在可可領域中的科學研究和開發；提供適當的論壇，討論與世界可可經濟有關的各種事件。

為鼓勵生產和消費的均衡發展，確保供給與需求的最優平衡，參加國際可可協定的出口方必須採用新的生產政策，制定每年的全球產量指標。為此，國際可可協定要作出世界可可生產和消費的年度預測，並將其作為出口方執行和調節生產計劃的依據。

為監督國際可可協定的執行，建立了國際可可組織，其總部設在英國倫敦。考慮到環境因素，國際可可組織建立了「研究和環境專家工作組」，建立

了環境基金，以促進和支持符合環保的可持續的可可的生產、處理、存儲和加工。

（2）國際天然橡膠協定。

新的國際天然橡膠協定於1995年2月17日在日內瓦簽訂，取代1987年的國際天然橡膠協定。原協定由1979年建立的國際天然橡膠組織繼續負責和監督協定的實施，總部設在馬來西亞的吉隆坡。參加協定的成員有24個，其中出口成員6個，都是發展中國家；進口成員18個，由發達國家和中國組成。

該協定的主要目標是穩定天然橡膠價格，使天然橡膠的供給和需求得到均衡增長。其措施如下：

第一，通過緩衝庫存，穩定價格。緩衝庫存是指由協定參加成員提供實物和現金，用來干預和穩定世界初級產品市場價格的一種機制。當世界天然橡膠市場價格高出協定確定的干預價格上限時，緩衝庫存機構向市場拋出實物，加大實物供應量，使市場供求趨於平衡，抑制價格上漲，使價格回落；當世界天然橡膠市場價格低於協定確定的干預價格下限時，緩衝庫存機構則以現金從市場收購實物，減少實物供應量，使供求趨於平衡，阻止價格下跌，使價格回升。天然橡膠價格的穩定是通過55萬噸實物和現金的緩衝庫存的操作，平衡供求關係來實現的。

為使緩衝庫存運作良好，天然橡膠協定確定了價格範圍，它由參考價格、上限價格、下限價格、干預價格以及啓動價格組成。1995年國際天然橡膠協定確定的參考價格是1987年原協定在1995年12月28日到期時的參考價格，即每公斤天然橡膠為206.68馬來西亞/新加坡分。下限價格是每公斤天然橡膠157馬來西亞/新加坡分，上限價格為每公斤天然橡膠270馬來西亞/新加坡分。圍繞參考價格的是干預價格的上、下限，在參考價格的基礎上再加減15%，就是干預價格。在這些價格範圍外，緩衝庫存經理可以動用緩衝庫存的實物和現金來干預市場。在參考價格的基礎上再加減20%，成為最高和最低啓動價格，當市場上出現這種價格局面時，緩衝庫存經理必須進行干預，以穩定價格。1995年，天然橡膠協定規定，可以根據市場價格穩定趨勢和/或緩衝庫存規模的淨變化來修改參考價格。

此外，為了使緩衝庫存有效地運行，1995年天然橡膠協定規定，理事會可允許緩衝庫存經理購買最長期限為2個月的期貨合同。

第二，通過研發來提高天然橡膠的競爭力。為了擴展天然橡膠的國際貿易，提高天然橡膠的市場准入度，促進天然橡膠再加工、營銷和分配方面的改善，國際天然橡膠協定還尋求在天然橡膠領域進行更深入的國際合作與磋

商，促進天然橡膠工業技術和資本的流動。

(二) 國際商品管理協定

1. 目標

該協定的目標是：確保國際合作，提供國際諮詢論壇，促進研究；鼓勵和增加商品的消費，同時也考慮價格的穩定。

2. 協定名稱與內容

(1) 國際咖啡協定。

新的國際咖啡協定於1994年建立，取代了1983年的國際咖啡協定。該協定擁有63個成員，其中出口成員44個，由43個發展中國家和越南組成；進口成員19個，均為發達國家。

該協定的目標主要是：確保與世界咖啡經濟有關的國際合作得到加強；為政府間的磋商和談判提供論壇，尋求世界咖啡供給與需求達到合理的平衡的方法；通過收集、分析和發布有關咖啡生產、銷售等方面的統計數字，公布指標價格和其他市場價格，以利於國際咖啡貿易的擴大；促進在咖啡領域的研究和調查；鼓勵、增加對咖啡的消費。

國際咖啡組織是國際咖啡協定的執行和監督機構，總部設在英國倫敦。國際咖啡組織的職能包括：收集、交換和發布世界咖啡的生產、價格、進出口、分銷和消費的統計信息；培育、加工和利用咖啡方面的技術信息交流；建立一個指標價格制度，公布每日綜合指標價格，探討、談判一個新的國際咖啡協定。

(2) 國際糖協定。

新的國際糖協定於1992年建立，取代了1987年的國際糖協定。該協定擁有成員51個，其中發達國家為19個，其餘為發展中國家。

國際糖協定的目標主要是：確保與世界糖製品及其相關問題的國際合作的加強；提供政府間討論糖和發展世界糖業經濟方法的論壇；收集和提供世界糖市場及其他甜料的信息，為糖的國際貿易提供便利；開闢新途徑，利用各種方法刺激對糖的需求。

國際糖組織是管理和監督協定執行的機構。國際糖組織的職能包括：收集和發布有關世界原糖、精煉糖和其他甜料的生產、價格、進出口、消費和儲存、稅收的統計信息。為此，專門建立了一個對糖的市場評估、消費和統計委員會。國際糖組織的總部設在英國倫敦。

(3) 國際穀物協定。

新的國際穀物協定於1995年7月1日建立。國際穀物協定包括穀物貿易公約和食品援助公約，取代了1986年的小麥貿易和食品援助公約。穀物貿易

公約擁有成員26個，其中發達國家6個，其餘為發展中國家、東南歐和獨聯體國家。食品援助公約擁有成員23個，1個為發展中國家，其餘22個均為發達國家。其組織機構為國際穀物理事會。

穀物貿易公約的內容包括：第一，穀物範圍為包括小麥在內的所有穀物。第二，穀物貿易公約的宗旨是，進一步穩定和擴大穀物市場，提高世界穀物供應的安全性；提供擴大和改進對成員方的統計和市場信息服務，為成員方之間的磋商創造和提供機會。第三，穀物貿易公約的監督和執行機構是市場條件委員會。

食品援助公約的目標是：通過國際社會的共同努力，保證每年向發展中國家提供1,000萬噸適合食用的穀物。捐贈方式是提供最大可能數量的穀物或現金。取得食品援助的前提條件是，獲取經濟合作與發展組織的發展委員會的認可。在給予援助時，應優先考慮最不發達國家、其他低收入國家或中低等收入國家。

(三) 國際商品發展協定

1. 目標

該協定的目標是：在生產者和消費者之間提供一個合作和諮詢的機構；在諸如開發、貿易擴展、市場促銷、降低成本和提供市場信息方面，締約國進行合作和交流，其中也包括對環境的考慮。

2. 協定名稱與內容

(1) 國際黃麻和黃麻製品協定。

新的國際黃麻和黃麻製品協定於1989年11月3日建立，取代了1982年的國際黃麻和黃麻製品協定。該協定擁有成員24個，其中出口成員5個，包括中國和亞洲的4個發展中國家；進口成員21個，其中有2個為發展中國家，其他均為發達國家。

該協定的目標是：提高黃麻和黃麻製品的競爭力；在維持和擴大現有市場的同時開發新市場；開發黃麻和黃麻製品的新的最終用途；提高黃麻種植業的產量，提高黃麻製品的質量和降低成本。實現目標的方法包括：研發、市場推廣和降低成本，包括人力資源的開發；收集和發布黃麻及其產品有關的信息；對世界黃麻經濟進行短期和長期趨勢的研究。國際黃麻組織是該協定的監督和執行機構，總部設在孟加拉國的達卡。它通過國際黃麻理事會來運作，其主要活動是確定和挑選在研發、市場促銷與降低成本領域內的項目，並為之開展準備工作，實施這些項目並監督其執行。

(2) 國際橄欖油協定。

新的國際橄欖油協定於1994年3月25日建立。該協定對1986年的國際

橄欖油協定進行了修訂和補充，故此協定又稱為「1986年國際橄欖油協定及1993年議定本」。

該協定的目標是：開展國際合作與共同行動，促進橄欖培育、橄欖油提煉和食用橄欖油加工的現代化；增加橄欖產品的國際貿易；制定橄欖產品的標準化；在橄欖及橄欖油加工方面考慮到環境因素。

國際橄欖油理事會是國際橄欖油協定的執行與管理機構，總部設在西班牙的馬德里。它的任務是跟蹤市場發展，制定規則以確保國際橄欖油的正常貿易並制定產品標準；實施技術合作計劃，開展消費者教育運動，鼓勵在橄欖油的生物效應方面的研究；促進任何可以使世界橄欖產品經濟協調發展的行動。

(3) 國際熱帶木材協定。

新的國際熱帶木材協定於1994年1月26日建立，取代了1983年的國際熱帶木材協定。該協定擁有成員51個，其中生產國為24個，都是發展中國家；消費國27個，除了中國、埃及、尼泊爾、韓國、俄羅斯以外，其餘都是發達國家。

協定的主要目標是：提供有效的與世界木材經濟所有方面有關的磋商、國際合作和政策發展的框架；提供磋商論壇，以促進正常的木材貿易活動；致力於可持續發展進程；實施提高成員供應能力的戰略；在2000年以前獲得可持續的、能管理的資源，以開展熱帶木材及其產品的出口；促進國際熱帶木材貿易的擴展和多元化；促進和支持木材方面研發；提高木材市場信息的充分性；促進在生產成員內熱帶木材的深加工；鼓勵成員方支持和發展熱帶木材森林的再造、森林管理活動以及恢復退化的森林土地；提高熱帶木材從可持續、有管理的資源中出口的營銷與分銷水平；促進木材加工技術的獲得、交換和技術合作；鼓勵分享國際木材市場的信息等。

國際熱帶木材組織是國際熱帶木材協定的實施與管理機構。總部設在日本神戶。其職能包括：提供有利於成員國和國際社會有關熱帶木材的經濟信息，提供市場情報，以確保熱帶木材市場更高的透明度；同國際非熱帶木材商品組織保持緊密聯繫；進行貿易和環境方面的政策研究，如研究熱帶木材貿易與可持續發展的聯繫以及木材製品的認證；在由聯合國可持續發展委員會建立的政府間森林小組內有關貿易與環境問題上起領導作用。國際木材組織的理事會和常設委員會活動的基本任務是，制定有關森林的重建和管理、森林工業的經濟信息和市場情報的項目，並加以實施；為熱帶木材方面的研發項目取得財政支持；進行可持續發展研究，為此設立了「巴厘夥伴基金」。

三、商品綜合方案與商品共同基金

(一) 商品綜合方案的產生

聯合國貿易與發展會議在 1976 年第四次會議上通過了建立商品綜合方案的決議。為實施商品綜合方案，通過設立基金辦法給予財政保證。1976—1980 年，在聯合國貿易與發展會議的主持下，各成員國就建立商品共同基金進行磋商。1989 年 6 月，國際商品綜合方案下的有關商品共同基金問題在聯合國磋商會議上獲得通過，建立國際商品共同基金的協議正式生效。

(二) 商品綜合方案的主要內容

1. 建立多種商品的國際儲存

建立多種商品的國際儲存是為了穩定商品價格，保證正常的生產和供應。國際儲存的商品選擇標準有以下兩條：(1) 該商品對發展中國家具有重要利害關係；(2) 該商品便於儲存。國際儲存的主要商品有：香蕉、咖啡、可可、茶、糖、肉類、植物油、棉花、黃麻、硬纖維、熱帶木材、橡膠、鋁、鐵、錳、磷、銅和錫。

2. 建立國際儲存的商品共同基金

商品共同基金是商品綜合方案的一種國際基金，用來資助這些國際初級產品的緩衝存貨，以改善初級產品市場，提高初級產品的長期競爭力，如進行研發、提高生產率、改進銷售等。

3. 商品貿易的多邊承諾

穩定這些初級產品的供應。參加商品綜合方案的各國政府，承諾在特定時間內各自出口和進口某種初級產品的數量。

4. 擴大和改進商品貿易的補償性資金供應

當出口初級產品的發展中國家的出口收入劇減時，國際貨幣基金將給予補償性貸款。

5. 促進初級產品的加工和出口多樣化

為了達到這一目的，方案要求發達國家降低或取消對來自發展中國家初級產品的加工產品的進口關稅和非關稅壁壘，並採取促進貿易的措施。

(三) 商品綜合方案的執行與管理機構

1. 國際商品機構

成為國際商品機構成員要具備以下條件：應不斷參加與商品有關的生產、消費、貿易等各方面的活動；其成員（生產者和消費者）應占該商品進口與出口的絕大部分；有一個高效率的決策程序。現在已有 22 個組織被指定為國

際商品機構，其中包括 8 個國際商品協定、5 個國際商品研究組、9 個聯合國糧農組織的附屬商品機構。

國際商品協定和研究組織成員分別是：國際可可組織、國際咖啡組織、國際銅研究組、國際棉花諮詢理事會、國際穀物理事會、國際黃麻組織、國際鉛鋅研究會、國際天然橡膠組織、國際鎳研究組、國際橄欖油理事會、國際橡膠研究組、國際糖組織、國際熱帶木材組織、政府間香蕉小組、政府間橘類水果小組、政府間漁業貿易分委員會、政府間穀物小組、政府間硬纖維小組、政府間毛皮分小組、政府間肉類小組、政府間稻小組、政府間茶葉小組。

2. 商品共同基金

商品共同基金是一個獨立的政府間組織，擁有 104 個成員。聯合國和國際原子能機構的成員國、專門機構以及在基金活動中起重要作用的政府間一體化組織均可加入。基金的職能部門是領導理事會和執行董事會。

商品共同基金總額為 7.5 億美元，其中各成員國直接分攤 4.7 億美元，自願認繳 2.8 億美元。基金設立兩個帳戶：第一帳戶是為包括國際商品協定在內的緩衝庫存和國際協調各國存貨的資金融通提供援助；第二帳戶是為商品的技術開發提供資金。這些技術包括：改善市場結構、加強商品的長期競爭力的技術，開發提高商品生產率、營銷多樣化的技術。此外，通過第二帳戶，還要促進商品生產者、資助者、捐贈者、消費者和利益相關者關於商品技術領域的協商與磋商。

【案例分析】

1. 內容分析

美國繼續禁止進口中國畜禽肉製品

美國對畜禽肉製品採用極其嚴格的限制措施。美國食品藥品管理局對出口國家的肉類生產、加工企業實施註冊登記。向美國出口肉類的國家首先要向美國動植物健康檢驗局提出書面申請，經對申請材料審核后，食品安全檢驗局派出技術考察小組就出口國的檢驗檢疫程序、動物疫情、生產工藝、管理、加工廠設施、員工培訓等進行實地考察，對符合要求的給予註冊。在生產管理中重點檢查食品安全控製系統（Hazard Analysis Critical Control Point, HACCP）實施情況。對這些獲得註冊的國家和企業，食品藥品管理局還定期派人員檢查考核。出口國政府必須每年向美方通報符合美國標準的企業名單。

動物產品入境后，須在美國動植物衛生檢驗局指定的肉類加工廠生產加工，其加工工藝、生產流程、污水處理等均須符合動植物衛生檢驗局的規定。儘管中美雙方已通過雙邊談判就衛生體系等效性認可等技術問題達成一致，但至今美國政府仍拒絕進口中國的熟家禽製品，並自 2006 年起在每年的《綜合撥款法案》中規定不得將撥款用於制定和實施有關允許中國禽肉產品對美出口的各項工作。美國《2009 年綜合撥款法案》第 727 條款（簡稱「727 條款」）延續了這一規定。中方認為 727 條款未以健康科學性、適當的風險評估和非歧視原則為出發點，明顯違反了 WTO/SPS 協定第 2.2、2.3、4.2、5.1 和第 8 條及附件 c 的規定。2009 年 4 月 17 日，中國政府通過常駐 WTO 代表團致函美方，就 727 條款提起了 WTO 爭端解決項下的磋商請求。

2. 分析要求

請結合 WTO 的相關原則點評中美雙方的做法。

第七章 區域經濟一體化

第一節 概述

一、經濟一體化的含義

經濟一體化（Economic Integration）的含義有廣義和狹義之分。廣義經濟一體化，即世界經濟一體化，或稱國際經濟一體化，是指各國民經濟之間彼此相互開放，形成一個相互聯繫、相互依賴的有機整體。

狹義經濟一體化，即區域經濟一體化，是指區域內兩個或兩個以上的國家或地區組成的、具有超國家性質的共同機構，通過制定統一的對內與對外經濟貿易政策、財政與金融政策等，消除區域內的各成員國之間阻礙經濟貿易發展的障礙，實現區域內互利互惠、協調發展和資源優化配置，最終形成一個政治經濟高度協調統一的有機體。其表現形式是各種地區性的經貿集團。

二、區域經濟一體化的主要形式

（一）按照貿易壁壘取消的程度劃分

1. 優惠貿易安排（Preferential Trade Arrangements）

這是一種最低級和松散的區域經濟一體化形式，在實行優惠貿易安排的成員間，通過協議或其他形式對全部貨物或部分貨物規定特別的關稅優惠或非關稅方面的優惠。如 1932 年英國與其以前的殖民地建立的英聯邦特惠制（Common-wealth Preference System），1975 年歐盟與非洲、加勒比海及太平洋地區的發展中國家締結的《洛美協定》等。

2. 自由貿易區（Free Trade Area）

它通常是指簽訂有自由貿易協定的國家所組成的經濟貿易集團，在成員國的貨物貿易或服務貿易之間彼此取消工業品貿易限制、減免關稅和非關稅的貿易限制，但對非成員仍維持各自的貿易政策。例如 1960 年成立的歐洲自由貿易聯盟（European Free Trade Association，EFTA）即屬此種形式的區域經

濟一體化組織。成立時的成員有奧地利、英國、丹麥、芬蘭、瑞典、挪威、冰島和瑞士。奧地利、英國、丹麥、芬蘭和瑞典先后加入了歐盟。該聯盟強調的是工業產品的自由貿易，而不涉及農產品，所以成員可以決定自己的農業補貼水平，成員也可以自由決定對來自歐洲自由貿易聯盟以外的產品的關稅及貿易政策。另外，還有北美自由貿易區等。

3. 關稅同盟（Customs Union）

它是指由兩個或兩個以上的國家所組成的區域經濟一體化組織，完全取消關稅和其他壁壘，並對非同盟國家實行統一的關稅稅率而結成的同盟。其目的在於使參加國的商品在統一關境內的市場上處於有利的競爭地位，排除非同盟國家商品的競爭。如第二次世界大戰后的比荷盧經濟聯盟、歐洲經濟共同體的關稅同盟等。關稅同盟是比自由貿易區層次更高的經濟一體化組織，其特點是在自由貿易區的基礎上，建立起對非同盟成員國統一的關稅稅率。

4. 共同市場（Common Market）

它是指兩個或兩個以上的國家完全取消關稅與數量限制，建立對非成員的統一關稅，在實現商品自由流動的同時，還實現生產要素（勞動力、資本）的自由移動。即在成員之間，對於人員的流入和流出以及資本的跨國界移動沒有任何限制。

5. 經濟聯盟（Economic Union）

它是指實行經濟聯盟的國家不僅實現商品、生產要素的自由流動，建立共同對外的關稅，並且制定和執行統一對外的某些共同的經濟政策和社會政策，逐步廢除政策方面的差異，使一體化的程度從商品交換擴展到生產、分配乃至整個國民經濟，形成一個有機的經濟實體。與共同市場不同的是，經濟聯盟還要求有共同的貨幣和財政政策。

6. 政治聯盟（Political Union）

1992年2月，歐共體12國首腦在荷蘭的馬斯特里赫特召開會議，簽署了《政治聯盟條約》和《經濟與貨幣聯盟條約》，統稱《馬斯特里赫特條約》，標誌著歐共體從經濟聯盟向政治聯盟邁出了重要的一步。

（二）按實現經濟一體化的範圍劃分

1. 部門一體化（Sectoral Integration）

部門一體化是指區域內成員國間的一個或幾個部門（或商品）加以一體化，如歐洲煤鋼聯營、歐洲原子能聯營便屬此類。

2. 全盤一體化（Overall Integration）

全盤一體化是指區域內成員國間的所有經濟部門加以一體化的形態，如歐洲共同體。

（三）按參加國的經濟發展水平劃分

1. 水平一體化（Horizontal Integration）

水平一體化是指經濟發展水平大致相同或接近的國家共同形成的經濟一體化組織。

2. 垂直一體化（Vertical Integration）

垂直一體化是指經濟發展水平不同的國家所形成的一體化。

三、第二次世界大戰后區域經濟一體化發展歷程

從第二次世界大戰結束到現在，區域經濟一體化的發展經歷了三個發展階段：

（一）迅速發展時期

20世紀50年代到20世紀60年代，隨著世界政治和經濟發展不平衡，社會主義國家的出現，區域經濟一體化組織開始出現。

1949年1月，蘇聯和東歐國家成立了經濟互助委員會。1951年4月，法國、德國、義大利、比利時、荷蘭和盧森堡6國在巴黎簽訂了為期50年的《歐洲煤鋼聯營條約》，決定於1952年7月建立煤鋼共同市場。1957年3月25日，上述6國外交部長又在羅馬簽訂了《歐洲經濟共同體條約》（European Economic Community，EEC）和《歐洲原子能共同體條約》兩個條約，它們總稱為《羅馬條約》。1958年1月1日起條約生效。為了與它抗衡，英國聯合瑞典、丹麥、挪威、瑞士、奧地利和葡萄牙，於1959年6月30日在瑞典首都斯德哥爾摩舉行部長級會議，通過了《歐洲自由貿易聯盟草案》。1960年1月4日，簽訂了《建立歐洲自由貿易聯盟公約》，同年5月3日起生效，建立了歐洲自由貿易聯盟（European Free Trade Association）。20世紀60年代以後，發展中國家建立了20多個區域經濟和貿易組織。主要有：亞洲的東南亞國家聯盟和南亞地區合作組織；拉美地區的拉美一體化協會、安第斯條約組織、中美洲共同市場；非洲的西非國家經濟共同體、西非共同體；阿拉伯世界的海灣合作委員會、阿拉伯合作委員會和阿拉伯馬格里布聯盟等。

（二）停滯時期

20世紀70年代中期至80年代中期，由於世界資本主義經濟處於經濟危機、能源危機和貨幣制度危機，生產增長停滯並伴隨著高失業率、高通貨膨脹率，市場萎縮，貿易保護主義抬頭，貿易與投資自由化受到較大的阻力。除了歐洲共同體及經濟互助委員會仍然在緩慢地推進經濟一體化以外，其餘的經濟一體化組織幾乎都發展停滯，有的甚至中斷活動或解體。

(三) 高漲時期

20世紀80年代中期以來，區域經濟一體化迅猛發展並實現新的飛躍。這一時期參與經濟一體化的國家日益增多，經濟一體化的層次越來越高，經濟一體化逐漸走向開放型，並突破某一區域的界限，實現跨區域、跨地區的區域經貿合作。

四、區域經濟一體化發展的特點

(一) 區域貿易協議的數量日益增多

進入20世紀90年代，區域貿易協議的數量急遽增加，尤其是自世貿組織成立以來，這一變化更加突出。1948—1994年間，關貿總協定累計收到涉及貨物貿易的區域貿易協議通知124個，平均每年收到的通知不到3個。根據世貿組織統計，從1995年起，已有130多個新的區域貿易協議向世貿組織提出通知，平均每年有15個。截至2007年3月，向世貿組織通報的、仍然有效的區域貿易安排有216個，其中80%以上是在最近10年內出現的。

2006年7月，多哈回合談判被迫宣布無限期中止，世貿組織的多邊貿易談判受阻，在全球範圍內的貿易自由化難以推進，這促使世界各國調整貿易政策，因為世貿組織無法滿足一些國家的開放需求，許多國家開始轉向區域經濟一體化。所以區域經濟一體化成為多邊經濟一體化的有效補充，成為當前經濟合作的帶有潮流特點的發展模式。

(二) 區域經濟一體化的主要形式是自由貿易區

目前，在已經生效或正在談判的區域經濟一體化形式中，自由貿易區是主要形式。根據世貿組織統計，截至2006年10月，向世貿組織通報並且仍在生效的區域經濟一體化組織達到了214個，其中自由貿易區為197個，占區域經濟一體化組織總數的92%。

(三) 區域經濟一體化所涉及的領域不斷擴大，並延伸至服務貿易領域

區域經濟一體化所涉及的領域已從關貿總協定時期的貨物貿易向服務貿易領域擴展。傳統的區域經濟一體化，基本上是貨物貿易自由化，如取消關稅和非關稅壁壘等，后來出現服務貿易自由化的內容。20世紀90年代以來，新的區域貿易協定內容大大超過早期的協定，許多新協定除了包括傳統的貨物貿易關稅減讓之外，還包括了服務貿易自由化、投資自由化、知識產權保護、貿易的技術障礙排除及超國家制度的建立等內容。美國和歐盟與發展中國家之間締結的自由貿易協定覆蓋的領域和內容更為廣泛。在貿易領域，除

關稅減讓之外，還可以包括與貿易有關的任何條款。如北美自由貿易協定包含了勞動標準和環境保護方面的內容；歐盟與墨西哥的雙邊協定還包括安全措施、投資政策、電子商務、標準的一致化、海關程序、政府採購、技術性貿易壁壘、交通與通信、能源等內容。

（四）區域經濟一體化出現了歐、美、亞三大洲三足鼎立的發展局面

隨著歐盟成員國的不斷增加和北美自由貿易區的建立以及亞太經濟合作組織活動的深入發展，環太平洋地區的經濟一體化進入活躍期，東盟區域經濟一體化進程加快，出現了歐洲、美洲和亞洲三大洲區域經濟一體化三足鼎立的發展局面。

歐洲在區域經濟一體化中處於重要地位。歐洲自由貿易聯盟已與近 20 個國家簽署區域貿易協議，捷克除與歐盟和歐洲自由貿易聯盟簽署自由貿易協議外，還與斯洛伐克、拉脫維亞、立陶宛、以色列、愛沙尼亞、土耳其 6 國簽署自由貿易協議，波蘭、匈牙利、斯洛伐克與 5 個國家簽署自由貿易協議，波羅的海三國與大多數歐洲國家簽署了自由貿易協議。如果將正在進行的區域貿易協議談判和計劃簽訂的自由貿易協定計算在內，那麼歐洲是全球區域貿易協議集中程度最高的地區。

美國正在構建遍布全球的自由貿易區網絡。它已經和加拿大、墨西哥、中美洲 6 國、智利、以色列、新加坡、澳大利亞簽署了自由貿易協定。如果加上正在談判的自由貿易協定，就會形成一個以美國為中心、包括 39 個國家、輻射全球的自由貿易區網絡。這個網絡涵蓋美國將近 45% 的出口總額，而且美國的戰略目標是建立全世界最大的自由貿易區——美洲自由貿易區。美國在亞洲，建立了美國—韓國自由貿易區、美國—東盟自由貿易區，在中東建立美國—中東自由貿易區，在非洲建立美國—南部非洲關係同盟自由貿易區。

亞太地區正在加速區域貿易整合。在亞太經濟合作組織的基礎上，探討建立更緊密的經貿安排。日本在 2004 年專門制定了自由貿易區的戰略，計劃在 2010 年以前至少要和 10 個國家建立自由貿易區關係，2006 年已經與新加坡、馬來西亞、墨西哥簽訂了自由貿易協定。韓國近年來也積極推行自由貿易區的戰略，使它的自由貿易的談判夥伴達到 50 個，並且要至少和其中 15 個簽署自由貿易協定。中國已經和智利、巴基斯坦等國簽訂了自由貿易協定，與澳大利亞、新西蘭、冰島以及海灣合作理事會國家的自由貿易協定談判也在進行之中。

（五）區域經濟一體化建立的基礎發生了突破性變化

20 世紀 80 年代以前，區域經濟一體化主要由國土相鄰、經濟發展水平相

近、社會制度相同的國家組成。20世紀80年代以來，區域經濟一體化突破了上述範圍，建立的基礎發生了變化。第一，突破國土相鄰的界限，出現了跨洲和跨洋的區域合作組織，如亞太經合組織的成員遍布亞洲、北美洲、南美洲和大洋洲。第二，突破經濟發展水平相近國家組成經貿集團的局限，經濟發展水平差距較大的國家可以成立區域經濟一體化組織，如發達國家美國、加拿大與發展中國家墨西哥組成北美自由貿易區。第三，打破社會制度的隔絕，社會制度不同的國家可以共同組成經貿集團。亞洲東盟不顧社會制度和意識形態的差異，接納越南和柬埔寨等國為其成員。

（六）區域經濟一體化均以世貿組織規則作為行為規範

在開放市場和貿易自由化方面，區域經濟一體化的確比世貿組織走得更快，但無論雙邊還是區域經濟一體化，都無法取代世貿組織，都要以世貿組織規則作為行為規範，尤其是世貿組織成員之間的優惠安排均處於世貿組織規則之下。《1994年關稅與貿易總協定》第24條規定，參加關稅同盟或自由貿易區等安排的一些成員所享受的經濟一體化內部的待遇可不給予其他世貿組織成員。正是根據這一條款，歐盟、北美自由貿易區等區域性經濟組織才得以建立。

五、區域經濟一體化出現與發展的原因

（一）尋求經濟貿易利益

無論是哪種形式的區域貿易協議，也無論其成員的構成如何，追求共同的經貿利益始終是貿易夥伴間啟動談判並締結區域貿易協議的首要原因。這是由於參加經濟一體化可以為其成員帶來許多好處。首先，它適應經濟競爭和追求規模經濟利益的需要。區域合作為國內生產效率的提高及競爭優勢的形成創造了條件。狹小的國內市場通常生產成本較高，很難使企業具有較強的競爭能力，規模的擴大可以降低生產成本，區域貿易協議有利於形成良好的競爭秩序和實現規模利益。另外，依靠一國本身的自然資源、要素稟賦和狹小的國內市場難以支付企業巨額的成本和保障經濟的可持續發展，而區域合作為克服這一障礙提供了重要途徑。其次，它有利於進口商降低進口價格。市場的擴大、競爭的加劇不僅使區域貿易協議內的公司要削價以應對競爭的壓力，而且區域外的公司也要採取降價出口策略以應對競爭，這樣可以有利於進口商從國外低價進口商品。最后，在區域貿易協議內部形成良好的投資態勢。一方面，有利於區域內成員從區域外吸引外資。區域貿易一體化形成后，由於域外國家不能與域內國家一樣可以享受優惠待遇，迫使其只能通過擴大域內的投資來獲得市場。另

一方面，有利於增加區域內部成員對域內的投資，因為區域貿易協議的簽署，意味著區域貿易協議成員國產業發展環境的改善，內部成員公司間交易障礙的取消或減少，必然使其交易成本降低，增加對區域內部投資的信心，這樣不僅有利於增加投資，更有利於增強本地企業的競爭力。

(二) 維護國家安全的需要

第二次世界大戰后，美國與蘇聯在歐洲形成了對峙，出現了冷戰局面。為了維護國家主權，增強同美、蘇兩大國的抗衡能力，恢復和提高西歐國家在國際舞臺上的地位，西歐國家領導人深感需要加強聯合，走一體化的道路。1951 在建立歐洲煤鋼共同體貿易協定的序言中曾指出：「考慮到，面對威脅各國安寧的危險……決心以融合各國根本利益來代替彼此間的世代爭鬥；決心通過建立經濟共同體來結束互相流血殘殺而造成人民長期對立的局面，並在人民中間建立起一個更廣泛更牢固的共同體基礎；決心為建成一個同舟共濟、休戚相關的制度而奠定基礎。」所以，在當時背景下，對和平與安全的渴望是歐共體建立的重要基礎。

(三) 增強談判力量

1. 區域貿易協定可以增強在雙邊談判中的力量

在歐共體成立之前，歐共體各國在與美國的雙邊貿易關係中均處於不利的談判地位，但隨著歐共體的建立，內部經貿政策的協調和共同利益的一致，其與美國或其他貿易夥伴在雙邊貿易談判中地位發生了明顯變化。隨著歐共體的進一步擴大，成員數量的增多，經濟貿易規模的擴大，報復能力的增強，歐共體各國越發處於有利的談判地位。通過 20 世紀 50~90 年代不同階段歐美間貿易摩擦及解決，可以看出歐洲經濟一體化使歐盟具備了唯一與美國抗衡的經濟實力。又如，東盟的一體化和內部整合程度的提高使其在與日本、韓國、中國進行的雙邊談判中能較好地維護自身的經濟利益。

2. 區域貿易協議可以提高各成員在多邊貿易談判中的地位

關貿總協定、世貿組織多邊貿易體制的演變和發展的歷程表明，有著共同利益的談判集團或區域貿易集團更有利於維護各成員的利益。例如，在東京回合談判期間，石油輸出國組織作為以產品為基礎組織起來的聯盟出現；在烏拉圭回合談判期間，正是來自凱恩斯集團的壓力，才使得美國能抵擋歐盟的壓力，與凱恩斯集團一起推動農產品貿易自由化，最終達成農業協議。又如，加勒比共同體和共同市場，這些由加勒比海島組成的小國，其本身的利益不在於區域內的一體化而是採取共同的行動。因為每一個小島國家在談判中均受有限資源的限制，所以其支付的談判成本高而談判實力小，正是基於這種認識，它們與

非洲、加勒比海和太平洋國家組成了一個集團,該集團與歐盟國家談判,簽訂了《洛美協定》,使其獲得歐盟國家在經貿政策方面的諸多優惠。

第二節　區域經濟一體化的現狀和趨勢

區域經濟一體化是第二次世界大戰后世界經濟發展中出現的新現象。最早成立的一體化組織是 1949 年 1 月成立的經濟互助委員會,簡稱經互會(CMEA)。經互會是由蘇聯發起,同保加利亞、匈牙利、波蘭、羅馬尼亞、捷克斯洛伐克 6 國組成。后來,民主德國、蒙古、古巴、越南相繼加入,成為由 10 個國家組成的跨地區的經濟一體化組織。經互會成立的目的是在平等互利的基礎上實行經濟互助、技術合作和經濟交流,以促進成員國經濟的發展。其實質上是其他國家經濟與蘇聯經濟的一體化。隨著蘇聯的解體和東歐的劇變,該組織於 1991 年 6 月宣布解散。在經互會成立之後,西歐發達資本主義國家也開始在 20 世紀 50 年代末建立區域經濟一體化組織。20 世紀 60 年代,區域經濟一體化在世界各地廣泛發展。20 世紀 70 年代中期到 80 年代中期,西方發達國家正處於滯脹階段,其一體化進程相對緩慢。而發展中國家的經濟一體化大多遭受挫折,一些組織中斷活動或解體。但是,20 世紀 80 年代中期以後,全球的經濟一體化進程出現新的高潮,且有進一步發展壯大的趨勢。

目前,世界經濟中已有數十個各種類型的區域經濟一體化組織。不僅發達國家無一例外地捲入了組建區域經濟一體化新浪潮,而且廣大發展中國家出於發展本國或本地區經濟和共同對付發達國家經濟剝削的需要,也紛紛組建、鞏固和發展自身的區域經濟合作組織。一些主要的經濟一體化組織簡況見表 7-1。

表 7-1　　　　　　　　　世界重要經濟一體化組織概覽

名稱	現有成員國(或地區)	總部(常設機構)所在地	成立時間
歐洲自由貿易聯盟	奧地利、挪威、瑞典、瑞士、冰島、芬蘭、列支敦士登	日內瓦	1960.01
比荷盧經濟聯盟	比利時、荷蘭、盧森堡	布魯塞爾	1960.11
歐洲共同體(歐洲聯盟)	愛爾蘭、比利時、丹麥、聯邦德國、法國、荷蘭、盧森堡、葡萄牙、西班牙、希臘、義大利、英國、奧地利、瑞典、芬蘭	布魯塞爾	1967.07(1994.01.01)

表7-1(續)

名稱	現有成員國（或地區）	總部（常設機構）所在地	成立時間
維謝格拉德集團	匈牙利、波蘭、捷克、斯洛伐克	維謝格拉德	1991.02
黑海經濟合作區	希臘、阿爾巴尼亞、羅馬尼亞、保加利亞、俄羅斯、烏克蘭、摩爾多瓦、亞美尼亞、阿塞拜疆、格魯吉亞、土耳其	伊斯坦布爾	1992.06
獨聯體經濟聯盟	亞美尼亞、白俄羅斯、哈薩克斯坦、俄羅斯、烏茲別克斯坦、吉爾吉斯斯坦、摩爾多瓦、塔吉克斯坦、阿塞拜疆	莫斯科	1993.09
歐洲經濟區	愛爾蘭、比利時、丹麥、德國、法國、荷蘭、盧森堡、葡萄牙、西班牙、希臘、義大利、英國、奧地利、挪威、瑞典、冰島、芬蘭	無	1994.11
經濟合作組織	土耳其、巴基斯坦、伊朗、阿富汗、阿塞拜疆、哈薩克斯坦、烏茲別克斯坦、吉爾吉斯斯坦、土庫曼斯坦、塔吉克斯坦	德黑蘭	1985
東南亞國家聯盟	印度尼西亞、馬來西亞、新加坡、菲律賓、泰國、文萊、越南	雅加達	1967.08
海灣合作委員會	阿聯酋、阿曼、巴林、卡塔爾、科威特、沙特	利雅得	1981.05
南亞合作聯盟區域	孟加拉國、不丹、印度、馬爾代夫、尼泊爾、巴基斯坦、斯里蘭卡	加德滿都	1985.12
阿拉伯合作委員會	埃及、約旦、伊拉克、也門	安曼	1989.02
阿拉伯馬格里布聯盟	阿爾及利亞、利比亞、毛里塔尼亞、摩洛哥、突尼斯	摩洛哥	1989.02
西非經濟共同體	貝寧、布基納法索、科特迪瓦、馬里、毛里塔尼亞、尼日爾、塞內加爾	瓦加杜古	1973.04
西非國家經濟共同體	貝寧、布基納法索以及多哥、佛得角、岡比亞、幾內亞比紹、加納、利比里亞、馬里、尼日利亞、塞拉利昂、塞內加爾	阿布賈	1975.05

表7-1(續)

名稱	現有成員國（或地區）	總部（常設機構）所在地	成立時間
南部非洲發展協調會議	安哥拉、博茨瓦納、津巴布韋、萊索托、馬拉維、莫桑比克、納米比亞、斯威士蘭、坦桑尼亞、讚比亞	哈博羅內	1980.04
東部和南部非洲共同市場	讚比亞、烏干達、馬拉維、安哥拉、馬達加斯加、納米比亞、塞舌爾、斯威士蘭、剛果民主共和國、埃及、厄立特里亞以及埃塞俄比亞、布隆迪、吉布提、科摩羅、肯尼亞、盧旺達、毛里求斯、索馬里、蘇丹	盧薩卡	1981.12
中非國家經濟共同體	安哥拉、布隆迪、赤道幾內亞、剛果（金）、剛果（布）、加蓬、喀麥隆、盧旺達、聖多美和普林西比、乍得、中非共和國	利伯維爾	1983.10
安第斯集團	秘魯、玻利維亞、厄瓜多爾、哥倫比亞、委內瑞拉	利馬	1969.10
加勒比共同體	巴巴多斯、安提瓜和巴布達、巴哈馬、伯利茲、多米尼加聯邦、格林納達、圭亞那、聖盧西亞、聖基茨和尼維斯聯邦、牙買加、聖文森特與格林納丁斯、特立尼達和多巴哥、蒙特塞拉特	喬治敦	1983.10
拉丁美洲一體化協會	阿根廷、秘魯、玻利維亞、厄瓜多爾、哥倫比亞、墨西哥、委內瑞拉、烏拉圭、智利	塞得維的亞	1981.03
北美自由貿易區	美國、加拿大、墨西哥	墨西哥城	1992.12
中美自由貿易區	薩爾瓦多、洪都拉斯、危地馬拉、尼加拉瓜	聖薩爾瓦多	1993.02
澳新自由貿易區	澳大利亞、新西蘭	堪培拉	1990.07
亞太經合組織	日本、中國、韓國、新加坡、印度尼西亞、馬來西亞、泰國、菲律賓、文萊、越南、墨西哥、加拿大、美國、澳大利亞、智利及中國香港、中華臺北、新西蘭、巴布亞新幾內亞、秘魯、俄羅斯	新加坡	1989.11

　　經濟一體化滾雪球式地擴大，目前正進一步向著洲際一體化方向發展。歐洲將成為世界上最先建立全洲性經濟共同體的地區。自法國、聯邦德國、

義大利、荷蘭、比利時、盧森堡 6 國政府於 1957 年 3 月簽署《歐洲經濟共同體條約》（又稱《羅馬條約》），並於 1958 年在布魯塞爾正式成立西歐共同市場以來，隨著英國、丹麥、愛爾蘭、希臘、西班牙、葡萄牙、奧地利、瑞典、挪威、芬蘭的先后加入，這個一體化組織逐漸發展壯大，規模不斷擴大，並兩度易名——先發展為歐洲共同體（European Communities，EC），后又定名歐洲聯盟（European Union，EU），成為一個強大的經濟和政治實體，在國際生活中發揮著日益重大的影響。西歐共同市場建立的最初動機只是建立一個區域性的關稅同盟和農業共同市場，但該組織成立以來，經濟一體化在廣度和深度上不斷發展。先在一體化組織內部取消了工業品進口關稅與限額，實現了對外統一關稅。緊接著又實施了共同農業政策，實行統一的農產品價格管理制度，並進一步實行農產品出口補貼制度和設立歐洲農業指導和保證基金，促進農業的機械化和現代化。進入 20 世紀 90 年代以來，歐共體的影響更為巨大。1991 年 12 月各成員國通過的《歐洲聯盟條約》又提出了實現真正的、全面的歐洲統一的新目標，其中包括：建立歐洲貨幣體系，並設立歐洲貨幣單位（European Currency Unit，ECU），成員國之間實行固定匯率，對外實行聯合浮動，並建立歐洲貨幣基金，使得歐共體成為相對穩定的貨幣區；加強政治一體化的進程，組成統一的政治聯盟，如建立歐洲議會，實行防務合作的軍事體制，經常磋商和協調對重大國際問題的立場等。1993 年 1 月 1 日起，歐共體內部大市場正式開始運行，除人員流動略有限制外，商品、資本、勞務已實現在區內的完全自由流通。統一市場的建立不僅提高了個別企業的規模經濟，而且還提高了競爭程度，增加了整個一體化組織的經濟效益。經濟學家塞克奇尼（Paolo Cecchini）估計，1992 年歐洲商品市場統一后，可能產生的經濟利益約占歐共體 12 國全部國民生產總值的 5.5%，其中 0.2% 來自取消貿易障礙，2.2% 來自專業化分工和生產發展，2.1% 來自規模經濟，還有 1.0% 則來自競爭的加強。歐共體也加強了與東歐國家的經濟合作。它與波蘭、匈牙利、捷克斯洛伐克簽署協定，雙方建立了聯繫國關係。1995 年 2 月 1 日，歐洲聯盟與捷克、斯洛伐克、羅馬尼亞、保加利亞四國簽訂的《歐洲協定》又正式生效。根據該協定規定，雙方將在協定生效后 5~10 年內，逐步相互取消關稅及其他貿易壁壘，同時在一定限度內實現人員和資本的自由流動。該協定將使中東歐國家完全融入歐洲一體化進程，為它們日后正式加入歐盟創造了條件。1999 年 1 月，歐洲單一貨幣——歐元進入實施階段。2002 年 1 月 1 日，歐元開始進入流通，並與各成員國貨幣共同流通。2002 年 3 月 1 日，歐盟各成員貨幣完全退出了流通，歐盟單一貨幣區正式成立。在此基礎上，歐盟早在 2000 年的尼斯會議上，正式決定實施歐盟的東擴

計劃，2002年12月13日，歐盟哥本哈根首腦會議閉幕，同時宣布與東歐的10個國家就加入歐盟的談判結束，且這些國家將於2004年5月1日起正式成為歐盟成員國。所有這些都大大加強了歐共體作為一個整體的經濟實力和政治力量。歐盟現有成員15個（芬蘭、瑞典、奧地利三國於1995年1月1日正式加入歐洲聯盟），2004年將擴大到25個，國內總產值將達到9.2億美元。歐盟已成為目前世界上生產國際化、經濟貿易一體化程度最高、影響最大的一體化組織。

美洲可能是世界上第二個實現洲際經濟一體化的地區。戰後相當長一段時間，美洲的國際經濟一體化發展極不平衡，南美發展較快，1960年形成了拉丁美洲自由貿易協會和中美洲共同市場兩個一體化組織，而北美的美國、加拿大等國對此並不熱心。但是，20世紀80年代中期以來，隨著世界經貿格局的重大變化，這種狀態發生了巨大的轉變。在美國的積極活動和推動下，美、加兩國於1989年1月1日起正式執行《美加自由貿易協定》。其後，美、加、墨三國政府首腦於1992年12月17日簽署了《北美自由貿易協定》（North American Free Trade Agreement），這成為美洲經濟一體化的一個重要里程碑。該協定涉及三國之間的商品、服務貿易和投資自由化，知識產權保護，貿易爭端的解決等內容，后來應美方的要求又加上了有關勞工和環境保護的補充規定，其中心內容是經過15年的過渡期最終建成包括三國在內的北美自由貿易區（North American Free Trade Area，NAFTA）。該協定已於1994年1月1日正式開始生效執行。北美自由貿易區的建立是發達國家和發展中國家在區域經濟合作組織內實行垂直型國際分工的一種新的嘗試，是南北合作的一種新嘗試。儘管墨西哥和美加之間經濟發展水平相差較遠，其政治、法律、文化等社會環境不同，北美自由貿易區在運行過程中也產生了一些困難，但總體運行效果一直是朝著良好方向發展。經過8年多時間的努力，北美自由貿易區已經基本上實現了自由貿易區的目標，總體上取消了關稅與非關稅壁壘，實現了商品和投資的自由移動。

1994年12月，美洲34國領導人在美國邁阿密舉行27年來的首次美洲國家首腦會議，並達成協議，美洲各國將於2005年前完成關於建立「美洲自由貿易區」的談判。美洲自由貿易區一旦成立，將是全球最大的自由貿易區，與歐盟形成對峙之勢。目前，由於巴西等拉美國家與美國存在較大分歧，談判一直停留在議程和框架層面上，無法深入。作為替代模式，一些國家紛紛與美國展開了多邊、雙邊自由貿易談判。

此外，美歐還可能會建立跨大西洋自由貿易區。建立跨大西洋自由貿易區的構想由來已久。早在20世紀七八十年代，美國國會領導人，如艾爾·厄

爾曼和比爾・布雷德利，就曾提議過建立某種形式的美國和歐共體之間的自由貿易協定。冷戰結束后，世界格局發生了重大變化，歐美關係面臨新的調整，美國提出了「新大西洋主義」，此後，加強歐美之間的經濟聯繫備受關注。1991 年《華沙條約》解散后，美國國務卿貝克與歐洲委員會主席迪洛斯開始就新型的跨大西洋合作交換了意見。20 世紀 90 年代中期，建立跨大西洋自由貿易區的提議進入了緊鑼密鼓的階段，1994 年 12 月在馬德里會議上，美國總統克林頓、西班牙首相岡薩雷斯和歐盟委員會主席桑特簽署了《跨大西洋新綱要》，並就建立跨大西洋自由貿易區進行了討論。北美自由貿易區的其他成員國也都表示與歐洲夥伴共同推進貿易自由化。1998 年 3 月 11 日，歐盟委員會通過了一項決議，準備就建立一個新的跨大西洋市場與美國談判，同年 5 月，歐委會副主席在華盛頓發表的講話中再次提出建立大西洋市場的建議，並對談判提出了初步設想。可見，美歐雙方正在積極努力，跨大西洋自由貿易區的建立十分可能實現。

與歐美區域經濟一體化進程蓬勃發展形成鮮明對照的是，亞洲地區的經濟一體化進程卻明顯滯后，亞太經濟合作組織（Asia and Pacific Economic Co-operation，APEC）的建立由於歷史和現實的原因，長期停留在論壇構想之中。不過近幾年，它同樣明顯加快了前進的步伐。1989 年由澳大利亞倡議召開的首次部長級會議，以及 1992 年 9 月第四屆曼谷部長級會議決定在新加坡成立常設秘書處，拉開了亞太地區經濟合作的序幕。1994 年 11 月在印度尼西亞茂物舉行了第六屆部長級會議和第二次國家（地區）首腦非正式會議，發表了《茂物宣言》，確定了發達國家在 2010 年前、發展中國家（地區）在 2020 年前實現區域內貿易和投資自由化的構想。各國（地區）一致同意在人力資源、基礎設施建設、科學與技術、環境保護、中小企業發展和公共部門的參與等方面加強合作。1995 年 11 月的大阪會議，亞太經合組織成員國（地區）通過了《大阪宣言》和《行動議程》，提出了九大原則並將其作為實現貿易與投資自由化的基礎，以便實現長遠目標。亞太經合組織的 18 個成員國（或地區）都作出了加快合作進程的承諾。如日本將從 1996 年 4 月而不是從 1998 年起即開始降低 697 種商品的關稅，這些商品主要包括紡織產品、化工產品、鋼鐵和有色金屬材料以及主要從亞太經合組織成員國（地區）進口的價值約為 100 億美元的產品。此外，日本還將採取其他 50 項關於放寬規章制度方面的技術措施。大阪《行動議程》的通過和實施，標誌著亞太經合組織由搖擺的階段進入務實行動的階段。

然而，亞太地區要實現其合作目標，障礙依然很多，路途還很長遠。亞太區域廣大，各國（或地區）經濟、政治制度差異又大，這就決定了這種經

濟合作不可能像歐洲聯盟和北美自由貿易區那樣緊密，而只能是一種建立在共同利益上的鬆散合作。與此相對應，次區域經濟合作就非常活躍，其中影響較大的主要有兩個。一個是澳新自由貿易區。從 20 世紀 60 年代中期起，這個貿易區內已經取消商品關稅，1980 年 7 月 1 日起又取消關稅配額和進口許可證制度，形成了一個比較完善的自由貿易區。另一個是東南亞經濟聯盟，簡稱東盟。東盟於 1967 年 8 月在曼谷成立，當時僅包括印度尼西亞、馬來西亞、新加坡、泰國、菲律賓 5 個國家，其后文萊於 1985 年、越南於 1995 年、緬甸和老撾於 1997 年、柬埔寨於 1999 年相繼加入，至此東盟成為擁有 10 個成員國的區域經濟一體化組織。1991 年 10 月東盟六國達成關於 15 年內將其建成為自由貿易區的協議；1994 年東盟又決定將提前五年，即於 2003 年建成自由貿易區；1998 年在越南召開的東盟首腦會議上又確定將自由貿易區提前到 2002 年；2002 年 1 月 1 日東盟自由貿易區宣告成立。

此外，南亞各國在 1985 年也創立了南亞區域合作聯盟。1990 年 11 月在馬爾代夫舉行了第五屆南亞區域合作聯盟首腦會議，並通過《馬累宣言》。1993 年 4 月 11 日在達卡會議上，各國首腦簽署了《南亞優惠貿易安排》，承諾會員國之間進口商品時，可以享受 10% 的關稅優惠待遇。不過，南亞諸國產業結構趨同，產品相互競爭的可能性遠大於相互間的互補性，加之經濟發展程度較低，短期內難以大力調整產業結構，這在一定程度上影響了區域經濟合作的深化。

在非洲，1964 年成立了中非關稅和經濟同盟，1967 年成立了東非經濟共同體。近幾年來，非洲大陸各種一體化組織發展迅速。據不完全統計，全非已有 40 多個地區性經濟合作組織和 8 個經濟一體化組織。1991 年 6 月，非洲 32 個國家的元首、政府首腦及其代表簽署了建立「非洲經濟共同體」的條約，該條約規定：到 2025 年間，分六個階段逐步建成一個「非洲經濟共同體」，最終在非洲實現商品、資金和勞務的自由流動，並建立統一的中央銀行，發行非洲統一貨幣。當然，由於歷史、政治和經濟等方面的諸多原因，其實際進程可能較為艱難坎坷。但面臨著淪為「第四世界」的巨大壓力和其他地區經濟集團化的嚴峻挑戰，到 21 世紀初，「非洲經濟圈」的建設有可能獲得比較順利的進展。

目前，中亞和獨聯體國家的經濟一體化也在迅速發展。蘇聯在解體后四分五裂，卻依然建立起獨聯體，這本身就說明在經濟一體化的世界潮流中，大多數蘇聯加盟共和國同樣需要某種一體化形式來加強彼此間的經濟聯合。但從長遠看，「獨聯體」這種形式還不足以幫助它們解決各自的經濟問題，因而它們會參與其他各種形式的地區經濟一體化。其中俄羅斯聯邦共和國在將

來的世界經濟合作中，較大可能是：其亞洲部分進入東亞經濟集團或西太平洋經濟區，其歐洲部分和另一些地處歐洲的獨立共和國逐步納入歐洲經濟圈。而中亞的一些獨立共和國將進而參加土耳其、伊朗等籌劃的黑海和里海經濟區，如1992年成立的黑海經濟合作區。此外，西亞經濟合作運動一度陷入沉默，近年又發出新的聲音。如海灣合作委員會各國1992年底達成協議，宣布從1993年起建立共同市場，統一進口關稅，以保證進口貨物在沙特、科威特、巴林、卡塔爾、阿曼和阿聯酋六國間的自由流動。不過要看到，西亞地區多為阿拉伯國家，在經濟上與北非的阿拉伯國家關係密切，與歐洲國家有著傳統的經濟聯繫。所以，西亞各國在未來的經濟一體化進程中，一種可能是會加強區域內的合作；另一種可能則是「各奔前程」，各自向歐洲經濟區和非洲經濟區靠攏。

由此可見，區域經濟一體化已是全球性的浪潮。這一方面反應了國際分工在當代進一步深化，各國（地區）之間的經濟關係日益緊密，生產和消費越來越超越國界走向國際化，各國（地區）經濟各自為政的局面已成過去，國家之間、地區之間經濟聯繫越來越需要更多的協調及相應的制度安排；另一方面，它又反應了多邊自由貿易體制正面臨巨大挑戰及區域性貿易保護主義抬頭的一種傾向。

區域經濟一體化的現狀和發展趨勢表明，這種經濟形式對成員國的經濟發展和外貿推動是利大於弊的，同時使得非成員國的對外貿易面臨著目前國際規則認可的新的障礙和限制，因此一國單槍匹馬地參與國際競爭將會困難重重。這就啟示我們，中國應當採取積極的態度去參與多種松散形式的國際經濟合作，並且努力創造條件，為中國將來進入某個或某些一體化經濟組織打下紮實的基礎。

例

美韓自由貿易協定正式生效

美韓自由貿易協定於2012年3月15日正式生效，這是韓國自2003年起推動與貿易夥伴簽署自由貿易協定以來的另一大成就。韓國是唯一與美國、歐盟、東南亞世界三大經濟體都簽署自由貿易協定（FTA）的國家，拼圖剩下的最后一塊是與中國和日本簽署中日韓自由貿易協定。

美韓自由貿易協定是韓國簽署的自由貿易協定中規模最大的，也是美國自1994年的北美自由貿易協定之后規模最大的貿易協定。韓國與歐盟的自由貿易協定已於2011年7月生效。

根據美韓自由貿易協定，從3月15日開始，美國出口韓國的大約80%的工業產品和2/3的農業產品將免關稅，包括航空航天設備、農業設備、汽車零部件、建築產品、化學品、電子設備、環境產品、鞋類及旅遊產品、紙製品、科技設備、運輸產品，以及飼養用的小麥、玉米、大豆和生皮、酒、堅果等。對於較敏感的美國牛肉和豬肉，將在未來10~15年內分階段取消關稅。兩國將在5年內分階段取消95%的工業及消費產品關稅。

這是美國與亞洲國家的第一個自由貿易協定，將有助於韓國創造35萬個工作機會，未來10年GDP增長5.7%。

而在協定生效的頭一年，美國對韓國出口將增加109億美元。兩國貿易額去年達10,004億美元。

奧巴馬政府希望美國的出口能在2015年增加1倍，目標鎖定對亞洲國家的出口，已有九國加入美國主導的跨太平洋夥伴協定（TPP）的協商。

韓國與美國於2007年即簽署自由貿易協定，由於兩國國內都出現強烈反對聲浪，加上政府更迭，在2010年雙方才重啟談判，韓國在美方關切的開放汽車市場妥協后，才於2011年分別獲得兩國國會通過。美國對韓國的汽車與零件出口可望增加54%。

10名接受韓國時報訪問的韓國著名經濟學家和市場分析師中，有6名認為美韓自由貿易協定對韓國有利，3位持中立看法，1位認為不利。

第三節　區域經濟一體化與國際貿易

區域經濟一體化與國際貿易因經濟一體化的層次不一，其對成員之間產生的貿易和經濟效應各有不同。通常，經濟一體化程度越高，所產生的效應和影響越大。

一、區域經濟一體化的潛在效益

（一）自由貿易區與關稅同盟

（1）增強的生產率使按照比較優勢的規律性提高專業化的水平成為可能。

（2）由於較好地開發出規模經濟的優勢，生產水平得以提高，進而使市場規模的擴大成為可能。

（3）改進了國際談判地位，使大規模地獲得較好的國際貿易條件成為可能。

（4）強化的競爭帶來了經濟效益的強制調整，加強了企業的融合與競爭。

(5) 技術進步引起生產要素的數量和質量的變化。

(二) 共同市場和經濟同盟

除獲得以上兩種經濟一體化的潛在的經濟效益，還可獲得以下三種潛在的經濟效益。

(1) 要素在成員之間跨境流動。
(2) 貨幣和財政政策的協調。
(3) 接近充分就業、高經濟增長和良性收入分配的目標成為統一的目標。

二、促進經貿集團內貿易的增長

在不同層次的眾多經濟一體化組織中，通過削減關稅或免除關稅，取消貿易的數量限制，削減非關稅壁壘，形成區域性的統一市場；加上集團內國際分工向縱深發展，經濟相互依賴加深，致使成員國間的貿易環境比第三國市場好得多，從而使區域經貿集團內成員國間的貿易迅速增長，集團內部貿易在成員國對外貿易總額中所占比重提高（見表7-2）。

表7-2　　　　　世界主要經濟貿易集團內部貿易比重　　　　　單位:%

年份 名稱	1980	1990	1995	2000	2004	2005
歐盟	61.8	67.4	66.4	67.2	67.3	66.5
北美自由貿易區	33.6	41.4	46.2	55.7	55.9	55.8
拉美南方共同市場	11.6	8.9	20.3	20.0	12.7	12.9
東南亞國家聯盟	17.4	18.9	24.5	23.0	25.8	26.2
亞太經濟合作組織	57.9	68.3	71.7	73.1	71.6	70.2

三、加大經貿集團在世界貿易中的影響力

(一) 提高談判能力

經貿集團的建立，對成員國經濟發展起了一定的促進作用，聯合起來的貿易集團的經濟實力大大增強。以歐洲共同體為例，1958年建立關稅同盟時，六個成員國工業生產不及美國的一半，黃金外匯儲備僅為美國的55%，出口貿易與美國相近。但到1979年時，歐洲共同體九國國內生產總值已達23,800億美元，超過了美國的23,480億美元的國內生產總值，出口貿易額是美國的兩倍以上，黃金儲備是美國的六倍多。在關貿總協定和WTO的多邊貿易談判中，歐盟以集團身分與其他締約方和成員方談判，敢於同任何一個大國或貿

易集團抗衡，達到維護自己貿易利益的目的。

(二) 增強輻射能力

在世界經濟一體化進程中，正在形成歐洲、北美、亞太三大貿易圈。在歐洲，以歐洲聯盟為中心的貿易圈在形成。歐洲聯盟大市場的前景吸引了其他歐洲國家，歐洲自由貿易協會同歐洲聯盟於1991年10月22日就建立歐洲經濟區達成了協議。東南歐和獨聯體國家也積極謀求同歐盟建立聯繫，北歐和東歐一些國家已提出參加歐盟的申請，並獲得歐盟的批准。

四、區域經濟一體化的負面效應

(一) 出現貿易轉移

區域經濟一體化的安排增加了改革的可信度，成員內部的協商不像多邊談判那麼麻煩，因而該安排產生了吸引力。這種安排如果設計得當的話，有可能通過提高地區經濟一體化組織內生產商的效率，提高競爭力；同時，通過擴大對來自區域之外的生產資料和生活用品的需求來促進全球貿易。但是，支持貿易壁壘的區域性安排可能人為地把來自外部國家的進口供應轉移給經貿集團內的國家，如果被排斥的外部供應廠商能夠以更低的價格供應商品的話，這樣就可能導致經貿集團參與者生產效率的下降。這種貿易轉移可能會像國家壁壘一樣不利於全球出口競爭。某些區域性安排中的「原產地條款」、用技術性檢驗和認證協議來保護經貿集團成員的措施，都有可能提高生產成本、降低競爭力，產生扼殺當地企業的后果。

(二) 對WTO構成挑戰

1947年的關貿總協定和1995年成立的WTO有關協定和協議規定，對地區經濟一體化的內部優惠採取例外，即不實施最惠國待遇條款。這實際上對非經貿集團成員構成了不平等待遇。在關稅同盟建立後，成員國內廠商採購產品可能從高成本的集團內部進口，取代了成員外更低成本產品的進口，不利於世界性的資源合理配置，違背了WTO宗旨。此外，在關稅同盟下，成員在關稅統一過程中，決策機構會更多地而非更少地偏向保護或者干預。如歐盟的貿易政策制定具有「餐館帳單問題」的特點。如果一批人去餐館就餐，並分攤飯費，每個人都會想點他們各自吃飯時不會去點的價格更高的菜肴，因為在某種程度上都會期待他人會負擔部分費用。這種情況也出現在歐盟貿易政策的制定中。保護的代價由歐盟所有的消費者承擔，與各個國家的國內生產總值成正比。生產商得到的好處與每個國家在歐盟中有關產品的生產份額成正比。如果歐盟內部大國能夠使歐盟委員會在某一具體領域內提出保護

主義的政策建議，所有的歐盟成員都將有一種願望——他們的一些產品也能得到保護，那麼這勢必會加重貿易保護的普遍壓力，對 WTO 的作用構成嚴重的挑戰。

這種情況也會出現在其他層次的區域經濟一體化形式中。

第四節　區域經濟一體化理論

第二次世界大戰后，區域經濟一體化現象引起廣泛關注，許多經濟學家對其進行研究和探討，提出了很多理論和學說。

一、關稅同盟理論

關稅同盟理論是由美國著名經濟學家範納（J. Viner）和李普西（R. G. Lipsey）提出的。按照範納的觀點，完全形態的關稅同盟應具備三個條件：一是完全取消成員國之間的關稅；二是對來自非成員國或地區的進口設置統一的關稅；三是通過協商方式在成員國之間分配關稅收入。範納和李普西關於關稅同盟的建立對成員國及非成員國影響的分析結論可以歸納為兩個方面：一是關稅同盟的靜態效果，二是關稅同盟的動態效果。

（一）關稅同盟的靜態效果

關稅同盟建立后，關稅體制成為對內取消關稅、對外設置差別待遇的共同關稅，產生了以下靜態效果。

1. 貿易創造效果

貿易創造效果（Trade Creation Effect）由生產利得和消費利得構成。關稅同盟成立后，在比較優勢的基礎上實行專業化分工。這樣，關稅同盟某成員國的一些國內生產品便被其他生產成本更低的進口的產品所替代，從而使國內資源的使用效率提高，擴大了生產所帶來的利益；同時，通過專業化分工，使本國該項產品的消費支出減少，而把資本用於其他產品的消費，擴大了社會需求，結果使貿易量增加。貿易創造的效果使關稅同盟國的社會福利水平提高。

如圖 7-1 所示，假設在一定固定匯率下，某一商品 M 在甲國用貨幣表示的價格為 40 元，在乙國為 30 元，在丙國為 25 元，設甲、乙兩國形成關稅同盟后相互取消關稅，對同盟外商品執行共同的關稅政策。

從圖 7-1 可以看出，在締結關稅同盟前，甲國憑藉徵收 100% 的高關稅有效地阻止來自丙國的 M 商品，乙國亦同樣如此，則甲、乙、丙三國間的貿易

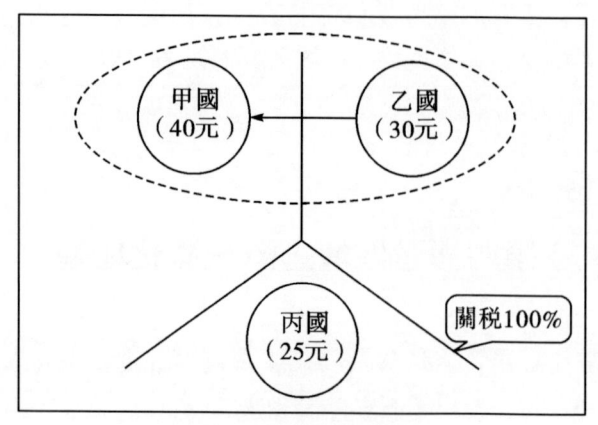

圖 7-1　貿易創造效果圖

被高關稅隔斷了。甲、乙兩國建立關稅同盟后，互相取消關稅，並對同盟外商品仍徵收 100%的關稅。甲國便從乙國進口並停止生產 M 商品，把生產 M 商品的資源用於生產其他商品，這樣就充分利用了要素資源。對乙國而言，由於甲國市場消費的 M 商品均由乙國生產，使其生產規模擴大，生產成本降低，乙國可獲得生產規模擴大的好處。因此，在甲、乙兩國締結關稅同盟后，創造出了從乙國向甲國出口的新的貿易和國際分工（專業化生產），這就是所謂的貿易創造效果。另外，由於甲、乙兩國結成關稅同盟而增加收入，對同盟外商品的需求也會有所增加，因此對丙國而言，亦有利可圖。所以，建立關稅同盟對整個世界都是有利的。

2. 貿易轉移效果

假定締結關稅同盟前，關稅同盟成員國不生產某種商品而是通過自由貿易免稅（或很低的關稅）從生產成本最低的國家進口產品；關稅同盟成立后，同盟成員國的該產品轉由同盟內生產成本最低的國家進口。如果同盟內生產成本最低的國家並不是世界上生產成本最低的國家，則進口成本較同盟成立前增加，消費支出擴大，使同盟國的社會福利水平下降，這就是貿易轉移效果（Trade Diversion Effect）。

如圖 7-2 所示，甲乙兩國締結關稅同盟前，假設甲國可以自由地從乙、丙兩國進口，甲國自然會從成本和價格最低的丙國進口。甲、乙兩國締結關稅同盟后，假定同盟按丙國 25 元與乙國 30 元的價格差距，制定 20%以上的統一關稅。於是，甲國把 M 商品的進口從關稅同盟以外的丙國轉移到同盟內的乙國，從成本較低的供給來源轉向成本較高的供給來源，這就是所謂的貿易轉移效果。在這一過程中，甲國和丙國都受到損失，同時，因不能有效地分配資源而使整個世界福利降低。

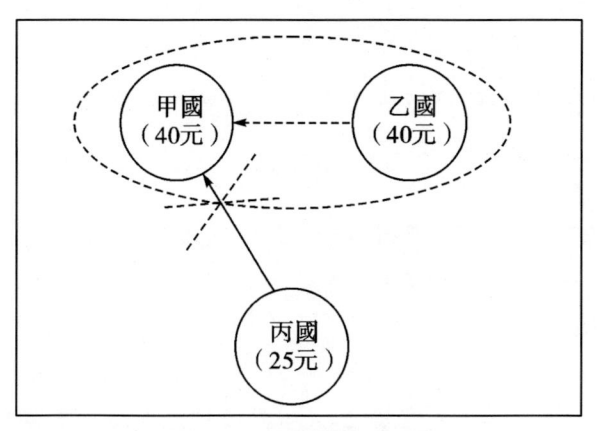

图 7-2　貿易轉移效果圖

3. 貿易擴大效果

成立關稅同盟後，甲國 M 商品的價格在貿易創造和貿易轉移的情況下都要比成立前降低。如果甲國 M 商品的需求彈性大於 1 時，則甲國 M 商品的需求就會增加，並使其進口數量增加，這就是貿易擴大效果（Trade Expansion Effect）。

貿易創造效果和貿易轉移效果是從生產方面來考察關稅同盟對貿易的影響，而貿易擴大效果則是從需求方面來進行分析。關稅同盟無論是在貿易創造還是在貿易轉移情況下，由於都存在使需求擴大的效應，從而都能產生擴大貿易的效果。因而，從這個意義上講，關稅同盟的建立可以促進貿易的擴大，增加貿易國的經濟福利。

4. 可減少行政支出

關稅同盟建立後，由於成員國之間廢除了關稅，貨物可以自由移動，取消或減少了關卡，故政府及企業均減少支出、節省開支。

5. 可以減少走私

關稅同盟建立後，貨物可以在同盟國之間自由移動，高關稅誘發的走私活動能較好地得到抑制。這樣，不僅可以減少查禁走私的費用支出，還有助於提高社會的道德水平。

6. 可增強同盟國對外談判的實力

關稅同盟的建立，使同盟國作為一個整體與其他國家或地區進行經貿談判，這必然使其談判力量大大增強，討價還價能力提高，較好地維護成員國的經貿利益。

（二）關稅同盟的動態效果

從性質上來說，關稅同盟對成員國的福利影響不都是靜態的，因為它影

響著成員國的長期經濟增長，因此會產生動態效果。

1. 提高資源使用效率

關稅同盟的建立使成員國的市場競爭加劇，專業化分工向廣度和深度拓展，使生產要素和資源配置更加優化。

2. 獲取規模經濟利益

關稅同盟成立后，成員國國內市場向統一的大市場轉移，自由市場擴大，從而使成員國獲得專業化與規模經濟利益。

3. 刺激投資

關稅同盟建立以后，市場的擴大、投資環境的改善會吸引成員國廠商擴大投資，也能吸引非成員國的資本向同盟成員國轉移。對同盟成員國而言，為提高商品競爭能力、改進產品品質、降低生產成本，需要增加投資。對非成員國而言，為了突破同盟成員國的歧視性貿易措施，它們會到同盟成員國內設立避稅工廠，以求獲得關稅豁免的利益。

4. 促進技術進步

關稅同盟建立后，市場擴大、競爭加強、投資增加、生產規模擴大等因素促使廠商願意投資於研究和開發活動，推動技術不斷革新與進步。

5. 提高要素的流動性

關稅同盟建立后，市場趨於統一，生產要素可在各成員國間自由移動，要素的配置更加合理，要素閒置的可能性降低了，從而使產量增加，提高了經濟效益。

6. 加速經濟發展

關稅同盟建立后，由於生產要素可在成員國間自由移動，市場趨於統一，競爭加劇，投資規模擴大，這不僅促進了研究與開發的擴大和技術的進步，也必將加速各成員國經濟的發展。

二、大市場理論

共同市場的建立，實現了商品及生產要素的自由流通，把原來被保護政策分割的單個國家的市場擴大成一個由多個國家組成的大市場，這種市場範圍的擴大給區域經濟帶來影響。西方經濟學家們對此做了大量的研究，提出了許多理論，其中最有影響力和說服力的是大市場理論，其代表人物是西托夫斯基（T. Scitovsky）和德紐（J. F. Deniau）。大市場理論的核心內容是：第一，通過國內市場向統一的大市場延伸，市場的擴大使得市場上的競爭更加激烈，而市場的優勝劣汰必將促進企業之間的分化，一些經營不善的小企業被淘汰，一些具有技術優勢的企業則最終在競爭中獲勝並且擴大了經營的

規模，實現了規模經濟和專業化生產；通過市場的擴大，創造激烈的競爭環境，進而達到實現規模經濟和技術利益的目的。第二，企業生產規模的擴大以及激烈的市場競爭必將降低商品生產的成本和銷售價格，而價格的下降會導致市場購買力的擴大和居民實際生活水平的提高，最后市場購買力的擴大和居民實際生活水平的提高反過來又會進一步促進投資的增加和規模的擴大，最終會使經濟開始滾雪球式地擴張。因此，大市場的形成會促進和刺激經濟的良性循環，帶動經濟蓬勃發展。

大市場理論為共同市場提供了有力的理論基礎，但仍然不十分完備，其主要不足在於：第一，該理論無法解釋國內市場規模較大的國家為何也積極地與其他國家實行區域經濟一體化；第二，根據大市場理論，建立共同市場是為了克服企業家的保守態度，但從國內經濟政策入手，克服國內的行業壟斷弊端，即使不建立共同市場，也可以使市場更具競爭力；第三，將競爭激化的規模經濟作為共同市場產生的依據有些勉強。

三、協議性國際分工原理

日本一橋大學教授小島清（Kiyoshi Kojima）在考察了經濟共同體內部分工的理論基礎以後，提出了協議性國際分工原理。協議性國際分工是指一國放棄某種商品的生產並把國內市場提供給另一國，而另一國則放棄另外一種商品的生產並把國內市場提供給對方，即兩國達成相互提供市場的協議，實行協議性國際分工。協議性分工不能通過價格機制來自動實現，而必須通過當事國的某種協議來加以實現，也就是通過經濟一體化的制度把協議性分工組織化。

小島清認為，以前的國際經濟學所講的只是在成本遞增情況下通過比較優勢、市場競爭形成國際分工和平衡，而對成本遞減或成本不變的情況卻沒有論及。但世界經濟發展的客觀現實證明，成本遞減是一種普遍現象。經濟一體化的目的就是要通過大市場化來實現規模經濟，這實際上也就是成本長期遞減的問題。因此，可以實行協議性國際分工，即各成員國各自生產一部分產品，而將另外一些產品的市場讓給其他成員國，這樣各國的生產規模都會成倍地擴大，商品的成本與價格會大幅度下降，市場需求量也會增加，這種分工使成員國獲得較好的規模經濟利益。但是要達成協議性分工，必須具備以下條件：

第一，兩個（或多數）國家的資本、勞動稟賦沒有多大差別，工業化水平和經濟發展階段大致相等，協議性分工的對象商品在哪個國家都能進行生產。在這種情況下，在互相競爭的各國之間擴大分工和貿易，既是關稅同盟

理論所說的貿易創造效果的目標，也是協議性國際分工理論的目標。

第二，作為協議分工對象的商品，必須是能夠獲得規模經濟的商品。規模經濟的獲得，在重工業和化學工業中最容易，在輕工業中較難，而在第一產業幾乎難以獲得。

第三，不論對哪個國家而言，生產協議分工的商品所得到的利益差別不大。也就是說，本身實行專業化的產業和讓給對方的產業之間沒有優劣之分，否則就不容易達成協議。

上述條件說明經濟一體化在經濟發展處在同等階段的國家之間更容易建立；在發達國家間，可以進行協議性分工的商品範圍較廣，利益也較大；生活水平和文化等互相類似、互相接近的國家或地區容易達成協議並能夠保證相互需求的均等增長。

四、綜合發展戰略理論

綜合發展戰略理論是由鮑里斯・塞澤爾基在《南南合作的挑戰》一書中提出並進行論述的，該理論主要對發展中國家經濟一體化的現象進行瞭解釋，主要內容如下：

（一）綜合發展戰略理論的主要原則

（1）經濟一體化是發展中國家的一種發展戰略，它不限制市場的統一，也不必在一切情況下都尋求盡可能高級的其他一體化形式。

（2）在發展中國家的一體化進程中，為了避免出現兩極分化，保證一體化的正常運作和各國經濟的均衡發展，必須建立強有力的共同機構來制定相應的政策，該政策由各成員國政府來共同實施。

（3）鑒於私營部門在發展中國家一體化進程中是導致其失敗的重要原因之一，因此有效的政府干預對於經濟一體化的成功至關重要。

（4）發展中國家的經濟一體化是集體自力更生的手段和按新秩序逐漸改變世界經濟的要素。

（二）發展中國家地區經濟一體化的主要因素

1. 經濟因素

（1）區域內經濟發展水平及各國間的差異；

（2）各國間經濟的相互依賴程度；

（3）新建經濟區的最優利用情況，特別是資源與生產要素的互補性及其整體發展的潛力；

（4）與第三國經濟關係的性質，外國經濟實體（尤其是跨國公司）在特

定的經濟集團及各國經濟中的地位；

（5）區域集團所選擇的一體化政策模式和類型的適用性。

2. 政治和機構因素

（1）各國間社會、政治制度的差異；

（2）各國間有利於實現一體化的「政治意志」狀況及穩定性；

（3）區域集團對外政治關係模式；

（4）共同機構的效率及其有利於集團共同利益的創造性活動的可能性。

(三) 制定經濟一體化政策應注意的問題

（1）各成員國的發展戰略和經濟政策應有利於經濟一體化發展；

（2）生產和基礎設施是經濟一體化的基本領域，集團內的貿易自由只應是這一進程的補充；

（3）在形勢允許時，經濟一體化應包括盡可能多的經濟和社會活動；

（4）應特別重視通過區域工業化來加強相互依存性，並減少發展水平的差異；

（5）通過協商來協調成員國利用外資的政策；

（6）對較不發達成員國給予優惠待遇，以減輕一體化對成員國兩極分化的影響。

綜合發展戰略理論突破了以往經濟一體化理論的研究方法，它認為以自由貿易和保護貿易理論來研究發展中國家的經濟一體化過於狹窄，主張運用與發展理論緊密相連的跨學科的研究方法，把一體化作為發展中國家的發展戰略，不限於市場的統一，主張經濟一體化的基礎是生產及基礎設施領域，強調有效的政府干預。同時，該理論充分考慮了發展中國家經濟一體化過程中國內外的制約因素，把一體化當做發展中國家集體自力更生的手段和按新秩序變革世界經濟的要素。此外，在制定經濟一體化政策時，該理論主張綜合考慮經濟因素、政治和機構因素。綜合發展戰略理論比較切合發展中國家的實際，故受到發展中國家普遍的歡迎，成為發展中國家經濟一體化的重要依據。

【案例分析】

1. 案例內容

歐洲的前途如何？

「遲早有一天，這個大陸的所有國家會在不失去自己特性或個性的情況下更加緊密地團結在一起，建立情同手足的歐洲兄弟關係；遲早有一天，除了

思想鬥爭——公開思想交流，不會有任何其他戰場；遲早有一天，子彈和炸彈會被選票所取代。」

這是雨果在1849年的預言，他的烏托邦式預言用了一個多世紀才開始成為現實。在此期間，歐洲大陸的兩次世界大戰和無數其他衝突奪去了數百萬人的生命。有時，似乎所有希望全部落空。如今，21世紀的來臨帶來了更加光明的前景和新的希望，但是，它也給歐洲帶來新的困難和挑戰。

歐盟已有25個成員國。正如一個新成員國的政界人士所說：「歐洲終於設法使它的歷史與它的地理協調一致了。」2007—2015年，歐洲將進一步擴大。與此同時，它的領導人認真地聽取公眾意見，將必須決定在何處劃定歐洲的地理、政治和文化邊界。

歐盟的基本共識是主權國家之間的協議！成為歐盟成員的主權國家決心同呼吸、共命運，把越來越多的主權集中交給歐盟職掌。它關係到歐洲人最關心的問題：和平、安全、參與性民主、法治和團結。這項共識正在整個歐洲得到加強和確認：4.5億人已經決定採取法治和以人道及人類尊嚴為基礎的悠久價值觀。

目前的技術革命正在使包括歐洲在內的工業化生活徹底改變。同時，它也造成跨越國界的新挑戰。單獨行動的國家不能有效解決問題，例如可持續發展、污染趨勢或社會團結的需要。僅憑國家政策不能實現經濟增長，各國政府也不能對生命科學領域的世界進展作出倫理方面的反應。油輪受損對海洋的污染以及切爾諾貝利式的核事故等事例說明，必須採取集體預防措施，保障「歐洲的共同利益」，並使世世代代受益。

擴大的歐洲是發生迅速和徹底變化的世界的一部分。這個世界需要找到新的穩定。歐洲受其他大陸的動亂的影響——不管是伊斯蘭世界宗教狂熱的復活、非洲的疾病和饑荒、北美的單邊主義傾向、拉美的經濟危機、亞洲的人口爆炸，還是工業和就業的全球性遷移。歐洲不僅應該集中精力進行自己的發展，還應該充分參與全球化。雖然歐洲聯盟可對自己的貿易政策成就感到自豪，但是它仍需作出很大努力才能以一個聲音講話，或者在世界政治舞臺上成為一個有分量的參與者。

歐盟機構已經證明了它們的價值，但是它們必須經過調整，才能應付將由一個不斷擴大的歐盟執行的越來越多的任務。歐盟的成員越多，就越容易變成使其四分五裂的離心力量。對國家利益的短期看法很容易使整個歐洲的長期重點脫離軌道。正是由於這個原因，參與這個史無前例的事業的每一個人必須承擔自己的責任，一舉一動都應使歐盟的體制能夠繼續有效地運作，現有制度的任何變化都必須確保歐洲的多極性得到尊重。歐洲的最寶貴資產

畢竟是它的豐富的多樣性——它的成員國之間的許多差異。

新的《憲法》旨在簡化各項條約，提高歐盟決策制度的透明度。歐洲公民需要知道誰在歐洲從事什麼工作，需要感到它與他們的日常生活息息相關。只有到那時，人們才會支持歐洲一體化的主張，有參與歐洲選舉的動力。《憲法》草案澄清了歐盟、它的成員國和各地區機構的權力。它明確規定，歐洲一體化基於兩種合法性：人民直接表達的意願和各國政府的合法性。民族國家仍是歐洲社會運作的合法框架。

《憲法》是使歐洲國家和人民共同行動進程中的又一關鍵步驟。最重要的是，正如歐洲國家的內部邊界一樣，憲法規定的機構和決策程序並不是一成不變的，它會隨著歐盟進一步朝著自己的目標邁進而改革，新一代的領導人也會在歐盟發展史上留下自己的烙印。

2. 分析要求

（1）雨果預言為何成為現實？

（2）歐盟的發展面臨什麼樣的挑戰？

（3）歐盟的進一步發展對世界政治、經濟和貿易等將產生什麼影響？

第八章　國際資本移動與跨國公司

第一節　國際資本移動

一、國際資本移動的主要形式

國際資本移動按投資期限的長短可分為短期資本移動和中長期資本移動；按資本持有者的性質可分為私人資本移動和國家資本移動；按投資者是否擁有或參與所投資企業經營管理可分為對外直接投資和對外間接投資。下面著重介紹對外直接投資和對外間接投資這兩種形式。

（一）對外直接投資

對外直接投資（Foreign Direct Investment，FDI）是指資本輸出者將其資本輸出到另一個國家，直接建立企業或公司並開展相關的生產經營活動。進行直接投資的投資者擁有對公司的控製權和企業經營管理權。按照不同的標準，對外直接投資可分為以下幾類：

1. 按投資者對投資企業擁有的股權比例的不同分類

按投資者對投資企業擁有的股權比例的不同，對外直接投資可分為獨資企業和合資企業兩種形式。

（1）獨資企業。獨資企業是指資本輸出者依據東道國的法律，在東道國境內設立的擁有全部股份的企業。投資者獨享企業的經營管理權，獨立承擔企業所有責任和風險。獨資企業又包括以下幾種形式：一是在國外成立分公司。母公司為擴大其生產規模或經營範圍，在東道國依法設立分支機構。分公司與母公司是不可分割的，它在母公司的授權下以母公司的名義開展相關的經營活動。分公司不是獨立法人，因此，母公司要對其負有連帶責任。二是在國外成立子公司。子公司是母公司投入全部股份資本，在東道國依法成立的獨立法人資格的企業。子公司可以以自己的名義進行生產經營活動，母公司無需對其承擔連帶責任。

（2）合資企業。合資企業是指兩國或兩國以上的投資者在選定的國家或

地區投資，並按照該投資國和地區的有關法律組織建立以營利為目的的企業。其主要特點是共同投資、共同經營、共擔風險和共負盈虧。國際合資企業可分為國際股權合資企業和國際契約合資企業兩種。國際股權合資企業是指投資各方無論以何種方式出資都將被折算成一定的股權比例，投資各方按股權比例分擔風險、分享利益。國際契約合資企業是指投資各方的資本投入以及對於風險的分擔、利益的分享都依據合作契約而非股權比例來決定。

從投資者的角度上，合資企業有以下幾點好處：

①可利用合資對象的銷售網絡和銷售手段進入特定地區市場或國際市場，開拓國外市場；

②合資各方可以在資本、技術、經營能力等方面相互補充，增強合資企業自身的競爭力；

③有利於獲得當地的重要原料、資源或生產基地；

④可以吸收對方的經營管理技能，獲得有經驗的技術、管理和銷售人員；

⑤有助於投資者進入某一新的業務領域，取得新技術；

⑥可以擴大企業的生產規模，較迅速地瞭解國外市場信息和滿足國外市場的需求變化；

⑦可獲取稅收減免等優惠待遇；

⑧分散或減少國際投資中的風險；

⑨可更好地瞭解東道國的經濟、政治、社會和文化，有助於投資者制定正確的決策；

⑩有當地資本投入，可能會避免被徵收或被排擠的影響，減少和克服差別待遇和法律障礙，有助於緩解東道國的民族意識和克服企業文化的差異。

當然，合資企業也有一些不利因素，主要表現在：投資各方的目標不一定相同；經營決策和管理方法不一定一致；市場意向和銷售意向方面可能產生分歧；投資的長、短期利益難以統一等。因而這容易導致投資者之間的摩擦，所以合資企業經營的成功往往取決於投資者各方的共同意願和共同努力。

2. 按投資者投資組建方式的不同分類

按投資者投資組建方式的不同，對外直接投資可分為收購方式、創建方式、合作經營、利潤再投資四種形式。

（1）收購方式。收購方式是指一個企業通過購買投資所在國現有企業的股權而直接對該企業進行經營和管理的方式。

這種方式的好處是：

①投資者能以最快的速度完成對目標市場的進入，特別是對製造業，這一優勢更為明顯，它可以省掉建廠時間，迅速獲得現成的管理人員、技術人

員和生產設備；它還可以利用被收購企業在當地市場的分銷渠道以及被收購企業同當地客戶多年往來所建立的信用，迅速建立國外產銷據點，抓住市場機會。

②有利於投資者獲得在公開市場上不易獲取的經營資源。如通過收購發達國家的企業，獲得該企業的先進技術和專利權，提高公司的技術水平；通過收購發展中國家的企業，獲得適合當地市場狀況的中間性技術和適用性技術。

③迅速擴大產品種類。如果潛在收購對象同收購企業的產品種類差別很大時，收購方式可以迅速增加收購企業的產品種類，尤其是收購企業欲實行多樣化經營時，如果缺乏有關新的產品種類的生產和營銷方面的經驗時，採取收購方式更為妥當。

④收購方式對經營帶來的不確定性和風險小，便於企業融通資金，較快地取得收益乃至收回投資。此外，這一方式也可作為資金外逃以避免政治風險的手段。

但是，這種投資方式也存在以下的不足：

①價值評估困難。這是企業收購過程中最複雜的難題。其主要原因有三個：一是不同的國家有不同的會計準則。有些目標企業為了逃稅漏稅而偽造財務報表，有時財務報表存在這樣或那樣的問題，這些因素都增加了收購時價值評估的困難。二是有關國外市場的信息難於收集，可靠性也差，因此對收購后該企業在當地銷售潛力和遠期利潤的估計也較困難。三是企業無形資產（如商業信譽）的價值評估比較困難。

②被收購企業與收購企業在經營思想、管理制度和方法上可能存在較大的差異，當投資企業缺乏合格且勝任的管理人員時，可能無法對被收購企業實行真正的經營控制，甚至造成兼併失敗。

③被收購企業的產品、工藝、技術乃至規模和地理位置等，可能同收購企業的戰略意圖、經營經驗不完全符合，如果收購企業缺乏經營調整能力，被收購企業可能會妨礙其長期發展。

（2）創建方式。創建方式是指在投資所在國建立新企業或對其他實際資產進行投資的方式。

這種方式的好處在於：

①企業可選擇適當的地理位置進行投資，並按照自己所希望的規模籌建新企業，妥善安排工廠佈局，對資本投入和支出實施完全的控制。

②從組織控制的角度來看，創建方式的風險小。伴隨著新企業的建立，可以實施一套全新的符合投資方管理風格和技術水準的管理制度，這樣既便

於推行新的信息和控製程序，使派出的管理者易於適應，又可以避免收購方式下原有管理人員、職工對外來管理方式的抵制。

③企業可以機器設備、原材料、技術、工業產權等投資方式入股，這樣，既能帶動投資企業的商品輸出，又能使市場轉讓風險較大的信息、技術得以充分利用。

但是這種方式也存在以下不足：

①進入目標市場緩慢。由於創建方式的週期長，在國際市場變化很快的情況下，可能會出現市場對投產產品需求量和品質要求都發生變化，從而使經營風險加大，企業受到損失。

②市場爭奪激烈、經營風險大。通過創建方式建立的企業要占據一個市場份額會涉及市場的重新分配，這必然會加劇競爭，可能會招致其他企業的報復，使經營的風險性加大。

總之，創建新企業能夠促進生產能力、產出和就業的增長，而收購方式只是改變一家企業的所有權。一般而言，收購方式的優點往往是創建方式的缺點，而收購方式的缺點往往正是創建方式的優點，因此，收購和創建是對外直接投資的兩種可交替使用的兩種投資方式。

（3）合作經營。合作經營是指國外投資者根據投資所在國法律，與所在國企業通過協商簽訂合作經營合同而設立契約式企業的投資方式，這類企業也稱為合作企業或契約式合營企業。簽約各方可不按出資比例，而按合同條款的規定，確定出資方式、組織形式、利潤分配、風險分擔和債務清償等權利和義務。

（4）利潤再投資。利潤再投資是指投資者在國外企業獲得的利潤並不匯回本國，而是將其作為保留利潤額對該企業進行再投資的投資方式。雖然，這種對外投資並沒有涉及資本的流出和流入，但也是屬於一種直接投資。

例

海外併購：技術比資源更緊要

在世界經濟前景黯淡的局面下，全球併購市場日漸冷清，而相比之下中國的併購市場則略顯暖意。經過多年的資本累積，羽翼漸豐的中國企業逐漸開始走向海外，在吸引外資的同時，也在進行資本國際輸出。

總體來看，中國企業海外併購多集中在自然資源領域。清科研究中心統計數據顯示，2009 年以來公布的多個併購案例中，能源、礦產資源領域的併購占了絕對的比重。趁國際資源價格下跌，中國企業出海「抄底」，雖有利於

提高全球資源配置能力，但這也露出中國資源類企業的一絲無奈。在「粗放型」經濟增長模式下，經濟增長主要依靠高額的固定資產投資來拉動，從而引發能源、礦產類資源需求高漲。為掌握更多資源，保障企業的平穩運行，海外併購成了資源類企業的現實選擇。然而，高能耗、低水平的粗放型增長模式難以實現經濟的可持續發展，「集約型」的增長方式才是中國經濟發展的正確方向。實現增長方式的轉變已經成為當今經濟社會的主題，而經濟增長速度的放緩恰好為轉型創造了有利條件。在當前危機中，淘汰落后產能、提高企業的技術水平，是經濟增長模式轉型的重中之重。

提高企業的技術水平，無外乎自主研發和外部引進兩種途徑。自主研發雖然可以從根本上提高企業的技術實力，但是在前期科研投入少、科研實力薄弱的情況下，自主研發耗時較長且風險較大。在目前中國產業急需升級的情況下，採用「拿來主義」直接引進國外已經基本成型的技術未嘗不是一種快捷的方式。相對於資源類企業的海外併購，技術型企業的併購金額相對較小，不易引起輿論的抵制，所面臨的併購風險也就相對較小。因此，當前的經濟環境，也是中國企業海外併購技術型企業的最佳時機。

2009年以來，中國企業海外併購技術型企業主要集中在IT、機械製造等傳統行業，被併購企業的技術都是併購方所急需的，併購的規模及影響力都較小。然而，中國電子信息、裝備製造、生物醫藥等行業與國外都存在較大差異，海外併購這些領域具有一定優勢的技術型企業存在廣闊空間。

（源自清科研究中心李魯輝《海外併購：技術比資源更緊要》）

(二) 對外間接投資

對外間接投資（Foreign Indirect Investment）是指投資主體通過向東道國提供貸款或在東道國購買有價證券的方式進行投資。對外間接投資與對外直接投資的根本區別在於對企業的經營活動有無控製權。對外間接投資者並不直接參與國外企業的經營管理活動，而是通過國際資本市場（或國際金融證券市場）進行投資活動。對外間接投資包括借貸資本的輸出和證券投資兩種方式。

1. 借貸資本的輸出

借貸資本的輸出是指投資方通過向東道國政府或企業提供貸款或出口信貸等方式進行投資。它包括政府援助貸款、國際金融組織貸款、國際金融市場貸款和出口信貸等形式。

（1）政府援助貸款。政府援助貸款是指資本輸出國政府直接向東道國政府貸款。政府援助貸款具有利率低、附加費用少、貸款期限長、贈與成分大等特點，並且多數政府貸款與項目相聯繫，例如，1996年，日本政府向中國

提供了1,700多億日元貸款，其貸款主要用於中國環保項目建設。

（2）國際金融組織貸款。國際金融組織貸款是指國際貨幣基金組織、世界銀行以及各大洲開發銀行等機構向投資東道國提供的貸款。一般情況下，國際金融組織貸款的貸款條件也比較優惠。

（3）國際金融市場貸款。國際金融市場貸款是某些資本輸出國的大銀行所提供的商業貸款，其利率相對較高，但是商業銀行對貸款國使用貸款沒有要求，對用途也沒有規定。

（4）出口信貸。出口信貸是指一個國家為了鼓勵商品出口，提高商品的國際競爭力，通過銀行對本國出口商或外國進口商提供的貸款。一般情況下，這種信貸金額較大、期限較長，例如，對成套設備、大型船舶等商品的出口提供出口信貸。

2. 證券投資

證券投資是指投資者在國際證券市場上購買外國企業或政府的中長期債券，或在股票市場上購買上市的外國企業股票的一種投資活動。證券投資者一般只能取得債券、股票的股息和紅利，對投資企業並無管理的直接控製權，因此，它屬於間接投資。

二、國際資本移動的原因

當今世界經濟中，存在大量的國際資本的移動，而促使如此之多的國際間資本移動的原因也是多方面的，具體有以下幾個方面：

（一）追求更高的資本報酬

企業進行經營是為了追求利潤最大化，而作為投資者，其進行國際投資的主要目的自然是為了獲得更高的資本報酬。例如，一國的資本報酬率高於其他國家的資本報酬率，那麼別的國家居民就會購買該國的債券。也就是說，當在國外投資比在國內投資更有利可圖時，資本必然流向國外。因此，追求更高的資本報酬是國際資本移動的原因之一。

（二）規避經營風險

收益與風險是並存的，有收益必然有風險，投資也一樣具有風險，比如，企業要面臨市場的波動、銀行的破產、匯率的變化、政局的不穩等風險。如此之多風險的存在影響著資本的收益率。在既定的風險條件下，資本會流向收益率高的地方；在收益率既定條件下，資本則會流向風險較小的地方。所以，在資本國際流動過程中，投資者會綜合考慮風險和收益兩個因素，採取資本組合的方法，以規避和分散風險。

(三) 開拓國際市場、尋求更穩定的資源供應

隨著企業經營規模的不斷擴大，同時，又有很多其他競爭者相繼進入本行業，這些都使得很多大企業必須在擁有國內市場的基礎上開拓國際市場，那麼，開拓國際市場必然需要資本投資，有些企業以購買國外債券股票的形式投資，有的則是直接投資進行生產經營。

除了開拓國際市場，具有實力的大企業集團也會出於尋求自然資源而進行海外投資，如開發和利用國外石油、礦產以及林業等資源。另外，很多企業通過對外投資生產，利用國外廉價的勞動力降低生產成本。因此，穩定、廉價的資源也是促使國際資本移動的重要原因。

(四) 受東道國優惠政策的吸引

為了吸引外來投資，加速本國經濟發展，東道國會向投資方提供各種優惠的政策，因此，很多企業會在東道國進行直接投資，即投資於生產並進行經營管理，這樣可以減少投資風險，降低投資成本，獲取高額利潤。因此，東道國的鼓勵政策對直接投資具有強烈的吸引力。20世紀80年代以來，中國、印度等發展中國家相繼進行經濟體制改革，制定積極的開放政策，尤其是對海外投資給予更多的優惠政策，所以，我們看到，目前中國已經是吸引外資的大國。如表8-1所示，中國吸引外資額逐年增加。

表 8-1　　　　　2001—2009 年中國實際利用外資額　　　單位：億美元

年份	2001	2002	2003	2004	2005	2006	2007	2008	2009
利用外資額	468.46	527.40	535.05	606.30	603.25	630.21	826.58	923.95	900.33

第二節　跨國公司

一、跨國公司的定義

聯合國在1974年第一次提出跨國公司（Multinational Corporation，MNC）的定義。跨國公司是所有在兩個或兩個以上國家控製了資產的企業，這些資產包括工廠、礦山、銷售機構等。控製是它最關鍵的內容。

在1986年，聯合國《跨國公司行為守則草案》重新定義了MNC，改名為Transnational Corporation（簡稱TNC）。「本守則中使用的跨國公司一詞系指在由兩個或更多國家的實體所組成的公營、私營或混合所有制企業，不論此等實體

的法律形式和活動領域如何；該企業在一個決策體系下營運，通過一個或一個以上的決策中心得到具有吻合的政策和共同的戰略；該企業中各個實體通過所有權或其他方式結合在一起，從而其中一個或更多的實體得以對其他實體的活動施行有效的影響，特別是與別的實體分享知識、資源和承擔責任。」

根據上述定義，可以歸納出跨國公司的三個基本要素：

（1）在兩個或兩個以上國家擁有實體，不論那些實體的法律形式和從事的領域如何。

（2）在一個決策體系下運作，允許一個或更多的決策中心制定出一致的國際貿易政策和共同戰略。

（3）所有的實體通過所有權或其他因素結合在一起。這些實體能夠互相產生重要的影響，並能共享知識、資源和共同承擔責任。

新的定義已無「控製」一詞，也不要求跨國公司一定採取股權投資的形式。跨國公司新的定義對傳統的定義提出了挑戰：非股權安排會形成跨國公司嗎？傳統的觀點一般認為，跨國公司是通過對外直接投資而形成的，而對外直接投資意味著所有或部分必要的生產要素轉移到國外並對這些要素的國外使用進行控製，如果不滿足這些條件，一個公司即使有跨國經營的行為，例如出口、許可證協議、跨國公司的特許經營等，也只能稱其為從事跨國經營的國際企業，而不是跨國公司。新定義則表明，一些純粹的對外貿易形式（許可證、特許經營和管理合同等），並沒有擁有國外股權或對其進行控製，但被納入了跨國公司的範疇。製造業的跨國公司主要通過對外直接投資的方式建立，而服務業的跨國公司則採用了多種形式。

在服務業，一些跨國服務公司嚴格地符合傳統的定義。例如，在許多國家擁有分支機構的跨國銀行和跨國零售企業，在世界各主要中心設立了由母公司控製的辦事機構的日本跨國貿易公司。但是，許可證和管理合同等國際投資的新形式，對於傳統的跨國服務公司的定義提出了新問題。從形式上看，許可證協議、特許經營和管理合同等只是把技術或管理技巧賣給了其他的實體，它不包含任何股權。並且，他們使用外部市場，而不是在跨國公司內部實現內部化。因此它們不能成為對外直接投資的形式。尤其是國際許可證協議一定被認為是服務貿易而不是投資，因為通過許可證協議，被許可方控製了已經轉讓的生產要素（包括技術等）。雖然在許可證協議中包括一些適用於被許可方的限制和義務，但不能由於這些限制和義務就認為被許可方受到了控製，從而把國際許可證協議當成 FDI 的形式。

同理，為管理外國公司的資產而簽訂的管理合同也是服務貿易的一種形式。管理服務被出售，但這種生產要素並沒有被母公司控製。就管理合同的出售方

而言，非股權投資是必要的，它只提供其管理方法和管理經驗。管理合同的買主最終擁有和控製了生產要素的使用權，正如他擁有和控製了他的土地、勞動和資本一樣，合同的賣主只控製其運作過程。例如，飯店的合同管理。

特許經營是指特許方將自己所擁有的商標、商號、產品、專利和專有技術、經營模式等，以特許經營合同的形式授予受許人使用，受許人按合同規定，在特許人統一的業務模式下從事經營活動，並向特許人支付相應費用。麥當勞和31美國風味冰淇淋的跨國經營模式就是最好的例子。

但是，從巴克利開始，卡森、鄧寧等也沿著忽視股權標準的方向發展了跨國公司的定義。

鄧寧在研究飯店業時指出，為了提高全球一體化的利益和保證增進母公司的最大利益，以股權為基礎的控製不是必要的。卡森也認為：跨國公司不一定是對外直接投資者，因為在國外幾乎所有的資源都能夠租用或雇傭，而不需要完全地擁有。

在服務業的出口、非股權安排和對外直接投資等跨國經營的形式中，除了非股權安排，對外直接投資比出口顯示出更大的作用。FDI在服務業的跨國經營中起到重要作用的原因之一就是，許多服務是無形的。在國際服務業中，有許多服務項目，從一開始就不能選擇出口，為了向國外提供這些服務，提供者不得不選擇FDI，把企業的一些生產要素如資本或勞動轉移到消費者所處的地方。其生產—傳送—使用環節只能在國外進行，而不能跨越兩國完成。這包括通過FDI建立永久性的設施（如在銀行業、零售業、廣告業、會計業），或要求服務提供者暫時的位置調整如勞動力的流動（如在諮詢業）。每一種服務FDI的規模和模式都和製造業的情況一樣，取決於跨國公司克服當地企業所擁有的競爭優勢的能力。

因此，當今跨國公司的建立包括股權安排和非股權安排兩類方式，跨國公司的定義和範圍已經不僅僅局限於製造業的跨國公司，也包括大量的服務業的跨國公司。許多跨國服務公司已家喻戶曉，例如聯邦快運、麥當勞、花旗銀行、泛美航空、希爾頓等。《財富》雜誌2001年全球500強跨國公司的排名中，美國的沃爾瑪百貨公司以1,933億美元的營業額位居第二位，微軟公司和英國的電信等跨國服務公司榜上有名。

二、跨國公司的特徵

（一）國際化經營規模大

跨國公司擁有雄厚的資金、先進的技術、科學的管理體制、巨大的銷售規模和遍布全球的分支機構。《2002年世界投資報告》披露，目前，全球的

跨國公司大約有 6.5 萬家。這些跨國公司擁有大約 85 萬家國外分支機構。2001 年，這些分支機構的雇員大約有 5,400 萬人，而在 1990 年只有 2,400 萬人。這些公司的銷售額大約是 19 萬億美元，是 2001 年全球出口額的兩倍多。跨國公司的分支機構目前分別占全球 GDP 的 1/10 和全球出口量的 1/3。如果把跨國公司在全球範圍內的國際分包、生產許可證發放、合同製造商等活動都考慮在內，那麼，跨國公司占全球 GDP 的份額就會更高。在全球最大的 100 家跨國公司中，來自發展中國家的只有 5 家。

(二) 實行全球戰略

所謂全球戰略是指跨國公司將其全球範圍的經營活動視為一個整體，其目標是追求這一整體利益的最大化，而不考慮局部利益的得失。要求在全球範圍內實現資源的最佳配置：即以最低的成本生產，以最高的價格銷售，盡可能提高全球市場佔有率和全球利潤率。跨國經營的主要方式是商品貿易、直接投資和技術轉讓。為實現公司全球利益最大化，公司要合理地安排生產，要在世界範圍考慮原料來源、勞動力雇傭、產品銷售和資金利用；要充分利用東道國和各地區的有利條件；要應付世界市場上同行業的壟斷競爭。這在客觀上就要求公司把商品貿易、直接投資、技術轉讓三者結合起來，相互利用，從公司的整體利益以及未來發展著眼，進行全面安排。

(三) 公司內部實現「一體化」

總公司與子公司、子公司與子公司之間相互配合協作，從而形成整體。跨國公司的管理體制多種多樣，但原則上都是集中決策、分散經營。為實現公司全球戰略，需要統一指揮，協調步驟，以符合公司整體利益，形成整體效應。為適應東道國的投資環境及各市場變化，也需要子公司能夠靈活反應。因而，一方面通過分級計劃管理落實公司的全球戰略安排，另一方面則通過互通情報、內部貿易來共擔風險。

(四) 產品多樣化

產品多樣化是跨國公司發揮其經營優勢、降低風險的重要方法。跨國公司為了使自己的產品具有「全球性」的形象，成為「世界產品」，除使用統一的商標和廣告中某些統一的標示外，還推出系列化產品，實現多樣化、差異化（不同檔次和款式），以適應不同國家、不同類型消費者的需要。

三、跨國公司的內部貿易

(一) 跨國公司內部貿易的定義

跨國公司的内部貿易是指跨國公司的母公司與子公司、子公司與子公司

之間的貿易，即在跨國公司內部進行的產品、原材料、技術與服務的交換。它包括三種類型的交易：母公司對其國外子公司的銷售；國外子公司對其母公司的銷售；同一跨國公司體系在一國的子公司向另一國子公司的銷售。跨國公司的內部貿易發展很快，在整個世界貿易中和一些發達國家的對外貿易中，都占到很大的比重。1966年跨國公司的內部貿易占到世界貿易的22%，1980年這個比例上升到25%。在20世紀80年代初期，跨國公司的內部貿易在資本主義世界貿易中所占的比重已達到30%~40%。1993年跨國公司的內部貿易，約占世界貿易的1/3。跨國公司除了進行內部貿易外，還與局外企業進行大量的貿易。

(二) 戰后跨國公司內部貿易發展的原因

1. 跨國公司交易成本較低

與直接向外部市場購買和銷售相比，它可以更好地控製供給和銷售，減少交易過程中談判、簽約、履行合同所發生的各種費用，這在技術貿易交易中尤為明顯。

2. 便於實行跨國公司的全球戰略，實現全球利益最大化

跨國公司體系內貿易的規模和定價，有助於跨國公司實現全球戰略，並且有助於通過內部轉移價格謀取高額利益。

3. 適應規模經濟和高技術產品生產的需要

在電子、汽車、電信等行業中，規模經濟和技術密集程度需求都很高，跨國公司實行國際化生產和經營可以擴大生產規模，提高產品質量。

4. 降低風險

在完全受市場自發力量支配的情況下，企業經營活動面臨著投入供應的數量、質量、價格等不確定的許多風險。跨國公司的內部貿易可以大大降低外部市場造成的經營不確定的風險。另外，可以迴避技術等中間產品的外部市場失靈問題。

(三) 跨國公司內部貿易價格

跨國公司為了實現其全球戰略目標，協調企業內部各部門、各公司之間的關係，實行內部定價策略。它集中體現在調撥價格上。

調撥價格又稱轉移價格，是指跨國公司根據其全球戰略目標，在母公司與子公司、子公司與子公司之間進行商品、勞務或技術交易時所採用的內部價格。其制定不受市場一般供求關係的影響，而以實現公司的全球戰略、追求全球最大利潤為目標。

跨國公司運用轉移價格的主要目的是：

1. 減少稅負

減少稅負通常是跨國公司制定轉換價格時所考慮的主要目標。減少稅負主要包括減少所得稅和關稅兩種。各東道國的所得稅率高低不一，跨國公司利用轉移價格可以降低帳面利潤，以減少稅款，同時也可以把盈利從高稅率國家的子公司轉移到低稅率國家的子公司，以減少公司的納稅總額。另外，對向高關稅國家的子公司銷售商品時，以較低的轉移價格供貨，可以減少子公司的進口稅負擔。

2. 轉移資金

跨國公司在其全球經營中，不僅要充分利用眾多的資金市場進行籌資和投資，還需要在整個公司體系內統籌調度資金，使多餘的資金能得到集中使用，投往可獲高利的地方。但不少東道國，尤其是發展中國家，對利潤的匯出都作了許多限制性規定。跨國公司可以運用轉移價格，以較高的轉移價格向設在某東道國的子公司出售商品，繞過東道國對資金移動的限制。

3. 調節利潤水平

根據經營需要，通過制定轉移高價或轉移低價來調整跨國公司的帳面利潤水平。利潤水平過高會招致東道國政府要求分享盈利，誘使競爭者進入市場，工會要求提高工資，還會引起當地居民的反感。利潤水平過低則不易在當地取得信貸、籌集資金和銷售證券。

4. 增強子公司在國際市場上的競爭能力

跨國公司也將轉移價格作為促進國外子公司建立與發展的手段。如果子公司在當地遭遇強有力的競爭，或要取得新市場，跨國公司就採用轉移低價，降低子公司的成本，以提高子公司的競爭能力。同時低價高利也可以提高子公司在當地的信譽，便於子公司在當地發行證券或取得信貸。

5. 減少或避免風險

可以減少或避免匯率的風險。如果預測某一子公司所在國貨幣可能貶值，跨國公司就可以採取子公司高進低出的辦法，將利潤和現金餘額抽回，以減少因貨幣貶值造成的損失。對於其他政治、戰爭等風險也可以作出類似的選擇。

四、跨國公司和國際貿易

戰後，跨國公司不僅數量日益增加，而且在世界經濟貿易中的地位不斷提高，對國際貿易發展起著舉足輕重的作用，產生了重要影響。

（一）跨國公司的發展促進了國際貿易的增長

跨國公司通過股權和非股權安排等方式建立了在全世界範圍的生產、銷

售、研發的分工體系，通過公司內部貿易和公司外部貿易的戰略安排追求利潤最大化。這種全球的網絡體系，通過資本、技術、信息、管理和品牌等要素的國際化得以實現，也推動了貨物、服務和這些要素進一步的國際化。

跨國公司的內部貿易和外部貿易極大地增進了貨物貿易量和服務貿易量，有數據表明，20世紀90年代末期，包括跨國公司外部和公司內部貿易在內，涉及跨國公司的貿易大約占全球貿易總額的2/3。跨國公司一般具有技術的優勢，在跨國公司的內部貿易中，技術貿易佔有的比重很大。據統計，世界上最大的422家跨國公司掌握和控製了資本主義技術生產的90%和技術貿易的3/4。

(二) 跨國公司影響國際貿易的部門結構

跨國公司在不同時期投資的部門和重點不同。跨國公司主要是從19世紀60年代在發達國家興起的。發達國家一些大型企業通過對外直接投資，在海外設立分支機構和子公司，當時具有代表性的是3家製造業企業：1865年，德國弗里德里克·拜耳化學公司在美國紐約州的奧爾班尼開設一家製造苯胺動工廠；1866年，瑞典製造甘油、炸藥的阿佛列·諾貝爾公司在德國漢堡開辦炸藥廠；1867年，美國勝家縫紉機公司在英國的格拉斯哥建立縫紉機裝配廠。美國的威斯汀豪斯電氣公司、愛迪生電氣公司、伊斯特曼·科達公司以及一些大石油公司也都先后到國外活動。英國的尤尼萊佛公司、瑞士的雀巢公司、英國的帝國化學公司等都在這一時期先后到國外投資設廠，開始跨國性經營，成為現代跨國公司的先驅。

跨國公司可以在資本和技術密集型的製造業部門投資，也隨著產品的生命週期，把國內的一些環境污染嚴重或勞動力成本較高的夕陽工業轉移到落后國家。到20世紀80年代中期，服務業跨國公司迅速發展，對服務業的直接投資占世界對外直接投資總額的約40%。服務業主要包括：貿易、金融、運輸、財務、保險、電信、廣告、銀行、諮詢、信息、房地產、研究與開發、管理、教育、衛生及其他等。

跨國公司投資的行業變化直接影響著國際貿易商品結構的變化。它集中反應在國際貿易商品結構中製成品和服務貿易的比重上升，初級產品的比重下降。例如，在製成品貿易方面，少數跨國公司控製著許多重要製成品貿易。20世紀80年代，22家跨國汽車公司控製了資本主義汽車生產的97%。高科技產品領域更是如此。10家跨國公司控製了世界半導體市場，美國公司在世界計算機市場上所占的份額為75%~80%；日本、美國、瑞典和德國跨國公司控製著世界機器人生產和銷售的73%，而日本一國即占50%。

（三）跨國公司影響國際貿易地區分佈

跨國公司海外投資主要集中在發達國家，發達國家是國際直接投資的主體。跨國公司海外投資的 3/4 集中於發達國家和地區，其設立的海外子公司有 2/3 位於此。跨國公司通過內部貿易和外部貿易促進了發達國家之間的貿易，帶動了這些國家對外貿易的發展。20 世紀 80 年代，發達國家貿易額占國際貿易總額的 70%～80%。

發展中國家和地區吸收了跨國公司海外直接投資總額的 1/4、海外子公司數量的 1/3。跨國公司在發展中國家生產的產品大多為附加價值較低的勞動密集型產品和初級產品，因而使其在國際貿易中的份額較小，與其吸收海外投資的比重相當。

（四）跨國公司使國際貿易方式多樣化

跨國公司通過在海外設置自己的貿易機構或建立貿易為主的子公司，經營進出口業務；由於跨國公司內部分工的發展，公司內部交易範圍擴大。這與傳統貿易相比，貿易中間商、代理商的地位相對下降。與此同時，國際貿易的方式也多樣化，出現了加工貿易、補償貿易和國際分包合同等形式。

（五）跨國公司和各國貿易政策

隨著國家間貿易摩擦的加劇，跨國公司日益成為繞開貿易壁壘、占領對方市場的主要手段。通過在東道國投資設廠，投資企業就可以與東道國企業在同樣的條件下競爭——當地生產，當地銷售。此外，由於地區經濟一體化的發展，貿易集團內部具有許多非成員國不能享受的優惠，通過對外直接投資在當地設廠就可以享受這些優惠。例如，進入歐盟某一成員國的外資可以享受貿易集團內部的優惠。

另外，跨國公司希望投資東道國更多的行業，希望有更為自由和便利的貿易環境，因而跨國公司總是通過對東道國政府施加壓力，影響政府的貿易和投資政策，要求政府為其創造良好的貿易和投資環境。

【案例分析】

1. 案例內容

吉利收購沃爾沃，機遇與挑戰並存

中國浙江吉利控股集團有限公司於 2010 年 3 月 28 日在瑞典第二大城市哥德堡與美國福特汽車公司簽署最終股權收購協議，吉利集團以 18 億美元的收

購價獲得沃爾沃轎車公司100%的股權及相關資產，創下中國收購海外整車資產的最高金額紀錄。吉利計劃利用中國市場的消費潛力及低勞動力成本，使沃爾沃轎車公司在2011年前扭虧為盈。

浙江吉利控股集團有限公司是一家以汽車及汽車零部件生產經營為主要產業的大型民營企業集團，始建於1986年，經過18年的建設和發展，在汽車、摩托車、汽車發動機、變速箱、汽車零部件、裝潢材料製造、高等教育、旅遊和房地產等方面都取得了輝煌業績，資產總額已經超過50億元；特別是1997年進入汽車製造領域以來，憑藉靈活的經營機制和不斷的創新，快速成長為中國經濟型轎車的主力品牌。世界品牌實驗室發布2008年度中國500強最具價值品牌，吉利汽車連續四年躋身榜單，並憑藉62.88億元排名自主品牌汽車榜首。2008年，吉利榮獲中國企業自主創新「TOP100」第11位。它被評為「中國汽車工業50年發展速度最快、成長最好」的企業之一。

中國證券網評論認為，13歲的吉利出海「迎娶」了80歲的沃爾沃，這起併購對於中國汽車行業乃至全球汽車產業都是一件影響深遠的歷史事件。相關專家對此事件也發表了自己的看法，中國汽車技術研究中心主任趙航指出，吉利收購沃爾沃意義重大：一是可以幫助中國自主品牌汽車企業盡快走向國際市場；二是可以嫁接國際知名品牌為我所用；三是可以彰顯中國汽車產業的實力。中國汽車技術研究中心產業政策研究室副主任吳松泉指出，1999年，福特汽車公司花了64.5億美元收購沃爾沃，如今吉利收購沃爾沃的全部淨資產，付出的價格不到當年福特收購價的三分之一。吉利不僅收購了沃爾沃的全部股權，買到了沃爾沃的核心技術、專利等知識產權和製造設施，還獲得了沃爾沃在全球的經銷渠道，這無疑是一筆劃算的買賣。中國汽車工程學會秘書長付於武認為，這起併購案將改變未來全球汽車產業格局。此次吉利大手筆收購沃爾沃，對於推動中國汽車產業成長具有歷史性作用。

不過，也有專家在肯定了吉利的成就的同時，對吉利併購之后的發展道路表達了擔憂。中國社科院工業經濟研究所工業發展室主任趙英分析指出：「到目前為止，吉利所完成的只是收購的商務方面，但能否成功地把沃爾沃營運起來，能否把吉利與沃爾沃有機地融合起來，能否充分運用沃爾沃的技術品牌優勢提升吉利自身的品牌地位，還將拭目以待。如果用行5萬米路來比喻，吉利現在只相當於走了1萬米，任重而道遠。」

2. 分析要求

請運用所學知識解釋什麼是跨國公司的跨國併購？為什麼說吉利收購沃爾沃，機遇與挑戰並有？你認為中國企業「走出去」應如何應對機遇與挑戰？

第九章　國際貿易政策

第一節　概述

一、對外貿易政策的含義與目的

（一）對外貿易政策的含義

對外貿易政策是一國政府在其社會經濟發展戰略的總目標下，運用經濟、法律和行政手段，對對外貿易活動進行管理和調節的行為。它體現了一國對外經濟和政治關係的總政策，屬於上層建築的一部分。對外，它服務於一國對外經濟和政治的總政策；對內，為發展經濟服務，並隨著國內外經濟基礎和政治關係的變化而變化。

（二）對外貿易政策的目的

1. 促進經濟發展與穩定

（1）促進生產力的發展。其途徑是：優化國內資源配置，提高生產要素效能；鼓勵資本輸入，提高生產力；鼓勵國外先進的技術知識、管理經驗、經營方法和生產技術的引進，提高管理水平；獲取規模經濟效益。

（2）實現經濟增長。通過調整對外貿易政策，一方面，增加國家財政收入，提高國家的經濟福利；另一方面，調整和優化產業結構，提高企業的競爭力，實現利潤最大化。

（3）取得國際收支均衡。通過對外貿易政策的調整，維持國際收支平衡。

（4）穩定經濟，增強適應能力。在經濟全球化下，世界各國之間的相互影響加強。為了使一國經濟既能與外部經濟實現互補，又能保持國內經濟穩定，就必須依靠對外貿易政策進行調整。

2. 加強和完善經濟體制

經濟體制是一個社會國民經濟的運作方式，可以分為市場經濟和計劃經濟兩種類型。經濟體制不同，貿易政策也隨之不同。經過實踐檢驗，市場經濟體制逐漸為世界各國認同，但在各國的發展程度不同。良好的外貿政策能

促進一個國家積極參與經濟全球化，同時又能加強和完善市場經濟體制。

3. 改善國際經濟與政治環境

貿易政策在調整、改善、鞏固國與國之間經濟與政治關係方面起著重要作用。一國貿易政策的選擇必須考慮國際環境，即世界貿易體制的發展與影響、聯合國的各種決議的實施以及其與貿易夥伴之間的經濟和政治關係。

隨著生態環境的惡化和世界性恐怖活動的加多，保護環境和應對恐怖事件成為外貿政策關注的重點。

二、對外貿易政策的類型、演變及成因

（一）自由貿易政策

1. 自由貿易政策的含義

自由貿易政策是指國家對貿易活動不加以直接干預，既不鼓勵出口，也不限制進口，使商品和生產要素在國與國之間自由流動，在國內外市場進行自由競爭。但迄今為止，自由貿易政策都是相對意義上的，還沒有純粹的自由貿易政策。通常，經濟貿易競爭力強的國家傾向於採取自由貿易政策。

2. 自由貿易政策的演變

自由貿易政策產生於18世紀初的英國，從19世紀到20世紀第一次世界大戰以前，成為對外貿易政策的主流。兩次世界大戰期間，在1929—1933年經濟大危機的衝擊下，英國放棄自由貿易政策改為奉行保護貿易政策。

（二）保護貿易政策

保護貿易政策是指政府廣泛利用各種限制進口的措施，保護本國市場免受外國商品、服務和投資的競爭，並對本國商品、服務出口和對外投資給予優惠和補貼。通常，經濟貿易競爭力弱的國家推行保護貿易政策。它始於西歐資本原始累積時期的重商主義，在資本主義自由競爭時期出現了美國和德國發展幼稚工業的保護貿易政策，在1929—1933年大危機后，超保護貿易政策盛行。

（三）第二次世界大戰后貿易政策的演變

第二次世界大戰以后，隨著世界經濟的恢復和發展，20世紀50~70年代，發達國家在美國的主導下，於1947年創建了關貿總協定，推動貿易自由化。20世紀70年代以後，在經濟衰退的影響下，發達國家出現了新貿易保護主義和戰略貿易政策，貿易自由化進程受阻。而發展中國家從戰後初期的保護幼稚工業貿易政策逐漸轉向貿易自由化。原有的社會主義國家在20世紀80年代以前，執行的是國家高度壟斷的貿易保護主義政策，隨著社會主義陣營

的解體和經濟互助委員會的解散,加上從計劃經濟體制轉向市場經濟體制,其對外貿易政策從封閉式的保護貿易政策轉向開放和自由型的貿易政策。

當代的自由貿易政策是指國家取消和減少對貨物、服務貿易的限制和障礙,取消、減少和約束對本國貨物、服務的各種特權和優惠,進行「開放、公平和無扭曲的競爭」。

貿易自由化是第二次世界大戰后貿易政策的主流,但在經濟發展不平衡和產業競爭力變化的情況下,不時出現新的、特點不同的貿易保護主義政策。

(四) 貿易政策轉換的原因

從世界經濟貿易發展史來看,自由貿易政策和保護貿易政策受制於世界經濟發展的週期和經濟貿易大國競爭力的變化。因此,在不同的歷史時期,不同的國家在貿易政策的選擇上並不一致,程度也不相同;在同一個政策下,根據產業競爭力的不同,自由化的程度和保護程度也有差異。可以說,自由貿易政策和保護貿易政策二者相互交織,不斷變化,只是強弱程度和主次不同而已。

三、對外貿易政策的制定與執行

(一) 影響對外貿易政策制定的因素

各國在制定貿易政策的過程中,通常要考慮以下因素:政治和經濟安全;經濟發展階段、經濟結構與比較優勢;產品的國際競爭能力;與他國經濟和投資方面的合作;國內物價和就業狀況;與他國的政治關係;本國在世界經濟、貿易組織中享受的權利與承擔的義務;領導人信奉的經濟和貿易理論;政治和社會因素,如選民的支持程度;利益集團和社會階層的集體行動和遊說等。而影響貿易政策制定最為主要的因素是經濟發展階段、國際競爭力和主導經濟的利益集團。

(二) 對外貿易政策的制定

各國對外貿易政策的制定與修改是由國家立法機關和主管機構進行的。立法機關在制定和修改對外貿易政策及有關規章制度前,會徵詢企業和社會集團的意見。最高立法機關所頒布的對外貿易政策,既包括較長時期內對外貿易政策的總方針和基本原則,又規定了某些重要措施以及給予行政機構的特定權限。例如,美國憲法第一條第八款規定,國會擁有決定徵稅以及管理對外貿易的權力,因此,締結自由貿易協定、實施並修訂關稅及有關貿易措施均需依據國會的具體立法或在國會的特別授權範圍內實施。此外,在國會參議院和眾議院還有10多個涉及對外貿易管理事務的專門委員會。美國貿易

代表辦事處（USTR）是貿易政策制定的主要機構。

(三) 對外貿易政策的執行

1. 對外貿易法規

為落實對外貿易政策，世界各國都通過對外貿易立法把貿易政策具體化，使其成為國家法律的組成部分。內容通常包括：設立外貿法的目的，管理貿易的機構、權限（包括國家元首或政府首腦的權限），進出口貨物、服務和技術的許可，外貿經營條件和應遵守的規定等。

此外，各國可根據需要臨時立法，如美國2002年8月通過的《2002年貿易法案》，包括了2002年共和黨和民主黨共同的貿易促進授權。

2. 主管貿易事務的行政部門

各國均設置了各種行政部門管理對外貿易，如美國就通過三個行政部門管理對外貿易。一是對外貿易談判，主要由總統下轄的國家經濟委員會和美國貿易談判代表負責；二是進出口管理和服務，具體由商務部、農業部和海關等機構執行；三是徵收關稅、緝私等，具體由海關執行。此外，還有負責貿易調查的國際貿易委員會和各種協調機構。

第二節　對外貿易政策的發展與演變

一、發達國家對外貿易政策的演變

對外貿易政策是隨著時代的變化而不斷變化的。在不同時期，一個國家往往實行不同的對外貿易政策；在同一時期的不同國家，也往往實行不同的對外貿易政策。儘管在中世紀以前，西歐各國、中東阿拉伯各國和中國產生了對外貿易，也制定了相應的政策，但對外貿易的真正開始卻是在19世紀資本主義生產方式確立以後。

(一) 資本主義原始累積時期的貿易政策（15世紀到17世紀）

15世紀到17世紀是資本主義生產方式的準備時期，這一時期屬於資本的原始累積期，因此，西歐國家為了促進資本原始累積而普遍實行重商主義的對外貿易政策。重商主義最早出現於義大利，后來在西班牙、葡萄牙和荷蘭實行，最后在英國、法國、德國和俄國也先后實行。這是一種早期的保護貿易政策，主張國家干預經濟和對外貿易，通過對金銀貨幣和貿易的管制實現貿易順差來加速資本的累積，其理論基礎是貨幣差額論和貿易差額論。

重商主義晚期，由於工場手工業與航海運輸業的迅速發展，商業資產階

級逐漸認識到限制金銀流動不利於獲得更多的資本，於是，管制金銀出口變為管制貨物進出口，除了對必要的初級生產原料提供進口優惠外，對其餘的加工製成品則徵收關稅並設限，同時採取獎勵出口的政策，保證並擴大貿易順差，以達到獲取金銀的目的。

作為一種典型的貿易保護政策，在當時的歷史條件下，重商主義的對外貿易政策對於促進資本主義商品貨幣關係的發展、加速資本原始累積、推動封建主義向資本主義制度過渡，曾起到過一定的積極作用。但是，到了資本主義自由競爭階段，它就成了資本主義經濟進一步發展的障礙。

(二) 資本主義自由競爭時期的貿易政策（18世紀以後）

在資本主義自由競爭時期，產業資本逐漸戰勝了商業資本，並開始處於統治地位。因此，產生了適應工業資產階級利益的對外貿易政策。因為各國的工業發展水平不同，所以各國當時執行的貿易政策也有所區別，主要有自由貿易政策和保護貿易政策兩種。

1. 自由貿易政策

英國在產業革命後，工業迅速發展，確立並鞏固了其「世界工廠」的地位，其產品具有強大的國際競爭力。而且，英國需要以工業製成品的出口換取原料和糧食的進口。為此，英國資產階級迫切要求本國政府及外國放鬆對對外貿易的管制，在世界市場上實行無限制的自由競爭和自由貿易政策，廢除重商主義的對外貿易政策和措施。經過長期的鬥爭之後，英國在19世紀前期，逐步取得了自由貿易政策的勝利。這一時期英國實行自由貿易政策的實踐主要表現為以下幾點：

(1) 廢除《穀物法》。1846年英國國會通過廢除《穀物法》的議案，為英國農產品及原料的自由進口或低關稅進口掃清了法律障礙。馬克思指出：「英國《穀物法》的廢除是19世紀自由貿易所取得的最偉大的勝利。」

(2) 逐步降低關稅稅率，減少納稅商品項目數和簡化稅法。在重商主義時期，英國有關關稅的法令達1,000件以上，不同的法令經常對同一商品規定不同的稅率。1825年英國開始簡化稅法，廢止舊稅率，建立新稅率。進口納稅商品項目由1841年的1,163種減少為1862年的44種，且稅率大大降低。

(3) 廢除《航海法》。從1824年起，英國在與其他國家訂立的貿易條約中，逐步廢除了對外國船隻運輸商品到英國的限制。到1854年，英國的沿海貿易和殖民地全部向其他國家開放。

(4) 取消外貿公司的特權。1831年和1834年英國先後廢止了東印度公司對印度和中國享有的貿易壟斷權，從此印度和中國的貿易向所有的英國人開放。

(5) 與外國簽訂貿易條約。1860 年，英國與法國簽訂了以自由貿易精神為基礎，列有最惠國待遇條款的《科伯登條約》。此后，英國與許多國家簽訂了與此類似的貿易條約，促進了英國與其他國家的正常貿易往來。

2. 保護貿易政策

與英國形成鮮明對照的是以美國和德國為代表的后進資本主義國家先后實行了保護貿易政策。其基本原因在於這些國家工業發展水平不高，經濟實力和商品競爭能力都無法與英國抗衡，需要採取強有力的政策措施以保護本國的幼稚工業免受競爭力極強的英國商品的衝擊。

保護貿易政策的主要內容包括：

(1) 國家採取各種限制進口的措施，保護本國市場免受外國商品的競爭；
(2) 對本國的出口商給予優惠和補貼；
(3) 積極鼓勵本國商品出口。

(三) 壟斷資本主義時期的貿易政策 (19 世紀 70 年代末到二戰期間)

當壟斷代替了自由競爭以后，市場問題日益尖銳。各國壟斷資產階級為了壟斷國內市場和爭奪國外市場，紛紛實行侵略性的保護貿易政策。這種政策與以前的保護貿易政策有明顯的不同，它的目的不是為了培養自由競爭的能力，而是為了鞏固和加強對國內外市場的壟斷；它不是防禦性地限制進口，而是在壟斷國內市場的基礎上向國外市場進攻；它的保護措施不只限於關稅和貿易條約，還廣泛採用各種非關稅壁壘和「獎出限入」的措施。簡而言之，保護貿易政策已經成為爭奪世界市場的手段，成為攻擊而不是防衛的武器。因此，這種政策又稱為超保護貿易政策。

從 19 世紀 70 年代末到 20 世紀 30 年代，資本主義世界出現了兩次保護主義浪潮：

第一次保護主義浪潮開始於 19 世紀的最后 25 年。在 19 世紀七八十年代，除英國、荷蘭外，工業發達的歐洲各國都加強了關稅保護，修改稅制，提高關稅；19 世紀 90 年代，美國也開始提高關稅；一度主張自由貿易的英國也從 1931 年開始逐漸放棄自由貿易政策，轉而實行保護關稅政策。

這次保護主義浪潮形成的主要原因有三個方面：首先，壟斷資本的發展一方面表明生產力有了較大的發展，另一方面也表明了各國的內部市場受到了壟斷企業的控制。市場飽和的矛盾日益突出，壟斷企業迫使政府加強了對國際貿易的干預。其次，世界經濟進入了一個相對緩慢的增長時期，需求不足，各國的發展又很不平衡，這導致許多國家實行保護主義政策。最后，競爭對手的增加使得這一時期進入世界市場競爭的國家更多了，比如，西歐國家普遍感到在農產品方面競爭不過俄國及美洲各國。

第二次保護主義浪潮形成於 1929—1933 年西方資本主義經濟危機時期。空前嚴重的經濟蕭條使市場問題進一步尖銳，主要表現為：許多國家都提高了關稅稅率，實行外匯管制、數量限制等進口限制手段；壟斷組織加緊利用國家機器實施「獎出限入」的政策和措施。如 1930 年，美國把關稅稅率提升到極高的水平，進口商品的平均稅率達 53.2%，由此引發世界主要國家間的一場關稅戰。

例

金融危機與貿易保護主義

當前國際金融體系正經歷著一場前所未見的危機，並已經嚴重影響到全球的實體經濟。無論是發達國家還是發展中國家，都難獨善其身。面臨如此困境，各國政府以及政治人物都或多或少地顯示出轉向貿易保護的傾向。雖然這或許是可以預料的，但仍然值得我們對此保持足夠的警惕。

大多數經濟學家和決策者都認為，自由貿易能夠促進資源的合理以及有效的配置，從而對經濟的總體增長與長期發展作出積極的貢獻。然而，在經濟開放的過程中，並非所有的人都能均等受益。傳統的貿易保護主義，大多體現在通過大幅提高進口關稅以及對進口的數量性控製來保護本國企業不受或少受進口產品的競爭壓力。然而，對於這一類的保護措施，不僅其有效性值得懷疑，而且它可能帶來相當大的代價，特別是在今天全球經濟一體化的新形勢下。比如說，對任何一個經濟體來說，尤其是相對小的經濟體，其本國的生產與消費都對貿易有相當程度的依賴。全球經濟的一體化同時也就意味著一國經濟的相對專業化，只靠本國的企業，無法滿足其消費者對產品及其多樣性的需求。因此，即使通過提高關稅以及限制數量達到減少進口的目的，此類措施對本國企業的幫助也是有限的。

出於上述原因，這些年來貿易保護的形式及措施都發生了很多變化。20 世紀 80 年代，日本汽車業對美國的「主動出口限制」就是一個例子；在奧巴馬政府新一輪救市方案中的所謂「購買美國貨」的條文也是一個例子，在這一條文中，凡是用救市計劃資金進行的政府採購，都要優先購買本國產品，雖然沒有明確地提出限制進口，但其對貿易的影響依然不可忽視。

另外，不同國家也陸續出抬或考慮出抬一些針對本國某些特定產業的救市計劃，如美國對其銀行業、汽車業的拯救計劃，法國與義大利考慮對其汽車業實施幫助措施等。其中，最受關注的仍是美國救市計劃中所謂「購買美國貨」的條文，並已經引發了包括經濟學者、政府以及市場的廣泛憂慮。除

此之外，一些國家也在逐步出抬一些傳統的貿易保護措施。比如，俄羅斯最近提高了一些產品徵收的進口關稅，並對本國產品提供補貼；土耳其增加了對糖的進口關稅；美國和歐盟也對產自中國的一些產品增加了進口關稅；而印度則通過限制措施，減少從中國進口鋼材和紡織品。

種種跡象表明，在全球金融危機和經濟減緩的衝擊下，貿易保護主義陰魂難散，並可能死灰復燃。然而，我們希望以往的經歷與教訓，能夠提醒各國的政府與政治人物，貿易保護主義不是解決經濟困難的良藥，甚至會加深經濟危機的程度並延緩經濟恢復的速度。

很多學者都認為，美國20世紀30年代實施的高關稅政策和由其所引發的貿易保護主義浪潮，是把當時的經濟危機引向大蕭條的因素之一。因此，通過高關稅保護本國產業政策，目前出現的可能性並不大。然而，其他間接的或更隱蔽的貿易保護措施的出現，卻是我們要特別關注的。

（源自《聯合早報》）

（四）貿易自由化時期的貿易政策（二戰后到20世紀70年代中期）

貿易自由化是指各國通過政府間的談判，互相降低關稅，取消數量限制，使世界貿易較自由地進行。

第二次世界大戰后，世界政治經濟力量重新分化組合。美國的實力空前提高，強大的經濟實力和膨脹的經濟，使其需要並且也有能力衝破當時發達國家所實行的高關稅政策。日本和西歐戰后經濟的恢復和發展，使得它們也願意彼此放鬆貿易壁壘，擴大出口。此外，國際分工進一步深化，推動了生產國際化和資本國際化。跨國公司迅速興起，迫切需要一個自由貿易環境以推動商品和資本流動。於是，這一時期發達資本主義國家的對外貿易政策先后出現了自由化傾向，到20世紀70年代初達到高峰。

1. 戰后貿易自由化的表現

（1）削減關稅，降低或取消非關稅壁壘。例如，在關稅與貿易總協定的主持下，從1947年到20世紀70年代初期，各締約國舉行過七次多邊貿易談判，各關稅締約國的平均最惠國待遇稅率從50%左右下降到5%左右。

（2）數量限制得到抑制。20世紀60年代初，發達國家都放寬了數量限制，擴大了進口自由化的程度。歐洲經濟合作組織的各國間數量限制已被取消。1958年，該組織內的私人公司間進口自由化率已達到82.6%。

（3）解除了外匯管制，實行外匯自由化，各國按宣布的匯率進行自由兌換。

2. 戰后貿易自由化的主要特點

（1）美國是貿易自由化的積極推行者。由於美國在二戰后成為世界經濟

強國和貿易強國，為了對外擴張，主張在世界範圍內推行自由貿易。

（2）貿易自由化的經濟基礎雄厚。二戰后，世界各國的經濟復甦和生產的恢復為貿易自由化奠定了物質基礎。

（3）貿易自由化是在國家壟斷資本主義日益加強的條件下發展起來的，主要反應了壟斷資本的利益。

（4）貿易自由化主要是通過多邊貿易條約與協定——《關稅與貿易總協定》，在世界範圍內進行的。

（5）貿易自由化發展不平衡。發達國家的貿易自由化超過發展中國家的貿易自由化，區域性經濟集團內部的貿易自由化超過集團對外的貿易自由化，工業製成品的貿易自由化超過農產品的貿易自由化，機械設備的貿易自由化超過工業消費品的貿易自由化。

（五）新貿易保護主義時期的貿易政策（20世紀70年代中期以后）

新貿易保護主義是相對於自由競爭時期的貿易保護主義而言的。20世紀70年代中期，國際貿易領域中自由化傾向逐漸減弱並趨於停頓，呈現出貿易保護主義加強的趨勢，這一時期被稱作新貿易保護主義時期。

嚴重的經濟衰退和結構性的經濟危機是新貿易保護主義產生的根本原因。在這段時期共出現了兩次新貿易保護主義的浪潮：1972—1974年的第一次浪潮和1979—1982年的第二次浪潮。這種貿易保護主義不僅威脅著發展中國家的出口，同時也影響著實行貿易保護主義的各工業國本身。其影響主要體現在：第一，它割斷了國內價格和國際價格之間的聯繫，降低了效益；第二，它是造成貿易不穩定性的又一個重要原因，長期以來，對貿易的投資及其所創造的效益產生了嚴重的影響。

新貿易保護主義的主要特點體現在以下幾個方面：

1. 貿易保護措施的重點從關稅壁壘轉向非關稅壁壘

由於關稅壁壘受到關貿總協定的制約，以提高關稅水平來實行貿易保護已不現實，所以各國對於限制進口則更多地採用非關稅壁壘。各國在關稅上主要是按照有效保護率設置階梯關稅以及徵收「反補貼稅」和「反傾銷稅」來實行進口限制。1980—1985年，發達資本主義國家的「反傾銷」案多達283起，涉及44個國家。非關稅壁壘措施從20世紀70年代末的800多項增加到20世紀80年代末的2,500多項。

2. 「獎出限入」措施的重點從限制進口轉向鼓勵出口

戰后，隨著國際分工的加深和自由貿易的發展，西方各國對國外市場的依賴性日益增強，爭奪國外市場日益激烈，採取限制進口的措施往往會加劇國與國之間的摩擦，受到其他國家的譴責和報復。在這種情況下，許多國家

把「獎出限入」的重點從限制進口轉向鼓勵出口方面。這些措施包括：第一，放寬信貸條件，加強出口信貸，實行出口信貸國家擔保制，實行出口補貼和外匯傾銷；第二，國家設立專門機構廣泛實施出口擔保，承保出口廠商在國外的政治風險和經濟風險；第三，廣泛設立各種促進出口的行政機構，協助本國出口商對國外市場擴張；第四，國家制定各種評獎制度，獎勵在擴大出口方面成績顯著的出口商。

3. 國際貿易壁壘轉向區域性貿易壁壘

歐盟作為一個排他性的經濟集團，對內實行商品自由流通，對外建立共同貿易壁壘以排擠集團外的商品輸入。這種從國家貿易壁壘轉向區域性貿易壁壘的做法，對於加強集團成員國壟斷資本的實力地位，排擠和打擊集團外競爭對手，起到了重要作用。歐盟在建立區域性貿易壁壘方面的一個重要的對外貿易政策措施是建立關稅同盟，歐盟內部國家之間相互取消關稅，而對非成員國實行統一的對外關稅，以限制非成員國的商品進口。

4. 關稅仍然是發達資本主義國家限制進口的重要手段

雖然第二次世界大戰后關稅壁壘的作用有所削弱，但它仍然是限制進口和貿易保護的重要手段之一。其主要內容是：針對資本主義國家採取的傾銷和補貼措施，進行反傾銷、反補貼調查，徵收反傾銷和反補貼稅；通過普遍優惠制對受惠國家、受惠商品範圍以及減稅幅度進行限制，對某些商品繼續維持較高的關稅率；在貿易戰中，發達資本主義國家也常以關稅作為報復手段，以限制進口。

從某種意義上說，新貿易保護主義阻礙了貿易自由化的進行，但它不能取代貿易自由化，因為有利於貿易自由化的因素依然存在。這些因素主要包括：第一，各國都力圖減輕通貨膨脹。第二，國際分工日益加深，客觀上要求貿易自由化。第三，對所有工業國家來說，出口變得日益重要。但是，進口與出口是雙向的，為了本國產品的出口，世界各國必然要維持一定的進口，這就迫使一些工業發達國家不能過分搞貿易保護主義。第四，開展自由貿易是同貿易夥伴緩和矛盾的客觀要求。世界各國需要制定相對自由的貿易政策，從而促進與貿易夥伴國家友好的經濟往來。第五，貿易自由化是各國進行雙邊和多邊貿易談判的要求。目前世界各國的經濟一體化程度不斷加深，各種區域經濟一體化組織不斷出現，這也要求各個國家不斷開放本國市場。因此，自由貿易仍將是國際貿易發展的主要趨勢。

(六) 當代發達國家對外貿易政策發展的新趨勢

20世紀80年代以后，隨著技術的進步、世界產業結構的升級以及國際資本的快速流動，發達國家的國際貿易政策也不斷發展和演變，主要表現為管

理貿易政策和戰略性貿易政策。

1. 管理貿易政策（20世紀80年代以后）

管理貿易政策（Managed Trade Policy）是一種介於自由貿易和保護貿易之間，以協調為中心，以政府干預為主導，以磋商為手段，政府對對外貿易進行干預、協調和管理的貿易制度。有人稱它為「不完全的自由貿易」和「不斷裝飾的保護貿易」。管理貿易具有如下基本特點：

（1）將國際貿易政策納入法制管理的軌道。

為使對外貿易的管理合法化和制度化，各發達國家加強貿易立法，使國家管理對外貿易的法律由過去的單行法律發展為以外貿法為中心、與其他國內法相配套的法律體系。例如，美國1974年貿易法案中的「301條款」授權總統對一些向美國出口實施不公平待遇的國家進行報復；1988年的《綜合貿易法》更以反對一切不公平貿易為由，加強保護色彩。美國是使管理貿易合法化的代表，其涉及外貿管理的法律達1,000多種。

（2）在不放棄多邊協調的同時，更多地採用單邊管理和雙邊協調。

由於世界經濟區域化、集團化傾向的加強，國際多邊貿易體制受到削弱。為此，主要發達國家，尤其是美國，更多地借助雙邊貿易談判，必要時不惜採取單邊貿易制裁，以達到「公平、互惠」的目的。

（3）管理措施以非關稅為主，行政部門擁有更大的裁量權。

各發達國家的非關稅措施大多由行政機構來執行，在非關稅措施的使用日益廣泛的情況下，行政機構對貿易政策的影響必然越來越大。

（4）跨國公司在管理貿易中的地位不斷上升。

隨著跨國公司經濟實力的日漸壯大，它對發達國家的社會經濟影響舉足輕重。因此，各發達國家都通過跨國公司的經營活動來貫徹其對外貿易政策，跨國公司逐漸成為各國實行管理貿易的主角。

2. 戰略性貿易政策（20世紀80年代以后）

20世紀80年代以后，經濟全球化的趨勢在世界範圍內日益增強，各國經濟發展受外部經濟環境的推動和制約。一些發達國家在國際市場競爭加劇的背景下，加強了對本國戰略性產業的支持，產生了戰略性貿易政策。

戰略性貿易政策（Strategic Trade Policy）是指在規模經濟的條件下，政府通過採用關稅和出口補貼等手段保護本國市場，並且扶植本國的戰略性產業，從而增強本國產品的國際競爭力，增強國家競爭優勢。例如，美國曾多次採用單方面的貿易制裁等手段扶持其戰略性產業。

戰略性貿易政策的實施通常選取高技術產業作為戰略性產業進行扶植。高技術產業的發展能夠帶來外部經濟效應，對國內其他產業的發展能產生有

利的影響，並且能夠促進社會科技進步和經濟發展。但是，高技術產業的發展通常需要大量的研發費用，而大量的成本支出卻難以通過市場得到補償，因此，政府必須通過關稅保護和出口補貼等手段對戰略性產業進行扶持，以提高該產業的國際競爭力，進而提升本國的福利水平。

政府在戰略性貿易政策的實施上起著關鍵性的作用，因而，政府必須正確地選擇戰略性產業，在掌握完備和可靠的信息基礎上制定有效的戰略性政策。在政府的獨立決策機制基礎上實施的戰略性貿易政策，在實踐中確實可以起到扶植相應產業發展的作用。但是，在國際分工日益深化的背景下，戰略性貿易政策在實施過程中往往會招致其他國家的報復，這將使戰略性貿易政策難以獲得預期的經濟收益。

二、發展中國家對外貿易政策的發展

全世界眾多發展中國家的經濟發展水平相差懸殊，在不同時期內推行的政策措施更是各不相同，因此，並無整齊劃一的貿易政策可言。但縱觀二戰後多數發展中國家所實施的外貿政策，大致可分為進口替代戰略和出口導向戰略兩種形式。目前，發展中國家的對外貿易政策是根據本國和世界經濟的發展不斷調整和變化的。

（一）進口替代的貿易戰略

進口替代（Import Substitution Strategy）是指以國內生產的產品來替代主要的進口品，有意識地促進國內工業的成長與擴大。這一戰略是由阿根廷經濟學家普雷維什於1950年提出的，其基本目的是為了減少進口和依賴，節約外匯，平衡國際收支，保護幼稚工業。其目標是要通過限制工業製成品進口，扶植本國的新建工業，進而改變發達國家與發展中國家的不平等關係，改善貿易條件，改變二元經濟結構，建立初步的工業體系，進而實現工業化。20世紀60年代以來，絕大多數發展中國家都不同程度地把經濟發展與工業化等同起來，將進口替代戰略作為占主導地位的經濟發展戰略。

進口替代一般經歷兩個階段：

第一階段以發展加工業、一般消費品工業為主，目標是建立初步的工業體系。在這一階段，由於發展中國家需要從國外進口必要的資本、機器設備、中間產品和技術，再加上缺乏熟練勞動力和管理經驗，缺少規模效益，產品價格高於同類進口價格等原因，國內企業根本不能和國外廠商競爭，因此，往往採取進口替代戰略。發展中國家為了扶持進口替代工業需要採取保護措施。保護措施有以下幾種：一是實行保護關稅，對國內生產必需的資本品、中間產品等所需投入成本的進口徵收低稅或減稅、免稅，以降低進口替代品

的生產成本；二是實行進口限額、許可證制度等手段，限制非必需消費品，特別是奢侈品的進口；三是實行本幣升值，以減輕必需品進口造成的外匯壓力；四是對進口替代工業在資本、勞動力、技術、價格、收益等方面給予優惠，使它們不被外國產品擠垮。發展中國家通過這些保護措施扶植幼稚的進口替代工業逐步成長、成熟。

第二階段以發展耐用消費品、資本品和中間產品為主。這個階段需要花費大量投資用於機器製造、機床生產、煉鋼、軋鋼、石化等工業，在生產中盡量多地使用原料和其他投入，目標是建立全面的工業體系，以工業化帶動整個經濟的發展。

如果運用得當，進口替代貿易戰略可以對發展中國家的工業化和經濟發展起到積極的推動作用。這主要表現在：第一，由於提供了一個有保護的、有利可圖的市場，這些發展中國家的工業，特別是製造業得到了迅速的發展。第二，進口替代工業的發展，還有利於促進培養本國的管理技術人員，帶動教育、文化事業的發展，獲得工業化帶來的動態利益。第三，進口替代的貿易保護政策，可能促使發達國家增加對發展中國家的直接投資，以繞過發展中國家的貿易壁壘。外資的流入，對經濟發展無疑有積極作用。第四，由國內生產來替代進口，可明顯減少外匯開支，減輕國際收支壓力。

但是，隨著進口替代工業的發展，這種貿易模式也對經濟的發展產生了消極的影響。這主要表現在：第一，在資本形成方面，由於實行進口替代戰略的國家是在加強對國內人民剝削的基礎上累積資本的，所以加劇了國內的兩極分化，限制了國內市場的擴大，使進口替代工業出現市場不足、生產力閒置的情況。第二，忽視對基礎工業，尤其是農業的建設。貿易保護政策著眼於進口替代工業，特別是製造業的發展，而對電力、能源和基礎設施常常注意不夠，並且忽視農業的發展。具體表現在：國內製成品保持高價，而農產品價格卻被壓在很低的水平上，引發了通貨膨脹；農業生產所必需的化肥和其他投入品生產以及進口所需的資金和外匯也常常不能滿足需求；政府對農民的捐稅過重，這一切都嚴重損害了這些國家的農業發展和糧食生產，使糧食自給率下降，進口的糧食越來越多。第三，未能改善國際收支上的困難，加重外匯短缺問題。進口替代固然使對國外工業消費品的進口大大減少，從而節約了外匯，但是機器設備、中間產品和原材料的進口急遽上升。同時，貿易保護措施和匯率措施，使工業品成本高、質量低而缺乏出口競爭能力，傳統的初級產品出口也因本幣高估而受到影響。結果，進口替代不但沒有緩和國際收支上的困難，反而使情況日趨惡化。在20世紀60年代中期前後，許多國家發生了嚴重的外匯危機，大大影響了經濟的增長速度。

由此可見，進口替代政策本身是有其內在缺陷的，而「封閉性」的進口替代政策缺陷更大。因此，一些發展中國家，尤其是新興工業化國家和地區的政府及其經濟學者在實踐中認識到擴大製成品出口的重要性。因此，從20世紀60年代中期以後，許多發展中國家特別是小的發展中國家，開始實行出口導向政策，以此促進工業化和民族經濟的發展。

例

智利進口替代的終結

智利是第一批放棄進口替代工業化戰略的國家之一。20世紀70年代以前，智利這個具有特殊強烈民主傳統和相對富裕的發展中國家一直採取同拉丁美洲其他國家相同的政策。在嚴格的進口限制下，製造業開始發展，但該國的大部分出口仍然由傳統產品特別是銅組成。20世紀70年代初，該國的軍隊把持了政權，之後就開始殘忍地和血腥地鎮壓反抗者。

新政府帶來了在當時頗不尋常的對自由市場政策的信仰。進口限制被取消，代之以低關稅稅率政策。不管是不是這些政策（全世界銅價大跌給智利帶來了巨大的災難）的原因，20世紀70年代中期，智利整個經濟度過了一段相當艱苦的時期。繼20世紀70年代末期與20世紀80年代初期的恢復之後，智利陷入了全球債務危機，經濟出現了第二次嚴重下滑。但是，到了20世紀80年代中期以後，智利的經濟開始表現出令世界矚目的變化。新的出口產品，包括運往北半球冬季市場的夏季水果、逐漸增多的高質量葡萄酒和家具等製成品，已使該國擺脫了對銅的依賴。智利的經濟開始以前所未有的速度增長，超過了其他拉美國家，並幾乎接近於亞洲國家的發展狀況。因此，原來極不受人們認可並被視為智利軍政府的嚴酷法令的自由貿易政策開始獲得政治上的廣泛支持。

1990年，智利軍政府退出了政治舞臺。然而，過去17年的經濟政策已被普遍肯定，這些政策引導智利走向了繁榮。所以，自由當選的政府並沒有改變原來的經濟政策。智利的經濟成功一直在持續，從1990—1994年，智利的經濟增長率高達6.9%，大大超出其他拉美國家。

（二）出口導向的貿易戰略

出口導向戰略（Export-oriented Strategy）也稱出口替代戰略，它是指一國採取各種措施和手段來促進出口工業的發展，用工業製成品和半製成品的出口代替初級產品出口，促進出口產品的發展多樣化，以增加外匯收入，並帶動工業體系的建立和經濟的持續增長。

20世紀60年代中期前後，東亞和東南亞一些國家和地區最先轉向出口替代政策。在它們的示範影響下，其他國家和地區也相繼仿效。由於各國具體條件不同，實施這一政策的措施和策略也不盡相同。大致來看，有三種表現類型：第一種是拉美國家的做法，如巴西、墨西哥、阿根廷等國，它們一般是在原進口替代的基礎上發展出口替代工業，即把出口替代與進口替代結合起來。第二種是原來出口初級產品的國家的策略，它們日益增加對初級產品的加工出口，提高附加值，如馬來西亞、泰國、科特迪瓦等國。第三種是「亞洲四小龍」國家的策略，它們充分利用其勞動力資源發展勞動密集型的裝配加工工業。

　　出口替代政策對一些發展中國家，特別是對新興工業化國家和地區的工業化和工業製成品的出口起了一定的積極作用。這主要表現在：第一，對外貿易增長較快，出口商品中製成品的比例迅速上升。例如，20世紀60年代發展中國家（石油生產國除外）的出口年平均增長率為6.7%，其中一些製成品的主要出口國出口年平均增長率達到7.9%。1970—1980年，發展中國家（石油生產國除外）製成品出口占全部商品的比重從24.9%上升到38.4%，在同期的世界製成品出口總額中所占份額從5%增至9.72%。從具體的國家來看，1972年，巴西工業製成品出口僅占出口總額的24%，而到1981年已上升為60%。第二，增加了資金累積，使國民經濟出現較快的增長。新興工業化國家製成品出口增長，不僅為這些國家和地區累積了資金，同時也直接推動了與出口工業相關的經濟部門的發展，帶動了國民經濟的發展。1980年這些國家和地區的內部累積率分別為：巴西20%，泰國22%，韓國23%，菲律賓25%，墨西哥26%，馬來西亞32%，新加坡30%，已達到甚至超過同期發達國家的國內累積率（22%）的水平。1986年，新興工業化國家和地區的國內生產總值年平均增長率大大高於整個發展中國家和發達國家。第三，製造業所創造的價值在國內生產總值中所占比重顯著上升，同時製造業從勞動密集型向資本密集型和技術密集型逐步轉化。例如，1960—1979年，新加坡該比重的數值由12%提高到28%，韓國則由14%提高到27%。

　　但是，各國實施出口替代政策也產生了不少問題。主要體現在以下三個方面：第一，出口替代使一國市場容易受到世界市場波動的衝擊。在出口戰略下建立起來的工業，主要是為了出口，這使得這些國家和地區的經濟嚴重依賴世界市場。由於這些國家的製成品大多是輕紡產品，市場競爭比較激烈，因此，如果西方發達國家市場出現較大波動，就會直接影響這些國家的商品出口。20世紀70年代中期，隨著西方發達國家新貿易保護主義的興起，這些國家製成品生產和出口遇到了嚴重困難。第二，出口替代還會加劇國內經濟

發展的不平衡。由於發展中國家往往對出口產業實施較多的優惠政策，因此，不可避免地使其他產業受到排擠，從而出現出口替代部門發展較快，而面向國內的中小型工業和農業部門發展遲緩的局面，加劇了發展中國家二元經濟結構的形成。第三，少數實施出口替代政策的國家，由於片面追求出口增長，忽視國內消費，造成國內消費品短缺，加上為刺激出口而使貨幣貶值，致使國內貨物和進口貨物的價格上漲，通貨膨脹率上升。

不過總的說來，出口替代比進口替代更有利於發展中國家的經濟發展。世界銀行 1985 年年度報告在對發展中國家的對外貿易政策進行了廣泛的考察后也認為，出口替代戰略要優於進口替代戰略，這是符合實際的。同時，也要看到，這兩種貿易發展戰略是相互聯繫、相輔相成的。進口替代是出口替代的先導，沒有進口替代建立起的工業基礎，是不可能實施出口替代戰略的；而出口替代戰略是進口替代戰略的結果，且出口替代可為更高層次的進口替代提供外匯和技術支持，最終建立起本國先進的工業體系。戰後，凡實施出口替代戰略並取得成功的國家和地區，幾乎無一例外地經歷過一個或長或短的進口替代的內向發展時期。

例

韓國的出口導向戰略

1961 年以前，韓國曾經試圖走進口替代路線，發展內向型經濟。其初衷是鼓勵非耐用消費品的生產，手段是實行配額制和進口限制。然而，20 世紀 50 年代末，內向發展就到達了極限：資金、技術、資源性制約。韓國當時的經濟非常貧窮，人均 GNP 不足 100 美元。鑒於領土狹小、資源匱乏、缺乏資金和技術、內部市場的容量有限、勞動力市場供過於求等客觀條件，樸正熙政權毅然決定讓韓國走上「出口導向型」發展道路。

從 1961 年到 1971 年，韓國開始實施「出口導向戰略」的第一步。其中心是，價格與國際接軌，利用比較優勢，出口勞動密集型產品，發展競爭優勢。支持出口成為一項最優先考慮的經濟政策。這個時期的促進出口的主要措施有：改革貿易政策，給出口行業生產資金、設備資金、海外市場開闢資金及出口；獎勵資金等多種補貼；調整了匯率；進行利率改革，對出口生產行業以及進口替代行業進行低利率貸款，並且對出口必需的生產資金自動給予銀行貸款；對出口生產必需的中間產品，採取進口不受限制並免稅的措施。

這個時期的出口導向戰略運行得相當好。1962 年，韓國出口達 5,200 萬美元，1964 年達 1 億美元，1970 年為 10 億美元，出口的增長極大地推動了

GDP 增長。1960—1972 年間製造業增產了 4 倍多，其中 19% 是來自於出口生產。如果把出口的間接影響也考慮進去，那該比例就上升到了 26%。另外，幸運的是，當韓國的出口產品在空前貿易自由化的時期進入國際市場之時，工業發達國家還沒有設立諸多的進口壁壘以阻止發展中國家出口。

從 1972 年到 1979 年，韓國開始轉變一些戰略思想。它在堅持外向型發展戰略的同時，也對一些行業採取進口替代政策。韓國繼續推動出口擴張，將產業發展重心轉移到替代進口上，加速發展重化學工業；政府加強對經濟的廣泛干預，包括削減對勞動密集型出口工業的投資，建立政府投資基金會，以低利貸款對重化工業進行大規模投資，並對這些工業建立和保持高保護關稅壁壘和進口控製，還為技術工人培訓和技術開發提供優惠；建立綜合商社。

(三) 進口替代和出口導向相結合的政策

發展中國家或地區的對外貿易政策的制定一般從實行進口替代戰略開始，通過國內工業的發展奠定國民經濟發展的基礎後，再開始實施出口導向的貿易戰略。但是由於在政策轉換的過程中存在一定的時滯，並且在時間上也難以把握，因此，有的發展中國家在制定對外貿易戰略時，採取將進口替代和出口導向相結合的政策，一方面對國內工業的發展給予政策支持，滿足國內對工業製成品的市場需求，另一方面擴大國內經濟的開放程度，鼓勵本國工業製成品的出口。

發展中國家在制定對外貿易政策的過程中，根據本國具體行業的發展水平制定相應的貿易政策：對國內的幼稚工業實施進口替代，通過關稅和非關稅壁壘等手段扶植其發展；對於國內具有競爭力的行業，實施出口導向的政策，採取取消出口關稅、創建出口加工區、放開出口管制等措施，擴大產品的出口，增強本國的出口競爭力。

(四) 進口替代型直接投資政策和出口導向型直接投資政策

隨著二戰后國際資本流動的快速發展，發展中國家開始將利用外資納入對外貿易政策的制定體系之中。利用外資對於發展中國家經濟發展將發揮重要作用，將解決發展中國家工業發展過程中的資金和技術相對匱乏的問題。在發展中國家實施的進口替代和出口導向戰略的過程中，通常將利用外資與二者相結合，表現為進口替代型直接投資和出口導向型直接投資。

進口替代型直接投資是發展中國家在制定吸收外資政策的過程中，鼓勵投資者將資金投向本國優先發展的產業，尤其是進口替代型工業。發展中國家通過制定吸引外資的優惠政策等措施，正確引導外資投向，通過外資企業生產的工業製成品替代東道國本應進口的產品。這種貿易戰略的實施將會使

東道國吸引外國的先進技術和管理經驗，增加東道國的就業水平，並且能夠起到節省外匯和減少貿易摩擦的作用。

出口導向型直接投資是指發展中國家鼓勵外資進入面向出口的產業，用外資企業生產的工業製成品的出口替代初級產品的出口，優化出口貿易商品結構。東道國重視跨國公司在本國設立分支機構。讓外資進入出口行業，將會發揮出口貿易的動態經濟效應，一方面帶動東道國相關產業的發展，另一方面擴大東道國的就業水平，並且改善東道國的國際收支狀況。

例

美重新調整對華政策

2008年9月15日，擁有158年歷史的美國第四大投資銀行雷曼兄弟公司轟然崩塌，這被視為國際金融危機全面爆發的標誌性事件。

但就在國際金融危機爆發一周年之際，全球經濟開始閃現復甦跡象時，波折再度出現，兩個被全世界寄予厚望的經濟復甦「帶頭人」——中美兩國卻因美方突然宣布將對中國輸美輪胎採取特殊保障措施而發生不快。就此事件，商務部新聞發言人姚堅指出，美方對中國輸美輪胎採取特保措施，是違背WTO規則、濫用貿易救濟措施的錯誤做法。商務部副部長鐘山則透露，中國政府將認真聽取企業的呼聲和建議，協調解決企業經營中遇到的問題，盡力幫助企業克服困難。

美國總統奧巴馬於2009年9月12日作出「連續三年對中國輪胎徵懲罰性關稅」的決定，當各方開始紛紛揣測中國將以何種措施應對美國特保裁定時，中國商務部僅隔一天便發布消息，宣布對原產於美國的部分進口汽車產品和肉雞產品啟動反傾銷和反補貼立案審查程序。

為向國內相關企業通報特保案情況，商務部、工業和信息化部在京聯合召開通報會。鐘山在會上介紹說，自2009年4月美國對中國輪胎發起特保調查起，中國政府就開展了多層次、全方位的應對工作，向美方表明了中國政府反對貿易保護主義和維護中國企業正當權益的堅定立場，也得到了許多美國業界及相關人士的理解與支持。但美政府迫於國內政治壓力，在磋商中提出了超越輪胎產品之外的過高要價，這是中方無法接受的。

鐘山指出，美方最終裁定的特保稅率，雖然比美國國際貿易委員會所提的建議稅率有所降低，但仍然是嚴重的貿易保護主義行為，中方堅決反對這一做法。鐘山說，希望相關企業優化出口結構，依靠技術進步，提升產品質量和技術服務，把開發生產高附加值輪胎作為主攻方向，推動出口輪胎向中

高檔發展，形成具有自主知識產權的拳頭產品。政府也將積極研究政策，予以相應的支持。

據瞭解，中方已就美方對中國輸入美輪胎產品採取的特殊保障措施要求與美方進行 WTO 爭端解決項下的磋商。姚堅說：「中方要求與美方磋商，是行使 WTO 成員權利的正當舉動，是維護自身利益的切實行動。」他提出磋商要求是世貿組織爭端解決程序的第一步。磋商期一般為 60 天，如果通過磋商仍無法解決爭端，則中方有權採取第二步行動，即要求世貿組織成立專家組就美方措施展開調查並進行裁決。

分析要求：
請運用所學知識分析美國調整對華貿易政策的原因，並提出應對的策略。

第三節　中國的對外貿易政策

從新中國成立到 1978 年間，根據當時的國內外條件，中國執行的是國家管制的封閉型的保護貿易政策。該貿易政策的特點是：在外貿經營體制上高度集中，以行政管理為主；在調節進出口貿易上主要靠計劃、數量限制的直接干預，關稅不起主要作用；人民幣匯率一直高估；不參與世界性的經濟貿易組織，搞雙邊貿易等。這種封閉型的保護貿易政策對於排除「禁運」「封鎖」，頂住外國的經濟壓力起過積極作用，同時也帶來許多副作用，即對國內企業保護過度造成企業效率不高、國際競爭能力低下、不能積極參與國際分工、外貿事業發展緩慢。

隨著國內外形勢的變化，尤其是黨的十一屆三中全會作出對內搞活、對外開放的決策以後，原來內向型的保護貿易政策不能適應已經變化的情況。在這一背景下，中國調整外貿政策，由國家統治下的內向型保護貿易政策轉變為國家統治下的開放型保護貿易政策。國家統制下的開放型保護貿易政策，就是對外貿易活動由國家統一領導、控製和調節，積極參與國際分工和國際交換，使對外貿易高速發展。這一政策的目標是要建立與進出口導向相結合的綜合式的貿易發展模式。這種模式的主要內容有：

（1）實行有條件的、動態的貿易保護手段，對生產技術條件不同的工業部門，在不同的時期內，採取不同程度的保護措施。對國內有發展潛力的產業和產品，面向國內市場；對國外有發展潛力的產業和產品，面向國際市場進行競爭，實施獎勵出口的措施。

（2）出口不僅僅為獲取進口所需要的外匯，還要研究通過出口促進國民

經濟的技術改造和結構改造，帶動國民經濟良性循環的發展。

（3）進口不僅僅為滿足國內市場的生產和需要，同時要積極為發展出口服務，為建立和發展面向出口的產業引進技術和設備，進口原材料，以促進出口商品生產的迅速發展。為了有效執行上述貿易政策，中國採用了各種管理外貿的手段與措施，通過制訂計劃、審批外貿企業、外匯留成、稅收制度、銀行信貸、獎勵辦法，把對外貿易置於國家的統一領導之下。

在今後較長的時期內，中國將大力推進對外開放，並力圖促使國內經濟活動穩步同國際經濟規範接軌。在這種形勢下，中國應該將自己的對外貿易體制和政策逐步納入自由貿易的軌道，遵循世界貿易組織所確定的原則、條款和規範。這點必須堅定不移。但同時由於建立市場經濟體系的艱鉅性和大多數商品缺乏國際競爭力，中國還不可能完全放棄適度保護的措施。要是中國一下子實施徹底的自由貿易政策，就完全背離了中國的實際情況，勢必導致國內經濟活動的巨大混亂甚至災難。因此，在今後一段時期內中國還會採取有管理的、可調節的自由貿易政策，採取絕對的保護貿易或自由貿易政策都是不妥當的。

例

玩具國外售價 50 美元，加工費只有 2 美元

對一個在國外售價 50 美元的玩具，投入大量勞動力、採用上百道工序進行製作的國內廠商，得到的加工費只有 2 美元。據有關部門的資料，2003 年中國玩具出口額達到 110 億美元，比 2002 年增長 11.3%，仍穩居全世界玩具出口額的頭把交椅。儘管如此，出口企業所得的純利潤卻相當有限，大約維持在 6%~8% 左右。

有一家外國品牌公司在中國的生產加工基地每年要生產數千萬個該品牌的玩具，投入的勞動力達到 7,000 人左右，有的產品要經過 1,500 多道加工工序，而平均每個玩具的加工費只有 2 美元左右。以該品牌玩具的一款為例，其國際市場售價為 50 美元，生產成本為 10 美元左右，除去銷售成本，至少有 90% 的利潤為國外品牌商和經銷商所得，而進行具體生產加工的中國廠商獲利不及其中的 10%。

缺少自己的國際知名品牌是中國玩具利潤稀薄的主要原因。不少中國廠商僅僅是玩具的加工商，外國公司先給一個樣品，中國的廠商依葫蘆畫瓢，複製出「返樣」，如果外方滿意，就向中方下單，生產出的成品最終還要借「洋品牌」「洋包裝」出口，雖然售價基本上是出廠價的 10~20 倍，但是由於

知識產權是別人的，90%以上的利潤只能落進外商的腰包。

例

成本優勢難再，中國汽車要跳出低端怪圈

低成本是中國汽車業的優勢，但無論是從自身發展來看，還是從來自成本更低國家的競爭來看，低成本都不應成為長久優勢。

從俄羅斯到古巴，從卡塔爾到德國，短短幾年時間由中國本土企業製造的汽車，開始在世界舞臺嶄露頭角。國內有評論樂觀估計也許再用不了幾年，中國汽車就會像紡織、機電產品一樣，在國際上又掀起一股中國旋風。

繁榮的出口背後，中國汽車的核心競爭力是什麼？從目前各企業情況來看，無一例外打的是價格牌。由於曾經以價格為競爭力的日韓企業已經站穩腳跟，紛紛走向中高端路線，而全球對於低端產品的需求卻始終存在，這就為中國低成本汽車出口提供了敲門磚。

低成本是中國汽車最重要的競爭力，但這種在很大程度上建立在低勞動力成本基礎上的競爭力，能夠保持多久？僅靠低成本優勢，中國汽車是否就能夠成為最終贏家？此類問題引發人們諸多思考。

1. 低成本優勢難再

發生在周圍的實例也許更有說服力。即便是與5年前相比，大多數人都會感覺自己比以前要「富裕一些」了，這種感覺是由社會整體薪酬水平提高而帶來的。

「剛開始工作的時候每個月只有1,500元，錢基本都不夠花。」在一家合資汽車企業工作的趙先生回憶自己工作5年以來的工資情況，「現在算上各種補貼，基本上能達到5,000元，在我們那兒，這算是低工資了」。以趙先生為例，不到5年，工資上漲了2倍多。

趙先生的個案相當具有代表性。據統計，近些年來，隨著中國GDP一直保持在近兩位數的增長，中國勞動力成本在不斷增加。

薪酬上漲，無疑意味著勞動力成本上升。這種影響已有所體現。由於越南的勞動力成本比中國更低，包括耐克等跨國公司已經將部分產品轉到越南生產。

根據中國社科院研究，隨著中國新增勞動力從今年開始大幅下降，中國勞動力供需基本平衡的拐點已經到來，未來中國勞動力將逐步向短缺過渡。因此中國的勞動力成本優勢只是暫時的，不能持久。

「中國的勞動力價格優勢將在5~8年之後消失」，早前已有專家發出警

告。從目前趨勢來看，未來三至五年內，中國勞動力成本可能上升 30%～50%，而人民幣升值也將超過 10%，如此一來，如果中國企業仍然指望靠成本優勢獲得競爭力，將越來越不可能。

2.誰是「亞洲底特律」

無論是廣州還是上海，都已經雄心勃勃地提出了建設「亞洲底特律」——新的全球汽車製造中心的目標。實際上，國內搶奪這一頭銜的競爭者還很多。然而，許多人忽視了這樣一個事實：對於成為新版底特律的渴望不僅來自國內，更來自國外。包括印度、泰國等在內的國外同行也在拼命將自己塑造成汽車製造中心。

印度的雄心來自於與中國相似的市場容量和后發優勢，還有著比中國更低的勞動力成本和貿易優勢。

這些優勢已經逐步開始在吸引外資方面得到體現。除了最早進入印度的鈴木、現代以外，從 2006 年年中開始，包括通用、福特、日產、本田、寶馬、戴－克等在內的跨國巨頭紛紛加大在印度的投資。

最讓國人觸動的是，一直懸而未決的雷諾在華投資事件基本有了最終結果。2007 年年初，雷諾宣布在印度投資數十億美元建造整車廠和發動機廠，產能為 30 萬輛。由於自身實力以及中印市場的排他性等原因，雷諾選擇印度，則多少意味著放棄中國。

管理諮詢公司羅蘭·貝格研究認為，在新興低成本乘用車市場中，與中國相比，印度乘用車質量提升更快，乘用車出口也在增長。印度媒體認為，由於掌握了汽車製造的核心技術，所以印度汽車業比中國更自信。

雖然印度媒體的斷言多少有自誇的嫌疑，但不得不承認，在本土廠商塔塔等的帶動下，印度培養了大批本土汽車工程技術人才，自主開發能力強，開發成本僅為歐美國家的一半左右。此外，印度汽車擁有長期出口經驗，出口已超過 70 多個國家。

與印度一起對亞洲汽車製造中心地位虎視眈眈的還有泰國。

經過幾十年的潛心經營，泰國汽車產業已形成相當規模。目前泰國擁有東盟國家中最大的汽車組裝能力，並成為東南亞的製造中心之一。

與中國類似，泰國汽車業起步同樣得益於兩大因素——低廉的勞動力價格以及對外國技術和資金的引進。

日前，日本和泰國簽訂了自由貿易協定。此舉不僅能夠促進兩國汽貿往來，還將更進一步刺激泰國汽車業的發展。

跨國汽車廠商之所以對泰國表示青睞，除了擁有與中國基本相當的勞動力價格優勢外，在泰國的汽車製造商還享有東盟自由貿易協議，並同時享有

與澳大利亞雙邊自由貿易協議所產生的關稅優惠，借助這些關稅優惠可以大幅促進出口。

3. 低價之路不通

沒有人會否認，低價策略是中國產品殺進國際市場的敲門磚，三四十年前日本企業也是這麼做的。但如果單純依靠成本，一味追求價格優勢，不僅會透支中國的低成本資源，更會招致反傾銷訴訟。

據瞭解，東南汽車出口伊朗的得利卡單價甚至比國內還低，長城賽弗SUV在俄羅斯的售價比同類產品要低35%左右；而此前奇瑞曾宣稱，其將要進入美國市場的產品會比同類產品的價格低30%。

之所以能夠提供如此低價格的產品，除了依靠勞動力成本優勢外，很大程度上也是此前國內企業過度開發、不計成本破壞資源發展的結果。在新的「節能減排」的產業政策面前，這條路顯然已經走不通了。

此外，中國汽車如果毫無節制地利用低價衝擊國外市場，而不給自己留回旋餘地，則最終也將遭遇傾銷訴訟。馬來西亞、俄羅斯等國都已抬高中國汽車進入門檻；而被日韓企業壓迫已成驚弓之鳥的美國人更是發出中國汽車威脅論，提高了對中國汽車的戒備。

低成本不可能是永遠的優勢，僅僅依靠低價策略更不是長久之計。就中國目前情況而言，暫時利用成本優勢沒有問題，問題在於，是否能夠利用這種優勢提高自己的綜合實力，進而打造自己的品牌，這是新的課題。

第十章 關稅措施

第一節 概述

一、關稅的概念

關稅（Customs Duties，Tariff）是進出口商品經過一國關境時，由政府所設置的海關向其進出口商所徵收的一種稅。

關稅是通過海關徵收的，海關是設在關境上的國家行政管理機構，是貫徹執行本國有關進出口政策、法令和規章的重要工具，其任務是根據這些政策、法令規章對進出口貨物、貨幣、金銀、行李、郵件、運輸工具等實行監督管理，徵收關稅，查緝走私貨物，臨時保管通關貨物和統計進出口商品等。海關還有權對不符合國家規定的進出口貨物不予放行，或予以罰款、沒收或銷毀。

中國全國人大常委會修訂的《海關法》規定：「中華人民共和國海關是國家的進出關境監督管理機關。海關依照本法和其他有關法律、行政法規，監管進出境的運輸工具、貨物、行李物品、郵遞物品和其他物品，徵收關稅和其他稅、費，查緝走私，並編製海關統計和辦理其他海關業務。」

徵收關稅是海關的重要任務之一。海關徵收關稅的領域稱為關境或關稅領域，它是海關所管轄和執行有關海關各項法令和規章的區域。一般說來，關境和國境是一致的，但有些國家在國境內設有自由港、自由貿易區和出口加工區等經濟特區。這些地區不屬於關境範圍之內，這時關境小於國境。有些國家結成關稅同盟，參加關稅同盟的國家的領土即成為統一的關境，這時關境大於各成員國國境。

關稅是國家財政收入的一個重要組成部分，它與其他稅收一樣，具有強制性、無償性和預定性。強制性是指稅收是憑藉法律的規定強制徵收的，而不是一種自願獻納，納稅人都要按照法律規定無條件地履行自己的義務，否則就要受到國家法律的制裁。無償性是指徵收的稅收，除特殊例外，都是國家向納稅人無償取得的國庫收入，國家不需付出任何代價，也不必把稅款直

接歸還給納稅人。預定性是指國家事先規定一個徵稅的比例或徵稅數額，徵納雙方必須共同遵守執行，不得隨意變化和減免。

二、關稅的主要特點

(一) 關稅是一種間接稅

按照納稅人的稅負（Incidence）轉嫁與歸宿為標準，通常把稅收分為兩大類：直接稅（Direct Taxes）和間接稅（Indirect Taxes）。直接稅由納稅人自己負擔，不轉嫁；間接稅可在一定條件下由納稅人轉嫁出去，由他人負擔。

關稅屬於間接稅，因為關稅主要是對進出口商品徵稅，其稅負可以由進出口商墊付，然后把它作為成本的一部分加在貨價上。最后，在貨物出售時將稅負轉給買方或消費者承擔。

(二) 關稅的稅收主體和客體是進出口商人和進出口貨物

按納稅人與課稅貨物的標準，稅收可分為稅收主體和稅收客體。稅收主體（Subject of Taxation）也稱課稅主體，是指在法律上根據稅法規定，負責納稅的自然人或法人，也稱納稅人（Taxpayer）。稅收客體（Object of Taxation）也稱課稅客體或課稅對象，如消費品等。

關稅與一般國內稅不同，關稅的稅收主體是本國進出口商。當商品進出國境或關境時，進出口商根據海關法規定向當地海關繳納關稅，他們是稅收主體，即關稅的納稅人。關稅的稅收客體是進出口貨物，根據海關稅法與有關規定，對各種進口商品制定不同稅目和稅率，徵收不同的稅額。

三、關稅的作用

(一) 關稅是對外貿易政策的重要措施

進出口商品，不僅與國內的經濟和生產有著直接關係，而且與世界其他國家或地區的政治、外交、經濟、生產和流通等方面也有著密切關係。關稅是一個國家與其他國家經濟聯繫的重要方面，關稅措施體現一國對外貿易政策，關稅稅率的高低影響著一國經濟和對外貿易的發展。

(二) 關稅是國家財政收入的一部分

由於發達國家國內市場發達程度高於發展中國家，關稅在國家財政收入中的比重低於發展中國家。1992年關稅在國家財政收入中的比重，美國為1.2%，埃及為9.95%。2003年中國進出口稅收占全國稅收總額的13.6%。

(三) 關稅可以調節進出口貿易

許多國家通過制定和調整關稅稅率來調節進出口貿易。在出口方面，通過低稅、免稅和退稅來鼓勵商品出口；在進口方面，通過稅率的高低、減免來調節商品的進口。關稅對進口商品的調節作用，主要表現在以下幾個方面：

（1）對於國內能大量生產或者暫時不能大量生產但將來可能發展的產品，規定較高的進口關稅，以削弱進口商品的競爭能力，保護國內同類產品的生產和發展。

（2）對於非必需品或奢侈品的進口制定更高的關稅，達到限制甚至禁止進口的目的。

（3）對於本國不能生產或生產不足的原料、半製成品、生活必需品或生產上的急需品的進口，制定較低稅率或免稅，鼓勵進口，滿足國內的生產和生活需要。

（4）通過關稅調整貿易差額。當貿易逆差過大時，提高關稅或徵收進口附加稅以限制商品進口，縮小貿易逆差。當貿易順差過大時，通過減免進口關稅，提高出口關稅縮小貿易順差，以減緩與有關國家的貿易摩擦與矛盾。

第二節　關稅的類別

一、按照徵收的對象或商品流向分類

按照徵收的對象或商品流向，關稅可分為進口稅、出口稅、過境稅。

（一）進口稅

進口稅（Import Duty）是指進口商品進入一國關境時或者從自由港、出口加工區、保稅倉庫進入國內市場時，由該國海關根據海關稅則對本國進口商所徵收的一種關稅。進口稅又稱正常關稅（Normal Tariff）或進口正稅。

進口稅是保護關稅的主要手段。通常所說的關稅壁壘，實際上就是對進口商品徵收高額關稅，以此提高其成本，從而削弱其競爭力，起到限制進口的作用。關稅壁壘是一國推行保護貿易政策所實施的一項重要措施。各國進口稅稅率的制定要考慮多方面的因素。從有效保護和經濟發展出發，應對不同商品制定不同的稅率。一般說來，進口稅稅率隨著進口商品加工程度的提高而提高，即工業製成品稅率最高，半製成品次之。原料等初級產品稅率最低甚至免稅，這稱為關稅升（Tariff Escalate）。進口國同樣對不同商品實行差別稅率，對於國內緊缺而又急需的生活必需品和機器設備予以低關稅或免稅，

而對國內能大量生產的商品或奢侈品則徵收高關稅。同時，由於各種政治經濟關係的需要，會對來自不同國家的同一種商品實行不同的稅率。

一般來說，進口稅稅率可分為普通稅率、最惠國稅率和普惠制稅率三種。

1. 普通稅率

如果進口國未與該進口商品的來源國簽訂任何關稅互惠貿易條約，則對該進口商品按普通稅率徵稅。普通稅率是最高稅率，一般比優惠稅率高1～5倍，少數商品甚至高達10倍、20倍。第二次世界大戰以後，大多數國家都加入了關稅與貿易總協定或者簽訂了雙邊的貿易條約或協定，相互提供最惠國待遇。因此，正常進口稅指的是最惠國稅。對於普通稅率，目前僅有個別國家對極少數（一般是非建交）國家的出口商品實行，大多數只是將其作為其他優惠稅率減稅的基礎。因此，普通稅率並不是被普遍實施的稅率。

2. 最惠國稅率

這是對簽有最惠國待遇條款的貿易協定國家實行的稅率。所謂最惠國待遇（Most-favoured-nation Treatment，MFNT）是指締約國各方實行互惠，凡締約國一方現在和將來給予任何第三方的一切特權、優惠和豁免，也同樣給予對方。最惠國待遇的主要內容是關稅待遇。最惠國稅率是互惠的且比普通稅率低，有時甚至差別很大。例如，美國對進口玩具徵稅的普通稅率為70%，而最惠國稅率僅為6.8%。由於世界上大多數國家都加入了簽訂有多邊最惠國待遇條約的關貿總協定（現世界貿易組織），或者通過個別談判簽訂了雙邊最惠國待遇條約（如入世之前中美之間所簽協定），因而這種關稅稅率實際上已成為正常的關稅率。

但最惠國稅率並非是最低稅率。在最惠國待遇中往往規定有例外條款，如在締結關稅同盟、自由貿易區或有特殊關係的國家之間規定更優惠的關稅待遇時，最惠國待遇並不適用。

3. 普惠制稅率

這是發達國家向發展中國家提供的優惠稅率。它在最惠國稅率的基礎上實行減稅或免稅，通常按最惠國稅率的一定百分比徵收，並且不是互惠的，而是單向的。因此，享受普惠制待遇往往能促進出口。

(二) 出口稅

出口稅（Export Duty）是出口國家的海關在本國產品輸往國外時，對出口商所徵收的關稅。目前大多數國家對絕大部分出口商品都不徵收出口稅。因為徵收出口稅會抬高出口商品的成本和國外售價，削弱其在國外市場的競爭力，不利於擴大出口。但目前世界上仍有少數國家（特別是經濟落後的發展中國家）徵收出口稅。

徵收出口稅的目的主要是：

第一，對本國資源豐富、出口量大的商品徵收出口稅，以增加財政收入。一般說來，以財政收入為目的出口稅稅率都比較低，例如拉丁美洲一些國家的出口稅一般為1%~5%左右。一般說來，當逐步增加一種商品出口稅額單位數額時，被納稅的出口數量會下降，納稅收入先上升，當升到一個最大值時，便開始下降。因此，從理論上講，存在著一個所謂最大出口收入的關稅，就像理論上存在著一個最大進口關稅收入一樣。

第二，為了保證本國的生產，對出口的原料徵稅，以保障國內生產的需要和增加國外商品的生產成本，從而加強本國產品的競爭能力。為了保證本國生產和消費而對出口的原料徵收出口稅的稅率都比較高，在極端的情況下，甚至可以徵收禁止性關稅。例如，瑞典、挪威對於木材出口徵收較高的關稅，以保護其紙漿及造紙工業。

第三，控製和調節某些商品的出口流量，以保持在國外市場上的有利價格，防止盲目「貧困的增長」。如果國內生產要素增長過快使得出口產品迅速增加，就有可能產生貧困化增長。這種增長不但會惡化貿易條件，甚至會使一個國家的經濟狀況惡化。在這種情況下，通過出口稅控製出口，有助於防止出口增加導致效益下降的情況發生。如果本國是一個大國，那麼徵收出口稅以控製出口數量，就會迫使國際市場價格上漲，從而改善該國的貿易條件。

第四，為了防止跨國公司利用「轉移定價」逃避或減少在所在國的納稅，向跨國公司出口產品徵收高額出口稅，維護本國的經濟利益。中國歷來採用鼓勵出口的政策，但為了控製一些商品的出口流量，採用了對極少數商品徵出口稅的辦法。被徵出口稅的商品主要有生絲、有色金屬、鐵合金、綢緞等，出口稅率從10%~100%不等。

(三) 過境稅

過境稅（Transit Duty）又稱通過稅或轉口稅，是一國海關對通過其關境再轉運至第三國的外國貨物所徵收的關稅。其目的主要是增加國家財政收入。過境稅在重商主義時期盛行於歐洲各國。隨著資本主義的發展、交通運輸事業的發達，各國在貨運方面的競爭激烈，同時，過境貨物對本國生產和市場沒有影響，於是，到19世紀后半期，各國相繼廢除了過境稅。第二次世界大戰后，關貿總協定規定了「自由過境」的原則。目前，大多數國家對過境貨物只徵收少量的簽證費、印花費、登記費、統計費等。

二、按照差別待遇和特定的實施情況分類

按照差別待遇和特定的實施情況，關稅可分為進口附加稅、差價稅、特

惠稅和普遍優惠稅。

(一) 進口附加稅

進口附加稅（Import Surtax）是指進口國海關對進口的外國商品在徵收進口正稅之外，出於某種特定的目的而額外加徵的關稅。進口附加稅不同於進口稅，在一國的海關稅則中並不能找到，也不像進口稅那樣受到關貿總協定的嚴格約束而只能降不能升，其稅率的高低往往視徵收的具體目的而定。

進口附加稅通常是一種臨時性的特定措施，又稱特別關稅。其目的主要有：應付國際收支危機，維持進出口平衡，防止外國產品低價傾銷，對某個國家實行歧視或報復等。

進口附加稅是限制商品進口的重要手段，在特定時期有較大的作用。以美國為例，1971年，美國出現了自1893年以來的首次貿易逆差，國際收支惡化。為了應付國際收支危機，維持進出口平衡，美國總統尼克松宣布自1971年8月15日起實行新經濟政策，對外國商品的進口在一般進口稅上再加徵10%的進口附加稅，以限制進口。

一般說來，對所有進口商品徵收進口附加稅的情況較少，大多數情況是針對個別國家和個別商品徵收進口附加稅。這類進口附加稅主要有反傾銷稅、反補貼稅、緊急關稅、懲罰關稅和報復關稅五種。

1. 反傾銷稅

反傾銷稅（Anti-dumping Duty）是指對實行傾銷的進口貨物所徵收的一種臨時性進口附加稅。徵收反傾銷稅的目的在於抵制商品傾銷，保護本國產品的國內市場。因此，反傾銷稅稅額一般按傾銷差額徵收，由此抵銷低價傾銷商品價格與該商品正常價格之間的差額。

根據世界貿易組織的《反傾銷協議》，所謂傾銷，是指一國以低於正常價格向另一國銷售的行為。確定正常價格有三種方法：（1）採用國內價格，即相同產品在出口國用於國內消費時在正常情況下的可比價格；（2）採用第三國價格，即相同產品在正常貿易情況下向第三國出口的最高可比價格；（3）採用構成價格，即該產品在原產國的生產成本加合理的推銷費用和利潤。這三種確定正常價格的方法是依次採用的，即若能確定國內價格就不使用第三國價格或構成價格，以此類推。另外，這三種正常價格的確定方法僅適用於來自市場經濟國家的產品。對於來自非市場經濟國家的產品，由於其價格並非由競爭狀態下的供求關係所決定，因此西方國家選用替代國價格，即以一個屬於市場經濟的第三國所生產的相似產品的成本或出售的價格作為基礎，來確定其正常價格。

按《反傾銷協議》規定，對進口商品徵收反傾銷稅必須滿足以下三個必

要條件：（1）傾銷存在；（2）傾銷對進口國國內的同類產業造成實質性的損害或實質性的損害威脅；（3）傾銷進口商品與所稱損害之間存在因果關係。進口國只有經充分調查，確定某進口商品符合上述徵收反傾銷稅的條件，方可徵收反傾銷稅。

確定傾銷對進口國國內工業的損害應該有確鑿的證據，主要從以下三方面來認定：（1）傾銷進口產品的數量是否構成急遽增長——無論是絕對數量還是相對數量；（2）產品對進口國的同類商品或者類似商品價格的影響；（3）該產品對進口國國內產業的潛在威脅和對建立新產業的阻礙。此外，還要確定上述損害是否為傾銷所致。若由於其他因素（如需求萎縮或消費模式改變等）造成的損害則不應歸咎於傾銷性進口。

如果某進口商品最終確證符合被徵反傾銷稅的條件，則所徵的稅額不得超過經調查確認的傾銷差額，即正常價格與出口價格的差額。徵收反傾銷稅的期限也不得超過為抵銷傾銷所造成的損害必需的期限。一旦損害得到彌補，進口國應立即停止徵收反傾銷稅。另外，若被指控傾銷其產品的出口商願作出「價格承諾」（Price Undertaking），即願意修改其產品的出口價格或停止低價出口傾銷的做法，進口國有關部門在認為這種方法足以消除其傾銷行為所造成的損害時，可以暫停或終止對該產品的反傾銷調查，不採取臨時反傾銷措施或者不予以徵收反傾銷稅。

雖然 WTO 制定了《反傾銷協議》，但反傾銷法的執行主要依賴各簽字國的國內立法規定，因而具有很大的隨意性。隨著關稅壁壘作用的降低，各國越來越趨向於利用反傾銷手段，對進口產品進行曠日持久的傾銷調查及徵收高額反傾銷稅來限制商品進口。

2. 反補貼稅

反補貼稅（Countervailing Duty）又稱反津貼稅、抵消稅或補償稅，是指進口國為了抵銷某種進口商品在生產、製造、加工、買賣、輸出過程中所接受的直接或間接的補貼而徵收的一種進口附加稅。徵收反補貼稅的目的在於增加進口商品的價格，抵銷其所享受的貼補金額，削弱其競爭能力，使其不能在進口國的國內市場上進行低價競爭或傾銷。

為了有效地約束和規範補貼的使用，防止補貼對國際貿易帶來的扭曲作用，烏拉圭回合達成了《補貼與反補貼措施協定》。根據《補貼與反補貼措施協定》，徵收反補貼稅必須證明補貼的存在及這種補貼與損害之間的因果關係。如果出口國對某種出口產品實施補貼的行為對進口國國內現有的工業造成重大損害或產生重大威脅，或嚴重阻礙國內某一工業的新建時，進口國可以對該種產品徵收反補貼稅。反補貼稅稅額一般按獎金或補貼的數額徵收，

不得超過該產品接受補貼的淨額，且徵稅期限不得超過 5 年。另外，對於接受補貼的傾銷商品，不能既徵反傾銷稅，同時又徵反補貼稅。

3. 緊急關稅

緊急關稅（Emergency Tariff）是為消除外國商品在短期內大量進口對國內同類產品生產造成重大損害或產生重大威脅，而徵收的一種進口附加稅。當短期內外國商品大量湧入時，一般正常關稅已難以起到有效保護作用，因此需借助稅率較高的特別關稅來限制進口，保護國內生產。例如，1972 年 5 月，澳大利亞受到外國滌綸和棉綸進口的衝擊，為保護國內生產，澳決定徵收緊急關稅，在每磅 20 澳分的正稅外另加徵每磅 48 澳分的進口附加稅。由於緊急關稅是在緊急情況下徵收的，是一種臨時性關稅，因此，當緊急情況緩解后，緊急關稅必須撤除，否則會受到別國的關稅報復。

4. 懲罰關稅

懲罰關稅（Penalty Tariff）是指出口國某商品違反了與進口國之間的協議，或者未按進口國海關規定辦理進口手續時，由進口國海關向該進口商品徵收的一種臨時性的進口附加稅。這種特別關稅具有懲罰或罰款性質。例如，1988 年日本半導體元件出口商因違反了與美國達成的自動出口限制協定，被美國徵收了 100% 的懲罰關稅。又如，若某進口商虛報成交價格，以低價假報進口手續一經發現，進口國海關將對該進口商徵收特別關稅作為罰款。

另外，懲罰關稅有時還被用作貿易談判的手段。例如，美國在與別國進行貿易談判時，就經常揚言若談判破裂就要向對方課徵高額懲罰關稅，以此逼迫對方讓步。這一手段在美國經濟政治實力鼎盛時期是非常有效的，然而，隨著世界經濟多極化、國際化等趨勢的加強，這一手段日漸乏力，且越來越容易招致別國的報復。

5. 報復關稅

報復關稅（Retaliatory Tariff）是指一國為報復他國對本國商品、船舶、企業、投資或知識產權等方面的不公正待遇，對從該國進口的商品所課徵的進口附加稅。通常在對方取消不公正待遇時，報復關稅也會相應取消。然而，報復關稅也像懲罰關稅一樣，易引起他國的反報復，最終導致關稅戰。例如，烏拉圭回合談判期間，美國和歐洲聯盟就農產品補貼問題發生了激烈的爭執，美國提出一個「零點方案」，要求歐盟 10 年內將補貼降為零，否則除了向美國農產品增加補貼外，還要對歐盟進口商品增收 200% 的報復關稅。歐盟也不甘示弱，揚言反報復。雙方劍拔弩張，若非最後相互妥協，就差點葬送了這一輪談判的成果。

徵收進口附加稅主要是為彌補正稅的財政收入作用和保護作用的不足。

由於進口附加稅比正稅所受國際社會約束要少，使用靈活，因而常常會被用作限制進口與貿易鬥爭的武器。過去，中國在合理地、適當地應用進口附加稅的手段方面顯得非常不足。比如，因長期沒有自己的反傾銷、反補貼法規，不能利用反傾銷稅和反貼補稅來抵制外國商品對中國低價傾銷，以保護中國同類產品的生產和市場。直到1997年3月25日，中國頒布了《中華人民共和國反傾銷和反補貼條例》，才使中國的反傾銷、反補貼制度法制化、規範化。

例

歐盟對中國皮鞋反傾銷劃上「句號」

從2011年4月1日起，歐盟正式取消對中國皮鞋徵收16.5%的高額反傾銷稅，這是中國鞋企不懈努力的結果，這一維持了5年之久的不合理貿易保護措施終於被「打落」。

2006年10月，歐盟繼此前持續對中國皮鞋實行配額限制後，首次對中國皮鞋實行反傾銷，徵收為期兩年的16.5%的高額反傾銷稅。當反傾銷徵稅期滿後，歐盟再次發起復審，決定將反傾銷措施再延長15個月，直到2011年3月31日。

這4年多來，中國奧康等5家企業3次奮起應訴、抗辯。期間的2010年4月8日，中國政府還上訴至WTO，但至今無果。

可喜的是，在中國政府和奧康等5家企業鍥而不捨的抵制下，終於迎來曙光。中國皮革協會副理事長、奧康鞋業董事長王振滔告誡鞋業同行，反傾銷稅的取消對中國出口企業是一種「減負」，但不應該盲目樂觀，要著眼於中國鞋業的未來。反傾銷稅的取消利大於弊，廣大鞋企要以此為戒、自立自強，提高產品研發和品牌附加值，開闢多元市場、優化出口產品結構，著重自主知識產權的建設和保護，最終在國際市場上靠產品品質取勝，而不是靠低價走量。只有這樣，中國鞋業在國際舞臺上才能占領主動權、贏得話語權。中國皮革協會有關人士警示，雖然反傾銷措施已終止，但中國鞋企一定要認真研究歐盟關於皮鞋出口的法律法規，規範企業自身經營行為，遵守行業規則，為中國鞋企出口打造好的筋骨，同時加強與歐盟鞋業的合作和溝通，加強雙方的瞭解，在國際市場上實現共贏發展。

（二）差價稅

差價稅（Variable Levy）又稱差額稅，是當本國生產的某種產品的國內價格高於同類進口商品的價格時，為削弱進口商品的競爭力、保護本國生產和

國內市場，按國內價格與進口價格之間的差額徵收的關稅。徵收差價稅的目的是使該種進口商品的稅后價格保持在一個預定的價格標準上，以穩定國內同種商品的市場價格。

對於徵收差價稅的商品，有的規定按價格差額徵收，有的規定在徵收一般關稅以外另行徵收，這種差價稅實際上屬於進口附加稅。差價稅沒有固定的稅率和稅額，而是隨著國內外價格差額的變動而變動，因此是一種滑動關稅（Sliding Duty）。

差價稅的典型表現是歐盟對進口農畜產品的做法。歐盟為了保護其農畜產品免受非成員國低價農產品競爭，而對進口的農產品徵收差價稅。歐盟在徵收差價稅時，按照下列步驟進行：首先，在共同市場內部按生產效率最低而價格最高的內地中心市場的價格為準，制定統一的目標價格（Target Price）；其次，從目標價格中扣除從進境地運到內地中心市場的運費、保險費、雜費和銷售費用后，得到門檻價格（Threshold Price），或稱閘門價格；最后，若外國農產品抵達歐盟進境地的到岸價格（CIF）低於門檻價格，則按其差額確定差價稅率。

實行差價稅后，進口農產品的價格被抬至歐盟內部的最高價格，從而喪失了價格競爭優勢。歐盟則借此有力地保護了其內部的農業生產。此外，對使用了部分農產品加工成的進口製成品，歐盟除徵收工業品的進口稅外，還對其所含農產品部分另徵部分差價稅，並把所徵稅款用作農業發展資金，資助和扶持內部農業的發展。因此，歐盟使用差價稅實際上是其實現共同農業政策的一項重要措施，保護和促進了歐盟內部的農業生產。

（三）特惠稅

特惠稅（Preferential Duty）又稱優惠稅，是對來自特定國家或地區的進口商品給予特別優惠的低關稅或免稅待遇。使用特惠稅的目的是為了增進與受惠國之間的友好貿易往來。特惠稅有的是互惠的，有的是非互惠的。

特惠稅最早開始於宗主國與其殖民地及附屬國之間的貿易。目前仍在起作用的，且最有影響的是歐共體（現歐盟）向參加協定的非洲、加勒比海和太平洋地區的發展中國家單方面提供的特惠關稅。因這一優惠關稅協定是在西非多哥首都洛美簽訂的，所以又叫做洛美協定（Lome Convention）。第一個洛美協定簽訂於1975年2月。按照洛美協定，歐共體在免稅、不限量的條件下，接受60多個受惠國的全部工業品和99.5%的農產品，而不要求受惠國給予反向優惠，並放寬原產地限制。同時，歐共體還給予這些國家和地區由於一些產品跌價或減產而遭到損失時的補償。

洛美協定國家間實行的這種優惠關稅是世界上最優惠的一種關稅：一是

優惠範圍廣，除極少數農產品外，幾乎所有工業產品和農產品都在優惠範圍之列；二是優惠幅度大，列入優惠的產品全部免稅進口。它有力地促進了歐盟和這些國家之間經濟貿易關係的發展。

（四）普遍優惠制

普遍優惠制（Generalized System of Preferences，GSP）簡稱普惠制，是發達國家給予發展中國家出口的製成品和半製成品（包括某些初級產品）普遍的、非歧視的、非互惠的一種關稅優惠制度。普遍性、非歧視性和非互惠性是普惠制的三項基本原則。普遍性是指發達國家對所有發展中國家出口的製成品和半製成品給予普遍的關稅優惠待遇；非歧視性是指應使所有發展中國家都無歧視、無例外地享受普惠制待遇；非互惠性即非對等性，是指發達國家應單方面給予發展中國家特殊的關稅減讓而不要求發展中國家對發達國家給予對等待遇。

普惠制的目的是通過給惠國對受惠國的受惠商品給予減、免關稅優惠待遇，使發展中的受惠國增加出口收益，促進其工業化水平的提高，加速國民經濟的增長。

普遍優惠制是發展中國家在聯合國貿易與發展會議上長期鬥爭的成果。從1968年聯合國第二屆貿發會議通過普惠制決議至今，普惠制已在世界上實施了30多年。目前，全世界已有190多個發展中國家和地區享受普惠制待遇，給惠國則達到30個，分別是：歐洲聯盟15國（德國、英國、法國、義大利、荷蘭、比利時、盧森堡、愛爾蘭、希臘、西班牙、葡萄牙、丹麥、奧地利、芬蘭、瑞典）、瑞士、挪威、波蘭、俄羅斯、烏克蘭、白俄羅斯、日本、加拿大、澳大利亞、新西蘭、美國、保加利亞、匈牙利、捷克、斯洛伐克。自1978年下半年以來，先後有21個工業發達國家宣布給予中國這一關稅優惠待遇，美國是至今仍未給中國普惠制待遇的唯一的西方發達國家。

普惠制方案是各給惠國為實施普惠制而制定的具體執行方法。各發達國家（即給惠國）分別制定了各自的普惠制實施方案，而歐盟作為一個國家集團給出共同的普惠制方案。目前全世界共有15個普惠制方案。從具體內容看，各方案不盡一致，但大多包括了給惠產品範圍、受惠國家和地區、關稅削減幅度、保護措施、原產地規則、給惠方案有效期六個方面。

1. 給惠產品範圍

一般農產品的給惠商品較少，工業製成品或半製成品只有列入普惠制方案的給惠商品清單，才能享受普惠制待遇。一些敏感性商品，如紡織品、服裝、鞋類以及某些皮製品、石油製品等常被排除在給惠商品之外或受到一定限額的限制。例如，歐盟1994年12月31日頒布的對工業產品的新普惠制法

規（該法規於 1995 年 1 月 1 日開始執行），將工業品按敏感程度分為五類，並分別給予不同的優惠關稅。具體地說，對第一類最敏感產品，即所有的紡織品，普惠制關稅為正常關稅的 85%；對第二類敏感產品，徵正常關稅的 70%；對第三類半敏感產品，徵正常關稅的 35%；對第四類不敏感產品，關稅全免；而對第五類部分初級工業產品，將不給優惠稅率，照徵正常關稅。又如美國的普惠制方案規定，紡織品協議項下的紡織品和服裝、手錶、敏感性電子產品、敏感性鋼鐵產品、敏感性玻璃製品或半製成品及鞋類不能享受普惠制待遇。

2. 受惠國家和地區

這是一個受惠國或地區的名單。按照普惠制的原則，給惠國應該對所有發展中國家或地區都無條件、無例外地提供優惠待遇。但是實際上，發展中國家（地區）能否成為普惠制方案的受惠國（地區）是由給惠國單方面確定的。因此，各普惠制方案大都有違普惠制的三項基本原則。各給惠國從各自的政治、經濟利益出發，制定了不同的標準要求，限制受惠國家和地區的範圍。例如，美國公布的受惠國（地區）名單中，就不包括某些社會主義發展中國家、石油輸出國成員等。

3. 給惠商品的關稅削減幅度

給惠商品的減稅幅度取決於最惠國稅率與普惠制稅率之間的差額，即普惠制減稅幅度＝最惠國稅率－普惠制稅率，且減稅幅度大，甚至可能免稅。如日本對給惠的農產品實行優惠關稅，對給惠的工業品除其中的「選擇性產品」給予最惠國稅率的 50% 優惠外，其餘全都免稅。

4. 保護措施

各給惠國為了保護本國生產和國內市場，從自身利益出發，均在各自的普惠制方案中制定了程度不同的保護措施。保護措施主要表現在例外條款、預定限額及畢業條款三個方面。

所謂例外條款（Escape Clause），是指當給惠國認為從受惠國優惠進口的某項產品的數量增加到對其本國同類產品或有競爭關係的商品的生產者造成或將造成嚴重損害時，給惠國保留對該產品完全取消或部分取消關稅優惠待遇的權力。很明顯，例外條款表明，發達國家給予發展中國家普惠待遇的前提條件是其國內市場不會因給惠而受到干擾。如加拿大曾對橡膠鞋及彩電的進口引用例外條款，對來自受惠國的這兩種商品停止使用普惠制稅率，而恢復按最惠國稅率徵收進口稅。給惠國常常引用例外條款對農產品進行保護。

所謂預定限額（Prior Limitation），是指給惠國根據本國和受惠國的經濟發展水平及貿易狀況，預先規定一定時期內（通常為一年）某項產品的關稅

優惠進口配額，達到這個額度后，就停止或取消給予的關稅優惠待遇，而按最惠國稅率徵稅。給惠國通常引用預定限額對工業產品的進口進行控製。

所謂畢業條款（Graduation Clause），是指給惠國以某些發展中國家或地區由於經濟發展，其產品已能適應國際競爭而不再需要給予優惠待遇和幫助為由，單方面取消這些國家或產品的普惠制待遇。畢業標準可分為國家（地區）畢業和產品畢業兩種，由各給惠國自行具體確定。例如，美國規定，一國人均收入超過8,850美元或某項產品出口占美國進口的50%即為畢業。美國自1981年4月1日開始啟用畢業條款，至1988年底，終止了16個國家的受惠國地位，免除了來自144個發展中國家和地區約三千多種進口商品的普惠制待遇。畢業條款是一項最敏感、最嚴格的保護措施，其實施會對相關國家的出口貿易產生很大的影響。具體地說，「已畢業」的國家（地區）和產品因為不能再享受優惠待遇，一方面不得不在進口國市場上與發達國家同類產品競爭，另一方面又面臨其他發展中國家乘勢取而代之且打入進口國市場的嚴峻挑戰。以「亞洲四小龍」為例，1987年它們享受美國普惠制的受惠額占美國所給全部受惠額的60%，達到美國規定的畢業標準。於是美國政府1988年1月29日宣布，「亞洲四小龍」已從不發達國家和地區中畢業，從1989年起取消其向美國出口商品所享受的普惠制待遇。這樣，「亞洲四小龍」被迫在不享受普惠待遇的情況下同美國市場上的德國、日本等發達國家同類產品競爭。同時，泰國、馬來西亞、印度尼西亞、菲律賓等國從中得益甚多，向美國市場擴大出口。

畢業條款同樣也困擾著中國產品的出口。在歐盟新的普惠制方案中，被取消普惠制待遇的中國產品，涉及《協調制度》37個章節，共7大類商品，占了近41%。從1993年的出口金額看，這7大類產品對歐出口為177億歐洲貨幣單位，占中國對歐總出口的60%。可見，歐盟新普惠制方案的畢業條款會對中國向歐出口產生很大的消極影響。

5. 原產地規則

為了確保普惠制待遇只給予發展中國家和地區生產和製造的產品，各給惠國制定了詳細和嚴格的原產地規則。原產地規則是衡量受惠國出口產品能否享受給惠國給予減免關稅待遇的標準。原產地規則一般包括三個部分：原產地標準、直接運輸規則和原產地證書。

（1）原產地標準。貨物的原產地是貨物的「國籍」。原產地標準（Origin Criteria）是一個國家或地區為確定貨物的「國籍」（原產地）而實施的普遍適用標準。普惠制的原產地標準分為兩大類：一類是完全的原產品，它是指貨物完全由受惠國（地區）生產或製造的產品。任何含有進口或來源不明的

原料、零部件的產品，都不能視為完全的原產品。另一類是含有進口成分的原產品，它是指全部或部分使用進口原料或零部件生產的產品。這些原料或零部件經過受惠國或地區加工后，其性質和特徵達到了「實質性改變」而成為另一種不同性質的商品，才能作為受惠國（地區）的原產品享受普惠制待遇。

（2）直接運輸規則。所謂直接運輸規則（Rule of Direct Consignment），是指受惠國（地區）原產品必須從出口受惠國（地區）直接運至進口給惠國。制定這項規則的主要目的是為了避免在運輸途中可能進行的再加工或換包。但由於地理或運輸等原因確實不可能直接運輸時，允許貨物經過他國領土轉運，條件是貨物必須始終處於過境國海關的監管下，未投入當地市場銷售或再加工。

（3）原產地證書。所謂原產地證書（Certificate of Origin），是指受惠國（地區）必須向給惠國提供由出口受惠國政府授權的簽證機構簽發的普惠制原產地證書，將其作為享受普惠制減免關稅優惠待遇的有效憑證。

普惠制在實施 30 年來，確實對發展中國家的出口起了一定的積極作用。但由於各給惠國在提供關稅優惠的同時，又制定了種種繁瑣的規定和嚴厲的限制措施，因此建立普惠制的預期目標沒有真正達到。

第三節　關稅徵收、減免與配額

一、關稅徵收

關稅徵收是指海關依據海關稅則，向進出口貿易商徵收的稅。

（一）海關稅則

海關稅則（Customs Tariff）又稱關稅稅則，是一國對進出口商品計徵關稅的規章和對進出口的應稅與免稅商品加以系統分類的一覽表。海關稅則一般包括兩個部分：一部分是海關課徵關稅的規章條例及說明；另一部分是關稅稅率表。

關稅稅率表主要包括三個部分：稅則號列（Tariff No. 或 Heading No. 或 Tariff Item），簡稱稅號；貨物分類目錄（Description of Goods）；稅率（Rate of Duty）。

1. 海關稅則的貨物分類

海關稅則的貨物分類方法，主要是根據進出口貨物的構成情況，對不同

商品使用不同稅率以及出於對進出口貨物統計需要而進行的系統分類。各國海關稅則的商品分類方法多以《商品名稱及編碼協調制度》作為商品分類的基礎。

20世紀70年代初海關合作理事會設立了一個協調制度委員會，研究並制定了《商品名稱及編碼協調制度》，簡稱《協調制度》（Harmonized System，HS）。《協調制度》將商品分為21類97章，第97章留空備用，章以下設有1,241個四位數的稅目，5,019個六位數的子目。四位數的稅目中，前兩位數表示項目所在的章，后兩位數表示項目在有關章的排列次序。例如稅目為01·04是綿羊、山羊，前兩位數表示該項目在第一章，后兩位表示該商品為第一章的第四項。六位數的子目，即表示包括稅目下的子目，例如，5202為廢棉；5202·10為廢棉紗線。

2. 海關稅則的種類

依據關稅的欄目，海關稅則可分為單式與復式稅則；依據稅則制定權，可分為自主稅則和協定稅則。

（1）單式稅則和復式稅則。

單式稅則（Single Tariff）又稱一欄稅則。它是指一個稅目只有一個稅率，適用於來自任何國家的商品，沒有差別待遇。現在只有少數發展中國家如委內瑞拉、巴拿馬、岡比亞等實行此稅則。

復式稅則（Complex Tariff）又稱多欄稅則。它是指在一個稅目下訂有兩個或兩個以上的稅欄，對來自不同國家的進口商品，適用不同的稅率，現為絕大多數國家採用。

（2）自主稅則和協定稅則。

自主稅則（Autonomous Tariff）又稱國定稅則，是指一個國家的立法機構根據關稅自主原則單獨制定而不受對外簽訂的貿易條約或協定約束的一種稅率。

協定稅則（Conventional Tariff）是指一國與其他國家或地區通過談判，以貿易條約或協定的方式確定的關稅率。

這兩種稅則均可設置單式稅則和復式稅則。當今世界絕大多數國家採用協定稅則。

（二）計稅標準

海關在計徵各種商品的關稅時，從收取最大稅額的角度考慮，對不同的商品設置不同的徵稅方法。各國海關通常使用的計稅方法有：從價稅、從量稅、複合稅和選擇稅。此外，還有滑準稅和季節稅等。

1. 從量稅

從量稅是將貨物的計量單位（重量、長度、面積、容積、功率、件數等）作為課稅標準。它表示為每計量單位后的貨幣單位，多應用於體積較大而價值較小的初級產品。

從量關稅額的計算公式為：關稅稅額＝商品進口數量×從量關稅稅率

從量稅的特點是：（1）計稅方法簡單，有利於進出口貨物的迅速通關。（2）對質次價廉的進口商品抑製作用較大，保護作用較強；對質優價高的進口商品抑製作用較小，保護作用較弱。（3）可防止以低價偽報進口的偷逃稅。（4）稅率不能隨物價的漲落經常更改。因此，當貿易價格上漲時，因從量稅稅率固定不變，稅負相對下降，財政收入和保護作用相應降低。反之，當貿易價格下降時，稅負不會減少，財政收入和保護作用不會削弱。（5）對一些新產品、古玩、藝術品等難以制定從量稅稅率。

因製成品在國際貿易中已占絕對比重，現在單獨使用從量稅的國家已經很少。

2. 從價稅

從價稅是以課稅對象的價值量為課稅標準的徵收方法，稅率一般表現為應稅稅額占貨物價格或價值的百分比。

從價稅額計算公式為：

從價稅額＝完稅價格×從價稅率

從價稅有以下特點：第一，稅負公平合理。按照貨物的貴賤確定應納稅額，價高稅高，價低稅少，符合稅收中性化原則。從價稅還可以使關稅負擔隨價格變動而增減，有助於實現納稅負擔的合理化。第二，徵收方法簡單。由於從價稅以進出口貨物的價格為徵收關稅的標準，因此同一類貨物不必因為質量的差異而分別納稅。第三，有利於各國關稅水平的相互比較。從價稅稅負明確，其稅率以百分數表示，便於比較。第四，容易普遍實施。任何國際貿易的商品都有價格，因此，從價稅率既能比較容易地體現立法者的原意，又能適用於所有商品。

從價稅也有一些不足，主要是完稅價格難以審定。因為它受納稅人誠信度、進出口貨物價格信息能否及時獲取、國際貿易條件變化等的影響，所以要確定進出口貨物價格的真實性、合理性十分困難。由於貨物價格難以審定，海關需要一套複雜的海關估價制度和稽查制度來確定貨品價格，所以會延緩通關，增加關稅計徵的成本。

從價稅是世界大多數國家使用的主要計稅標準。由於進出口商品的成交方式不同、買賣雙方承擔的義務和風險不同，銷售價格多種多樣，很多國家

規定以商品的到岸價格（CIF）為進口商品完稅價格的稅基，以商品的離岸價格（FOB）為出口商品完稅價格的稅基。但也有一些國家，如美國、加拿大等國的進口稅完稅價格是以離岸價格（FOB）為稅基。

為了多徵收關稅或保護本國市場，各國海關有意通過多種辦法高估進口商品價值，這成為危害國際貿易發展的非關稅壁壘。為了減少由此給國際貿易帶來的障礙，使海關估價規範化，在關貿總協定「東京回合」中，締約方通過談判，達成《關於實施關貿總協定第七條的協議》（亦稱《海關估價守則》）。烏拉圭回合對該守則修訂和完善后，達成了《海關估價協議》，確定了海關估價的通用方法。

（1）以進口貨物的成交價格確定完稅價格。運用這一方法確定的完稅價格，是指出口成員方的貨物到達進口成員方關境后，進口成員方海關根據成交情況對進口商實付或應付成交價格進行調整后的價格。

（2）以相同貨物的成交價格確定完稅價格。在無法採用進口貨物成交價格方法確定進口貨物的完稅價格時，進口成員方海關可採用相同貨物的成交價格確定完稅價格。

相同貨物指與進口貨物原產國或地區、原生產者生產的貨物各方面完全相同的貨物。相同貨物是指貨物物理特性、質量和聲譽等方面均相同。如果該進口貨物原生產者不再生產相同貨物，可使用同一生產國其他生產者生產的貨物作為相同貨物，貨物外形的細小差別可忽略不計。

（3）以類似貨物的成交價格確定完稅價格。在不能依次採用上述兩種估價方法時，進口成員方海關可採用類似貨物的成交價格確定完稅價格。

類似貨物指在材料組成及特性上與進口貨物原產國、原生產者生產的貨物相似，具備同樣功能且商業上可互換的貨物。如果該進口貨物原生產者不再生產類似貨物時，可使用同一生產國其他生產者生產的貨物作為類似貨物。

（4）以倒扣價格方法確定完稅價格。在不能依次採用上述三種估價方法時，進口成員方海關可採用倒扣價格方法確定完稅價格。倒扣價格指根據進口貨物或相同貨物或類似貨物在進口方的銷售價格，扣減貨物進口及銷售時產生的某些特定費用后的價格。特定費用具體包括在進口方發生的佣金、利潤，為推銷和銷售貨物直接和間接產生的一般費用、運費、保險費及有關費用、關稅及其他費用和增值稅等國內稅。是否扣減海上運輸費、保險費和港口裝卸費，由進口成員方海關根據本國有關法規決定。

（5）以計算價格方法確定完稅價格。若不能依次採用上述四種估價方法，進口成員方海關可採用計算價格方法確定完稅價格。計算價格是指進口貨物的生產成本，加上從出口方向進口方銷售同級別或同種類貨物通常所獲得的

利潤，以及為推銷和銷售貨物直接和間接產生的一般費用等。

（6）以「合理」方法確定完稅價格。在無法完全按照上述五種估價方法確定完稅價格時，進口成員方海關可採用「合理」方法確定完稅價格。

「合理」方法是指海關可採用其他符合《海關估價協議》原則的合理的方法來估價，包括對上述各種估價方法進行靈活處理，以其中最容易計算的方式確定完稅價格。

3. 複合稅

複合稅又稱混合稅，是指在海關稅則中，對一個稅目中的商品同時使用從價、從量兩種標準計稅，以兩者之和作為應稅額而徵收的一種關稅。

由於從價、從量兩種計稅標準各有優缺點，兩者混合使用可以取長補短，有利於關稅作用的發揮。

複合稅額的計算公式為：

關稅稅額＝貨物進口數量×從量關稅稅率＋完稅價格×從價稅率

4. 選擇稅

選擇稅是指在海關稅則中對同一稅目的商品訂有按從價標準和按從量標準計徵稅款的兩種稅率，可根據增加稅額的需要選擇其中一種計算應徵稅款。

選擇稅的使用要依照國際市場價格的變動。在應稅商品價格上漲時，因從量稅的單位應稅額不能及時調整，稅額相對降低，則可選擇從價計稅；在應稅商品價格下跌時，從價計稅稅額相對降低，則可選擇從量計稅；對質次價廉的進口商品或商人低報價格的商品，均可按從量標準計徵關稅。

5. 滑準稅

滑準稅是在海關稅則中，對同一稅目的商品按其價格的高低分開檔次並依此制定不同稅率，依該商品的價格高低而適用其不同檔次稅率計徵的一種關稅，也稱滑動稅。其目的是使該商品的國內市場價格保持在一定的水平上，免受或少受國際市場價格波動的影響。

滑準稅的優點在於它能平衡物價，保護國內產業發展。缺點是容易使交易出現投機行為。

滑準稅的一種典型形式是差價稅。差價稅的稅率是按照進口貨物價格低於國內市場同類貨物價格的差額來確定的，又稱「差額稅」或「不定額稅」。差價稅可分為部分差價稅、全部差價稅和倍數差價稅三種。部分差價稅是對進口貨物價格與國內市場價格差額進行部分徵稅，以鼓勵此種貨物進口；全部差價稅或倍數差價稅是對進口貨物價格低於國內市場同類價格的全部差價或差額倍數徵收關稅，其目的是限制進口。差價稅通常沒有固定稅率，多是根據進口貨物逐件進行計徵。

歐盟為保護成員的農業，對進口的農產品多採用差價稅。

6. 季節稅

季節稅是對有季節性的鮮貨、果品、蔬菜等產品，按其進口季節不同制定兩種或兩種以上的稅率，在旺季採用高稅率，在淡季採用低稅率計徵的一種關稅。其目的是維護供銷平衡和穩定市場。

(三) 通關手續

通關手續又稱報關手續，是指出口商或進口商向海關申報出口或進口，接受海關的監督與檢查，履行海關規定的手續。辦完通關手續，結清應付的稅款和其他費用，經海關同意，貨物即可通關放行。通關手續通常包括貨物的申報、查驗、徵稅和放行環節。

二、關稅減免

(一) 含義

關稅減免是指由於進口國經濟、政治等方面的原因或根據國際條約、慣例，需要免除某些納稅義務人或某些進出口應稅貨品的納稅義務。

(二) 減免依據

由於各國國情不同，各國關稅減免制度的內容也不一致。為了方便國際貿易和其他國際交流的進行，海關合作理事會在《關於簡化與協調海關業務制度的國際公約》中推薦了一些應予關稅減免的範圍，建議各國採用，但不限制各國給予進一步的方便和優惠。

(三) 減免範圍

（1）有關國際協定中規定的貨品：如聯合國教科文組織《關於進口教科文材料的協定》《促進教科文視聽材料的國際交流的協定》中規定的教科文物品；《國際民航公約》列出的器材；《關於便利進口商業貨樣和廣告品的國際公約》中所指的價格低廉的商業樣品和廣告品等。

（2）無商業價值的樣品：如按其大小除展出外無其他用途的原材料及產品；按商業慣例黏附在卡片上或作樣品用的非貴重材料製品。

（3）人體治療物質、血型鑒定和組織分類試劑。

（4）因遷居而進口的動產。

（5）布置第二居所使用的家具和家用物品。

（6）其他：嫁妝和結婚禮品，學習用品，遺產，個人禮物，送給慈善或救濟機構的物品，獎品，陣亡將士墓用材料，宗教用品，供測試用的產品，

供牲畜在運輸途中食用的草料和飼料，供運輸途中貨物防護用的產品和材料，進境供旅客、船員或乘務員以及運輸工具自身所需的備用物料。

（四）減免關稅的批准和約束條件

在批准程序方面，各國要提供方便和簡化的手續，減免稅進口后的貨物必須在海關準予減免稅進口時核准的用途範圍內使用，不得用於其他用途或銷售。

三、關稅配額

（一）含義

關稅配額是對一定數額以內的進口商品，給予低稅、減稅或免稅待遇；對超過數額的進口商品則徵收較高的關稅。它多用於農產品的進口。如美國為保護國內農業生產者利益，對部分農產品實行關稅配額。如脫脂奶粉，配額內平均關稅稅率為 2.2%，配額外平均關稅稅率則為 52.6%。

（二）關稅配額類別

按商品進口的來源，關稅配額可分為全球性關稅配額和國別關稅配額。按徵收關稅的目的，關稅配額可分為優惠性關稅配額和非優惠性關稅配額。其意是對關稅配額內進口的商品給予較大幅度的關稅減讓，甚至免稅，而對超過配額的進口商品即徵收原來的最惠國稅率。

第四節　關稅保護度

關稅的保護程度是衡量或比較一個國家對進口商品課徵關稅時給予該國經濟的保護所達到的水平。這種水平可用名義保護率和有效保護率來表示。

一、關稅名義保護率

名義保護率是指對一商品由於實行關稅保護而引起的國內市場價格超過國際市場價格的部分與國際市場價格的百分比。

其計算公式為：$NRP = (P' - P) / P \times 100\%$

NRP 為名義保護率，P 為進口商品的國際市場價格，P' 為進口商品的國內市場價格。

在關稅保護下，進口商品的價格提高了，這樣國內生產的同類商品得以以相同的價格出售，從而達到了保護本國商品生產的目的。國內市場價格的

提高所產生的國際市場與國內市場價格之差,就是該國關稅對該商品提供的保護。這一價格差與該商品的國際市場價格之比率,即為名義保護率。例如,在國際市場上某種汽車的售價為每輛10,000美元,對其進口徵收10%的關稅,則該國國內同類汽車售價可從10,000美元提高到11 000美元。那麼,該國對汽車的名義保護率為10%(11,000-10,000/10,000×100%)。

二、關稅有效保護率

（一）有效保護理論的提出與發展

第二次世界大戰以後,世界經濟發生了巨大變化。跨國公司的出現對國際分工和國際貿易結構產生了巨大影響。大規模生產由一種產品從始至終的全過程的縱向全面生產,發展到零部件、投入品的專業橫向分工生產與合作,形成了世界範圍內的橫向專業化分工生產,致使中間產品的貿易量在不斷擴大,逐漸形成了以中間產品為主的國際貿易商品結構。這種情況對關稅名義保護率的真實性提出了挑戰。

經濟學家巴拉薩（Bela Balassa）指出:「經濟學家們傳統地把注意力集中在最終產品貿易上,似乎全部生產階段均在一國內完成,從而僅限於考察關稅（名義保護率）對這類貿易的影響。但是,由於中間產品貿易的存在,名義保護率就不足以說明保護的真實程度。因為事情的結果必然受到對加工活動保護的影響,而不是受到最終產品本身的保護的影響。同時,中間產品貿易在國際交換中佔有相當大的比重,若把機械設備作為投入品看待,那麼,這類產品占世界貿易的五分之四。」1955年,加拿大經濟學家巴伯（C. L. Barber）在《加拿大關稅政策》一書中,首次提出了有效保護（Effective Protection）的概念。1970年,在關稅及貿易總協定秘書處和瑞士國際問題研究所的主持下,在日內瓦召開了第一個有效保護理論的國際性會議,並出版了論文集《有效關稅保護》（Effective Tariff Protection）,對關稅有效保護概念進行了深入研究。

（二）有效保護的概念

關稅有效保護率是指一種加工產品在關稅結構作用下帶來的增加值的增量與其在自由貿易條件下加工增加值的百分比。如以 ERP 表示有效保護率,V 表示自由貿易條件下某一產品生產過程的增值,V' 表示在各種關稅保護措施作用下該產品生產過程的增值,則該產業的關稅有效保護率公式為:

$$ERP=(V'-V)/V\times100\%$$

（三）有效保護率與名義保護率的區別

有效保護率是在產品生產增值過程中，考察關稅對被保護行業的生產過程所產生的影響。而名義保護率關注的是被保護產品的市場價格差異。仍以上例說明：

1. 名義保護率

在國際市場上某種汽車的售價為每輛10,000美元，某進口國的國內市場相同汽車的價格在關稅保護（徵收關稅100%）下為每輛11,000美元。那麼，該國對汽車的名義保護率為10%（11,000-10,000/10,000×100%）。

2. 有效保護率的提升

假設國際市場上汽車售價為每輛10,000美元，整套散件每套售價8,000美元。該國對汽車及其整套散件實行完全自由貿易，在充分競爭下，可以忽略進口運輸、保險等有關費用時，該國國內市場上汽車及其整套散件價格應與國際市場相同。此時，國內汽車組裝生產的加工裝配增值為2,000美元。如該國對汽車實行保護，徵收10%的關稅，而對其整套散件仍實行自由貿易。交納關稅以後，國內汽車價格可從10,000美元提高到11,000美元，則裝配過程增值為3,000美元（11,000美元-8,000美元）。根據有效保護率公式，可知對汽車的保護從名義保護率的10%變為有效保護率的50%。其計算公式為 $ERP = (3,000-2,000)/2,000 \times 100\% = 50\%$。

3. 有效保護率逆轉

假如對汽車的進口徵稅不變，但對汽車整套散件不再實行自由貿易，而要徵收20%的關稅，則汽車整套散件的國內市場售價從8,000美元提高為9,600美元。那麼裝配過程的增值為1,400美元（11,000美元-9,600美元），其有效保護率為-30%。其計算公式為：$ERP = (1,400-2,000)/2,000 \times 100\% = -30\%$。

由此可見，對其投入品汽車整套散件加徵關稅，結果使汽車裝配產業的保護從正保護轉變為負保護。

三、關稅有效保護率的政策意義

（一）有效保護與關稅結構

關稅結構亦稱關稅稅率結構，是指一國關稅稅則中各類商品關稅稅率的構成。通常，各國關稅稅率呈升級趨勢，即隨著初級產品、半製成品到製成品加工程度的深化，稅率不斷提高。在製成品關稅稅率高於其投入品的關稅稅率時，可使關稅有效保護率高於關稅名義保護率。但是，如果其投入品關

税税率等於或高於製成品的稅率時，則會降低關稅名義保護的實際有效保護甚至出現負保護。因此，要以關稅對國內產業提供切實保護時，必須制定合理的關稅結構。既要考察一國關稅為該國某個產業提供的保護程度，也要考察該國的關稅升級結構。

（二）有效保護與關稅減讓談判

關稅的有效保護既然取決於一國的關稅結構，那麼，在按一攬子減稅方法進行關稅減讓談判時，若大幅度削減投入品的關稅稅率，小幅度削減或不削減進口同類成品的關稅稅率，就可以在降低總體關稅水平時，出現不降、少降，甚至提高對被保護產業的有效保護。

（三）有效保護與關稅制度

1. 海關監管下的加工制度

海關監管下的加工制度（Processing under Customs Control，PUCC）是指允許某些貨物在進入關境內自由流通前，暫時不徵收關稅，在海關監管下進行加工，然后按加工后的狀態適用稅率計徵關稅的一種海關制度。在各國產業中有時一類產出品的投入品由於某種原因必須予以高關稅保護，而該產出品作為其他行業的投入品又受到這些行業的限制，不能提高關稅稅率。在投入產出系數較大的條件下，投入品稅率高於產出品的稅率將導致負保護。此時生產者有可能把產出品的生產過程從境內轉向境外。

2. 加工貿易保稅和復出境退稅

有效保護理論說明，由於對於出口品來說進口同類產品的關稅為零，而其投入品關稅不為零時，對國內該產品會出現負保護。各國對國內生產的出口品的進口投入品實行保稅，或對加工后復出境的產品實行退還其進境時徵收的關稅和進口環節的國內稅，使投入品的稅率為零，從而避免出現負保護。

（四）有效保護與產業政策

有效保護理論運用於國家產業政策時，最主要的是根據既定的產業政策，制定合理的關稅結構，提高對產業整體的有效保護程度，保證產業目標的實現。

第五節　關稅減讓談判

從歷史到現今，關稅一直被作為保護國內產業的一項貿易措施而廣泛使用，同時它又是影響國際貿易正常進行的主要障礙之一。在關貿總協定舉行

的八輪多邊貿易談判中，關稅減讓都是其中必不可少的內容。關貿總協定把達成互惠互利的「關稅減讓」作為一項重要職能。繼承發展關貿總協定所有成果和重要原則的世貿組織，也把關稅減讓及談判作為規範貨物貿易的一個重要規則，其目的是，既減少貿易障礙，又實現成員之間權利與義務的平衡，為貨物貿易的市場准入提供安全穩定的稅收及價格機制。

(一) 關稅減讓的含義

關稅減讓是指通過談判，互相讓步，承擔減低關稅的義務。關貿總協定與世貿組織所指的「關稅減讓」，具有以下幾方面的含義：一是關稅保護。世貿組織允許其成員使用關稅作為保護國內產業的政策工具，因為它具有較高的透明度，主張將關稅作為唯一的保護手段。二是削減關稅。在承認關稅保護存在的歷史現實性和一定關稅保護的合理性的同時，要求其成員通過互惠互利的談判不斷降低關稅和進出口其他費用水平。三是關稅約束。其約束方式有三種：①對現行稅率加以約束，如某一產品現行的實施關稅為10%，談判中承諾今后約束在10%；②對減讓后的稅率加以約束，如承諾將某產品的關稅從20%減為10%，即以此作為約束關稅率；③採用「上限稅率」來約束關稅，即將關稅約束在高於現行稅率（也可以是削減后的稅率）的某一特定水平，各方承諾其實施的稅率不能超出這一水平。四是零關稅。如烏拉圭回合談判中，美國、歐盟、日本、加拿大、澳大利亞、奧地利、芬蘭等發達成員間在藥品、醫療器械、建築、礦山鑽探機械、農用機械等部門達成了零關稅協議。

(二) 關稅減讓談判的基礎與原則

1. 關稅減讓談判的基礎

關稅減讓談判必須有兩個基礎：一是商品基礎，二是稅率基礎。

(1) 商品基礎。關稅談判的商品基礎是各國的海關進口稅則，在談判中要通過協調稅則、稅號確定商品範圍，以使談判具有共同語言。

(2) 稅率基礎。稅率基礎是關稅減讓的起點，每一次談判的稅率基礎是不同的，一般是以上一次談判確定的稅率即約束稅率，作為進一步談判的基礎。

2. 關稅減讓談判的原則

(1) 互惠互利。

互惠互利是關稅談判的指導思想，各方只有在互惠互利的基礎上才能達成協議。互惠互利應服從整個國家的貿易發展，不能僅局限在具體的關稅談判上，互惠互利也並不意味著在所有的關稅談判中，談判雙方都要作出減讓

承諾，如在加入世貿組織談判時，作出承諾減讓的只有申請加入的一方，但申請方加入世貿組織后，可以從成員方在多邊談判中已作的關稅減讓承諾中得到利益。

（2）應考慮對方的需要。

關稅談判應充分考慮每個成員、每種產業的實際需要，充分考慮發展中國家使用關稅保護本國產業、增加財政收入的特殊需要，還應顧及各成員經濟發展等其他方面的需要。

（3）對談判情況予以保密。

一般情況下，一個成員要與若干個成員進行關稅談判，但具體的談判是在雙邊基礎上進行的。因此，雙方應對談判承諾的情況保密，以避免其他成員在談判中互相攀比要價。

（4）按照最惠國待遇原則實施。

關稅談判達成的談判結果，應按照最惠國待遇原則，對 WTO 所有成員實施。

（三）關稅減讓談判權的確定

根據世貿組織規定，只有享有關稅談判權的成員才可參加關稅談判，凡具備以下條件之一者，可享有關稅談判權。

1. 產品主要供應利益方

在談判前的一段合理期限內，一個世貿組織成員如果是另一個世貿組織成員進口某項產品的前三位供應者，則該成員對這項產品享有主要的供應利益，被稱為主要供應利益方，又稱主要供應方。主要供應方有權向對方提出關稅談判的要求。

2. 產品實質供應利益方

在談判前的一段合理期限內，一個世貿組織成員某項產品的出口在另一方進口貿易中所占比例達到 10% 或 10% 以上，則該成員對這項產品享有實質供應利益，被稱為實質供應利益方，有權向被供應方提出關稅談判的要求。

3. 最初談判權方

一個世貿組織成員與另一方就某項產品的關稅減讓進行了首次談判，並達成協議，則該成員對這項產品享有最初談判權，被稱為最初談判權方。當作出承諾的一方要修改或撤回這項關稅減讓時，應與有最初談判權方進行談判。最初談判權的規定，是為了保持談判方之間權利與義務的平衡。

最初談判權方一般都具有主要供應利益，但具有主要供應利益方，不一定對某項產品要求最初談判權。

(四) 關稅減讓談判的方式

關稅談判的方式主要有三種，即產品對產品談判、公式減讓談判、部門減讓談判。

1. 產品對產品談判

產品對產品談判是指一個世貿組織成員根據對方的進口稅則產品分類，向談判方提出自己具有利益產品的要價單，被要求減讓的一方根據有關談判原則，對其提出的要價單按其具體產品進行還價。

2. 公式減讓談判

公式減讓談判是指對所有產品或所選定產品的關稅，按某一議定的百分比或按某一公式削減的談判。公式減讓談判是等百分比削減關稅，因而對高關稅削減幅度會較大，對低關稅削減幅度較小。

3. 部門減讓談判

部門減讓談判是指將選定產品部門的關稅約束在某一水平上的談判。部門減讓的產品範圍，一般按照《商品名稱及編碼協調制度》的6位編碼確定。在關貿總協定和世貿組織的關稅談判中，這幾種談判方式可以交叉使用，沒有固定模式，通常是以部門減讓及產品對產品談判方式為主。通過部門減讓談判，解決成員方關心的大部分產品問題；通過產品對產品談判，解決個別重點產品問題。

(五) 關稅減讓表

如果關稅減讓談判沒有失敗，則會形成一個談判結果為所有成員接受的減讓表，或者形成一個僅對簽署成員有約束力的諸邊協議。值得注意的是，作為關稅減讓談判結果的稅率，與各成員實際徵收的稅率不一定相同。減讓談判結果的稅率是約束稅率，而實際徵收的稅率是各成員公布的法定適用稅率。對於發達國家而言，約束稅率一般是實際徵收的稅率，而大多數發展中國家則將稅率約束在高於實際徵收稅率的水平上，將約束稅率作為關稅上限。各成員實際徵收的關稅水平，均不得高於其在減讓表中承諾的稅率及逐步削減的水平。

某一成員國不一定約束所有產品的關稅，它可以隨時、不受限制地提高未被約束產品的關稅。若產品的關稅受到約束，它可以自由地實施低於該約束水平的稅率。如果某一成員國要將某產品的關稅稅率提高到約束水平之上，則需要按照有關條款規定的程序進行談判。將經過談判確定的修改結構，重新載入關稅減讓表。表10-1是中國關稅減讓表的一個例子。

表 10-1　　　　　　　　　　中國關稅減讓表

商品描述	稅號	最初配額量和配額內稅率	最終配額量和配額內稅率	實施期	最初談判權	其他條款和條件
小麥	10011000 10019010 10019090 11010000 11031100 11032100	7,884,000 噸 1% 1% 1% 6% 9% 10%	9,636,000 噸 1% 1% 1% 6% 9% 10%	2004	AU, CA, US	(1) 國營貿易比例＝90% (2) 年關稅配額量 　年份　配量 　2002　8,468,000 噸 　2003　9,052,000 噸 　2004　9,636,000 噸
玉米	10051000 10059000 11022000 11031300 11042300	5,175,000 噸 1% 1% 9% 9% 10%	7,200,000 噸 1% 1% 9% 9% 10%	2004	AR, US	(1) 國營貿易比例＝71%～60% (2) 年關稅配額量 　年份　配量 　2002　5,850,000 噸 　2003　6,525,000 噸 　2004　7,200,000 噸 (3) 年國營貿易比例 　年份　比例 　2002　68% 　2003　64% 　2004　60%
大米，中短米		1,662,500 噸	2,660,000 噸	2004	AU, TH US, UY	國營貿易比例＝50%

【案例分析】

1. 案例內容

歐盟提前實施新普惠制

近日歐盟宣布，將原定於 2005 年 7 月 1 日啟動的新普惠制提前至 2005 年 4 月 1 日開始實施，以便使受到印度洋海嘯影響的國家早日受益。根據新普惠制方案，斯里蘭卡、泰國等國的部分商品將享受普惠制待遇，中國 16 大類 50 章產品將全部「畢業」，工業製成品中只剩工藝品和收藏品繼續享受普惠制待遇。歐盟的新普惠制方案使我方的受惠度大幅降低。

歐盟調整對中國普惠制的基本情況如下：中國是歐盟普惠制的受惠國，部分出口到歐盟的產品享有關稅減免優惠。近年來，中國對歐盟貿易順差不斷增加（2004 年貿易順差 370 億美元），致使歐盟不斷調整對中國的貿易政策。從 1996 年開始，歐盟相繼減少中國的「受惠」產品。目前，中國出口工業品中的化學品、鞋類、玩具、家具、玻璃及陶製品、皮革及皮毛製品、游戲及運動用品等均已不再享受歐盟普惠制待遇，機電產品、塑料和橡膠、紙

品、鐘表等商品亦將於 4 月 1 日「畢業」。

根據中國海關統計，2004 年 2 月中國對歐盟出口的享受普惠制優惠工業品總額約 700 億美元，占對歐盟出口總額的 65%，按照進口國平均減免關稅 5% 計算，中國企業將多繳納進口關稅達 35 億美元。由於其他受惠國的同類產品仍享受普惠政策，中國家電、塑料及製品等優勢產品的出口競爭力將會被削弱。

為此，有關部門提出建議，要加強行業預警與協調。建議行業仲介組織根據歐盟普惠制變化的特點，加強預警，提醒企業及早應對，減少不必要的經濟損失。

此外，要鼓勵普惠制「畢業」的產業向享受普惠制的國家或地區轉移，引導企業利用各給惠國的不同普惠政策，將在某一市場「畢業」的產品出口到其他給惠國市場，規避「畢業」機制對中國產品出口的負面影響。

2. 分析要求

(1) 歐盟出於何種原因，使中國的受惠產品不斷「畢業」？

(2) 中國如何應對本國在歐盟受惠產品不斷「畢業」的趨勢？

第十一章 非關稅措施

第一節 非關稅壁壘措施概述

非關稅措施又稱非關稅壁壘（Non-tariff Barriers, NTBs），泛指一國政府為了調節、管理和控製本國的對外貿易活動，從而影響貿易格局和利益分配而採取的除關稅以外的各種限制進口的一切措施。這種措施可以通過國家法律、法令以及各種行政措施來實現。

一、非關稅措施的產生與發展

非關稅措施是資本主義國家爭奪世界市場的產物。1929—1933年的經濟危機，使各資本主義國家的生產驟降、價格猛跌、失業劇增，為了擺脫經濟危機，緩解國內市場的矛盾，各國紛紛在提高進口關稅的同時，也使用了以限制進口數量為主要形式的非關稅壁壘。1931年，法國首先對化肥的進口實施進口配額制，后來對農產品和燃料等的輸入也採取了相同的限制措施，其他資本主義國家也紛紛效仿。到1934年，採用進口配額制的國家已達到20多個。1933年，澳大利亞首先對工業製成品實行進口許可證制，而后，法國、西班牙、比利時等國也相繼對許多進口商品實行進口許可證制。同時，很多國家實施外匯管制以限制進口。

二戰以后，在《關稅與貿易總協定》的主持下，經過幾輪的貿易談判，各成員國的關稅水平不斷下降。經濟的迅速增長也使貿易的自由化程度大大提高，許多非關稅措施被廢除。而后，20世紀70年代的經濟危機，使各國加強了對國內市場的保護措施，形成貿易保護的壓力。但關貿總協定成員方受到關稅減讓談判成果履行的約束，關稅不能隨意變動和提高。所以各國更多地採用非關稅壁壘，受非關稅壁壘保護的商品也越來越多。

20世紀90年代以來，隨著社會的進步、人們生活水平的提高、環保意識的增強及科學技術的發展，非關稅措施從限制商品的數量、價格等轉向國民健康、安全和環保等方面的非關稅壁壘。當前，非關稅措施呈日益加強的趨

勢，主要表現在：第一，非關稅措施的項目日益增多。據統計，非關稅措施的項目的數量已由20世紀60年代的幾百項增加到目前的幾千項。第二，非關稅措施的適用範圍不斷擴大。各種非關稅措施用於限制進口商品的範圍已經從紡織品、服裝和鞋類等逐步擴大到汽車、鋼材、農產品、電子產品等大量產品。第三，受非關稅措施限制和損害的國家日益增多，不僅包括發展中國家，而且也包括發達資本主義國家。

二、非關稅措施的分類

（一）從對進口限制的作用上分類

從對進口限制的作用上，非關稅措施可分為直接的非關稅措施和間接的非關稅措施兩大類。前者指進口國直接對進口商品規定進口的數量或金額或迫使出口國按規定的出口數量或金額限制進口，如進口配額制、進口許可證制和「自動」出口限制等。后者指進口國未直接規定進口商品的數量或金額，而是對進口商品制定種種嚴格的條例，間接地影響和限制商品進口，如進口押金制、最低限價制、海關估價制、苛刻的技術標準、衛生安全檢驗和包裝標籤規定等。

（二）從對進口的不同法令和實施上分類

從對進口的不同法令和實施上，非關稅壁壘可分為以下幾類：

（1）從直接限制進口數量和金額的實施上分，有進口配額制、「自動」出口配額制、進口許可證制等；

（2）從國家直接參與進出口經營上分，有進出口國家壟斷、政府採購政策等；

（3）從外匯管制的實施上分，有數量性外匯管制和成本性外匯管制等；

（4）從海關通關程序上和對進口價格的實施上分，有海關估價制、繁瑣的通關手續、徵收國內稅和進口最低限價等；

（5）從進口商品的技術、衛生檢疫等標準上分，有進口商品技術標準、衛生安全檢疫規定、商品包裝和標籤規章等。

三、非關稅措施的特點

非關稅措施和關稅措施都有限制進口的作用，但非關稅措施與關稅措施相比較又具有以下幾個特點：

（一）更大的靈活性和針對性

一般來講，各國關稅的制定，必須經過立法程序，如果調整和更改稅率，

需要經過繁瑣的法律程序和手續，這種法律程序和手續往往難以適應緊急限制進口的情況。同時，關稅稅率一般受到多邊或雙邊貿易協定的約束，因此，對於關稅稅率，很難進行靈活性的調整。而在制定和實施非關稅貿易壁壘上，通常採取行政程序，手續簡便迅速，並能隨時針對某國、某種商品採取相應的限制措施，較快地達到限制進口的目的。

(二) 更直接、更有效地達到限制進口的目的

關稅壁壘通過徵收高額的進口關稅，提高進口商品的成本和價格，削弱其競爭力，間接地影響進口量，達到限制進口的目的。如果出口國採取出口補貼、商品傾銷等辦法降低出口商品的成本和價格，關稅往往難以有效地阻止進口，達到其限制的目的。但一些非關稅貿易壁壘，如進口配額等預先規定了進口的數量和金額，超過限額即禁止進口，直接限制了超額的進口商品，達到了關稅未能達到的限制進口的目的。

(三) 更具有隱蔽性和歧視性

一般來講，關稅稅率確定后，往往以法律的形式公布於眾，依法執行，它具有較高的透明度，出口商比較容易把握有關商品的稅率。但一些非關稅壁壘往往不公開，或者規定極為繁瑣複雜的標準和手續，而且經常變化，出口商往往難以預測和無法適應。同時，一些國家還針對個別國家採取相應的限制性的非關稅壁壘措施，結果，大大加強了非關稅壁壘的差別性和歧視性。

非關稅壁壘名目繁多，內容複雜。傳統的非關稅壁壘側重商品數量和價格限制，更多地體現在商品和商業利益上。而現代的非關稅貿易壁壘更多地考慮商品對於人類健康、安全以及環境的影響，體現的是社會利益和環境利益。

四、非關稅措施的影響

(一) 對國際貿易的影響

一般說來，非關稅壁壘對國際貿易的發展起著重大的阻礙作用。在其他條件不變的情況下，世界性的非關稅壁壘加強的程度與國際貿易增長的速度成反比關係。當非關稅壁壘趨向加強，國際貿易的增長將趨向下降；反之，當非關稅壁壘趨向緩和或逐漸拆除時，國際貿易的增長速度將趨於加快。第二次世界大戰后的20世紀50年代到60年代初，在關稅大幅度下降的同時，發達資本主義國家還大幅度地放寬和取消了進口數量限制等非關稅措施，因而在一定程度上促進了國際貿易的發展。從1950年到1973年間，世界貿易量年平均增長率達到7.2%。但從20世紀70年代中期以后，非關稅壁壘逐漸

加強，形形色色的非關稅壁壘措施層出不窮，形成了一個以直接進口數量限制為主幹的非關稅壁壘網，嚴重地阻礙著國際貿易的發展。目前，以技術壁壘為核心的新型非關稅壁壘已成為阻礙國際貿易發展的重要因素。

非關稅壁壘在一定程度上還影響國際貿易商品結構和地理方向的變化。第二次世界大戰后，特別是20世紀70年代中期以來，農產品貿易受到非關稅壁壘影響的程度超過工業製成品，勞動密集型產品貿易受到非關稅壁壘影響的程度超過技術密集型產品；同時，發展中國家或地區和社會主義國家對外貿易受到發達資本主義國家非關稅壁壘影響的程度超過發達資本主義國家本身。這種情況阻礙和損害了發展中國家和社會主義國家對外貿易的發展。與此同時，發達資本主義國家之間以及不同的經濟集團之間相互限制彼此的某些商品進口，加強非關稅壁壘，使它們之間的貿易摩擦和衝突不斷加劇。

(二) 對進口國的影響

第二次世界大戰以后，由於關稅稅率的大幅度下降，關稅作為保護手段的作用已經大大降低，非關稅措施成為進口國替代關稅降低的一種保護手段，也是進口國實施貿易歧視的重要手段。進口國可以通過限制進口，保護和發展本國國內特定產業，給國內產品設置一個保護圈。另外，隨著人民生活水平的提高和環保意識的增強，人們越來越追求的是有益於身體健康、生態平衡的高質量的商品，進口國通過實施技術貿易壁壘和環境貿易壁壘等措施，在一定程度上達到保護國民身體健康和保護生態環境的目的。目前，非關稅措施還成為了涉外談判的一種手段，有時和政治外交交織在一起，互為手段和目的。如在中美人權問題、知識產權等問題的談判中，非關稅措施就被美國作為向中國施加壓力和實施貿易報復的一種手段。

但是，非關稅壁壘的加強會使進口國消費者付出巨大的代價，他們要付出更多的金錢去購買所需的商品。同時，隨著國內市場價格的上漲，其出口商品的成本與出口價格也將相應提高，從而削弱了出口商品的競爭能力。為了增加出口，政府只有採取出口補貼等措施，從而增加了國家預算支出和加重了人民的稅收負擔。

(三) 對出口國的影響

進口國加強非關稅壁壘措施，將直接或間接地使出口國的商品受到嚴重影響，即造成出口商品增長率或出口數量的減少及出口價格的下跌。

一般來說，如果出口國的出口商品的供給彈性較大，則這些出口商品的價格受進口國的非關稅壁壘影響而引起的價格下跌將較小；反之，如果出口國的出口商品的供給彈性較小，則這些商品的價格受進口國的非關稅壁壘影

響而引起的價格下跌將較大。因為大部分的發展中國家的出口產品供給彈性較小，所以，世界性非關稅壁壘的加強使發展中國家受到嚴重的損害。

第二節　傳統的非關稅壁壘

一、進口配額制

進口配額制（Import Quotas System）又稱進口限額制。它是指一國政府在一定時期（如一季度、半年或一年）內，對某些商品的進口數量或金額加以直接限制。在規定的期限內，配額以內的貨物可以進口，超過配額不準進口，或者徵收更高的關稅或罰款后才能進口。它是實行進口數量限制的重要手段之一，主要有以下兩種類型：

（一）絕對配額

絕對配額（Absolute Quotas）是指在一定時期內，對某些商品的進口數量或金額規定一個最高額數，達到這個額數后，便不準進口。它又有以下兩種方式：

1. 全球配額

全球配額（Global Quotas, Unallocated Quotas）屬於世界範圍的絕對配額，對於來自任何國家或地區的商品一律適用。主管當局通常按進口商的申請先后或過去某一時期的實際進口額批給一定的額度，直至總配額發放完，超過總配額就不準進口。

由於全球配額不限定進口國別或地區，因此在配額公布后，進口商競相爭奪配額並可從任何國家或地區進口。鄰近國家或地區到貨較快，比較有利；而地理較遠的國家或地區就處於不利的地位。全球配額難以貫徹國別政策，為此，有些國家就採用國別配額。

2. 國別配額

國別配額（Country Quotas）是在總配額內按國別或地區分配固定的配額，超過規定的配額便不準進口。為了區分來自不同國家和地區的商品，在進口商品時進口商必須提交原產地證明書。實行國別配額可以使進口國家根據它與有關國家或地區的政治經濟關係分配給予不同的額度。國別配額可以分為自主配額和協議配額。

（1）自主配額。

自主配額（Autonomous Quotas），又稱單方面配額，是由進口國家完全自

主地、單方面強制規定在一定時期內從某個國家或地區進口某種商品的配額。這種配額不需得到出口國家的同意。自主配額一般是參照某國過去某年的輸入實績，按一定比例確定新的進口數量或金額。由於各國和地區所占比重不一，所得到的配額可以不同，進口國可利用這種配額貫徹國別政策。自主配額由進口國家自行制定，往往由於分配額度差異引起出口國家或地區的不滿或報復。因此，有些國家便採用協議配額，以緩和彼此之間的矛盾。

（2）協議配額。

協議配額（Agreement Quotas），又稱雙邊配額（Bilateral Quotas），是由進口國家和出口國家政府或民間團體之間協商確定的配額。如果協議配額是通過雙方政府的協議訂立的，一般需在進口商或出口商中進行分配；如果配額是雙邊的民間團體達成的，應事先獲得政府許可，方可執行。協議配額是由雙方協調確定的，通常不會引起出口方的反感與報復，較易執行。

一些國家為了加強絕對進口配額的作用，往往對進口配額規定得十分繁雜。例如對配額商品訂得很細，有的按商品不同規格規定不同的配額，有的按價格水平差異規定不同配額，有的按原料來源的不同規定不同配額，有的按外匯管制情況規定不同配額，有的按進口商的不同規定不同配額等。

通常，絕對配額用完后，就不準進口。但有些國家由於某種特殊的需要和規定，往往另行規定額外的特殊配額或補充配額。如進口某種半製成品加工后再出口的特殊配額；展覽會配額或博覽會配額等。

（二）關稅配額

關稅配額不絕對限制商品的進口總量，而是在一定時期內對一定數量的進口商品，給予低稅、減稅或免稅的待遇，對超過此配額的進口商品，則徵收較高的關稅或附加稅和罰款。

二、「自願」出口配額制

「自願」出口配額制（「Voluntary」Export Quotas）是指出口國家或地區在進口國的要求或壓力下，「自願」規定某一時期內（一般為3~5年）某些商品對該國的出口限制，在限定的配額內自行控製出口，超過配額即禁止出口。

「自願」出口配額制與絕對進口配額制在形式上略有不同。絕對進口配額制是由進口國家直接控製進口配額來限制商品的進口，而「自願」出口配額制是由出口國家直接控製這些商品對指定進口國家的出口。但是，就進口國家來說，「自願」出口配額像絕對進口額一樣，都有限制商品進口的作用。

根據WTO規則，進口配額制和「自願」出口配額制要逐步取消。除非因

特殊情況，不得再重新設置。

三、進口許可證制

(一) 含義

進口許可證制（Import Licence System）是指進口國家規定，某些商品必須事先領取許可證，才可進口，否則一律不準進口。

(二) 類別

從進口許可證與進口配額的關係上看，進口許可證可以分為兩種。一種是有定額的進口許可證，即國家有關機構預先規定有關商品的進口配額，然後在配額的限度內，根據進口商的申請對於每一筆進口貨發給進口商一定數量或金額的進口許可證。另一種是無定額的進口許可證，即進口許可證不與進口配額相結合。

依對進口商品限制程度，進口許可證一般又可分為兩種。一種為公開一般許可證（Open General Licence），又稱自動進口許可證或一般許可證。它對進口國別或地區沒有限制，凡列明屬於公開一般許可證的商品，進口商只要填寫公開一般許可證后，即可獲準進口。因此，屬於這類許可證的商品實際上是「自由進口」的商品。另一種為特種進口許可證（Specific Licence），又稱非自動進口許可證，進口商必須向政府有關當局提出申請，經政府有關當局逐筆審查批准后才能進口。這種進口許可證，多數都指定進口貨物的出口國別或地區。為了區分這兩種許可證所進口的商品，主管當局通常定期分別公布有關的商品項目。

(三) 實施程序的規範

WTO 負責實施和管理的《進口許可程序協議》對進口許可使用作出了如下規範要求：

1. 使用前提

允許 WTO 成員使用，但需防止不恰當地實施而導致貿易扭曲，並考慮到發展中成員的發展及財政和貿易需要。

2. 使用的一般規範要求

（1）及時公布必要的信息。為了使其他成員方政府及貿易商知曉有關進口許可程序規則，成員方應在已向世界貿易組織通知的官方公報、報刊等出版物上，公布進口許可證申請程序規定及有關信息，包括個人、企業和機構提交這種申請的資格，需要接洽的行政機關，以及需要申領進口許可證的產品清單等。公布的時間應不遲於上述規定生效之日前 21 天，特殊情況最晚不

得遲於生效之日。如有其他成員對所公布資料提出意見，成員方應予以考慮。

（2）簡化申請和展期手續。申請進口許可證和進口許可證展期的程序應盡可能簡化，表格應盡可能簡單。但成員方主管機構可以要求申請者提供必要的文件及信息，並至少給予申請者 21 天的合理時限。申請者原則上應只需接洽一個同申請有關的行政機關，若確有需要，所涉及的行政機關最多不應超過三個。

（3）對存在微小差錯的申請不得予以拒絕。如果申請者提交的許可證申請文件中存在微小差錯，但並未改變文件的基本數據等內容，主管部門不得因此拒絕批准申請。對於申請者在文件或程序中出現的顯然不是因企圖詐欺或嚴重疏忽而造成的遺漏或差錯，不應給予超出警告程度的處罰。貨物在裝船或運輸等過程中發生的微小差異，只要符合正常的商業慣例，就不得以與許可證上標明的數字有微小出入為由，拒絕批准進口。

（4）不得在外匯供應上實行歧視。不管貨物是否受進口許可證管理，任何進口商都應在同等條件下獲得支付進口貨物所需的外匯。

（5）允許安全例外和保密例外。《進口許可程序協議》允許進口方根據《1994 年關貿總協定》第 21 條「安全例外」的規定，採取有關措施。成員方可以不提供會導致妨礙法律實施、損害公共利益或企業合法商業利益的保密資料。

3. 自動進口許可制度

自動進口許可制度是指在任何情況下對進口申請一律予以批准的進口許可制度。這一制度通常用於統計和監督。

（1）成員方只有在沒有其他更合適的手段實現其管理目的，且已具備採取自動進口許可條件的情形下，才可以實施這種許可制度。

（2）實施自動進口許可制度，不得對進口貨物產生限制；主管部門不得歧視許可證申請者，任何符合法律要求的申請者均有資格提出申請並獲得許可證。主管部門在收到自動許可申請后，應迅速批准，審批時間最長不應超過 10 個工作日。

4. 非自動進口許可制度

（1）含義。

非自動進口許可制度指不屬於自動許可制度管理的其他進口許可制度，適用於對配額及其他限制性措施進行管理。

（2）使用規範要求。

第一，保證許可證管理的透明度。實行非自動進口許可管理的成員方必須提供充分的信息，包括貿易限制的管理、近期簽發的進口許可證、在出口

方之間分配許可證的情況，以及受進口許可證管理的產品進口數量和金額統計。

第二，及時、公正地實施許可程序。任何符合進口方法律和行政管理要求的個人、企業或機構，都具有申請許可證的同等資格。許可證的有效期限應該合理，不應對貨物進口造成障礙。在對配額實行管理時，主管機構不得阻礙對配額的充分使用。

第三，合理分配許可證。在分配許可證時，主管機構應考慮申請者的進口實績和以往所發放許可證的使用情況，還應考慮將許可證合理地分配給新的進口商，特別是從發展中成員進口產品的進口商。如果通過許可證管理全球配額，許可證持有者可自行選擇進口來源；如果通過許可證管理國別配額，許可證上應列明具體國家。

第四，對誤差採取補償措施。如果符合正常商業慣例的微小誤差，導致了進口貨物的數量、金額或重量超過許可證規定的水平，主管機構可在未來的許可證分配時作出補償性調整。

四、外匯管制

外匯管制（Foreign Exchange Control）是指一國政府通過法令對國際結算和外匯買賣實行限制來平衡國際收支和維持本國貨幣匯價的一種制度。

在外匯管制下，出口商必須把它們出口所得的外匯收入按官定匯率（Official Exchange Rate）賣給國家外匯管制機關；進口商也必須在國家外匯管制機關按官定匯價申請購買外匯；本國貨幣的攜出入國境也受到嚴格的限制等。這樣，國家有關政府機構就可以通過確定官定匯價、集中外匯收入和審批外匯的辦法，控製外匯供應數量，來達到限制進口商品品種、數量和進口國別的目的。

五、進口押金制

進口押金制（Advanced Deposit）又稱進口存款制。在這種制度下，進口商在進口商品時，必須預先按進口金額的一定比率和在規定的時間內，在國家指定的銀行無息存入一筆現金，才能進口。這樣就增加了進口商的資金負擔，影響了資金的流轉，減弱了進口的動力，從而起到了限制進口的作用。例如，第二次世界大戰后義大利政府曾規定，某些進口商品無論從哪一國進口，必須先向中央銀行交納相當於進貨值半數的現款押金，無息凍結6個月。據估計，這項措施相當於徵收5%以上的進口附加稅。巴西的進口押金制規定，進口商必須按進口商品船上交貨價格交納與合同金額相等的為期360

天的存款，方能進口。

六、進口最低限價制

最低限價（Minimum Price）就是一國政府規定某種進口商品的最低價格，凡進口貨價低於規定的最低價格，則徵收進口附加稅或禁止進口，以達到限制低價商品進口的目的。例如，1985年智利對綢坯布進口規定每公斤的最低限價為52美元，低於此限價，將徵收進口附加稅。

七、歧視性政府採購

（一）含義

政府採購是指，政府為政府機關自用或為公共目的而選擇購買貨物或服務的活動，其所購買的貨物或服務不用於商業轉售，也不用於供商業銷售的生產。歧視性政府採購是指政府通過立法，優先採購國內企業的商品，構成了對別國廠商的歧視。如按照美國《1933年購買美國貨物法》，美國聯邦政府在採購時應優先購買美國產品，且其中50%以上的部件由美國製造。而州一級政府的採購法規多仿效聯邦。各國均有類似的立法，由此構成了對外國產品的非關稅壁壘。

（二）WTO對政府採購的規範

1. 規範的協議

WTO對政府採購的規範協議是指《政府採購協議》。

2. 協議特點

《政府採購協議》是WTO諸邊協議（Plurilateral Agreements）之一。它只在WTO參加此協議的成員中使用，對未參加的成員不適用。該協議對採購貨物的金額作出了界定，超過該界限的採購項目受到協議約束。

3. 規範內容

（1）適用範圍。

此協議只適用於簽署方在各自承諾的清單中列出的政府採購實體。只有列入清單的採購實體才受約束。

（2）採購限額。

當政府採購的金額達到協議規定的最低限額，或達到成員方經談判達成的最低限額時，有關採購活動才受該協議約束。中央政府採購實體購買貨物和非工程服務的最低限額是13萬特別提款權（Special Drawing Rights, SDRs），中央政府採購實體購買工程服務的最低限額是15萬特別提款權。地方政府採購實體

和其他採購實體的最低限額，由各簽署方根據自身的情況分別作出承諾。例如，美國承諾，地方政府採購貨物和非工程服務的最低限額是 35.5 萬特別提款權，採購工程服務的最低限額是 500 萬特別提款權；政府所屬機構採購貨物和非工程服務的最低限額是 25 萬特別提款權，採購工程服務的最低限額是 500 萬特別提款權。日本承諾，地方政府採購貨物和非工程服務的最低限額是 20 萬特別提款權，採購工程服務的最低限額是 1,500 萬特別提款權。

（3）採購行為

第一，非歧視原則。簽署方進行政府採購時，不應在外國的產品、服務和供應商之間實施差別待遇；給予外國產品、服務和供應商的待遇，也不應低於國內產品、服務和供應商所享受的待遇。

簽署方應當保證，既不能基於國別屬性和所有權構成，也不能基於產品和服務的生產、供應國別，對在當地設立的不同供應商實行差別待遇。

第二，透明度原則。簽署方的採購實體要在已向世貿組織通知的刊物上發布有關政府採購的信息，包括招標的規章和程序，採購通知；簽署方每年應向世貿組織通知列入清單的採購實體的採購統計數據，以及中央政府採購實體未達到「最低限額」的採購統計數據。

第三，公平競爭原則。對清單中列明的採購實體進行的達到或超過最低限額的政府採購，採購實體應為供應商提供公平競爭的機會，即實行招標。

招標分為公開招標、選擇性招標和限制性招標三種。公開招標和選擇性招標應是優先採用的採購方式。

八、海關任意估價

（一）含義

海關估價是指海關在徵收關稅時，確定貨物完稅價格的程序。很多國家為了保護本國市場，增加稅收，對進口商品提升稅號、按照國內同類產品價格計價等並以此為計稅基礎，加重稅賦，形成非關稅壁壘，影響國際貿易正常發展。

（二）WTO 對海關估價的規範

1. 規範的協議

WTO 對海關估價的規範協議是烏拉圭回合達成的《海關估價協議》，是個多邊協議。

2. 規範內容

（1）適用貨物範圍。

協議只適用於商業意義上正常進口的貨物。

（2）海關估價的方法。

協議規定，WTO進口成員方海關應在最大限度內以進口貨物的成交價格作為貨物完稅價格。這是海關估價時應首先使用的方法。但在無法使用這種方法的情況下，可使用該協議規定的其他五種方法，具體是指以相同貨物的成交價格、以類似貨物的成交價格、以倒扣價格、以計算價格、以「合理」方法，來確定貨物的完稅價格。

上述六種估價方法應嚴格按順序實施。只有在前一種估價方法無法確定完稅價格的情況下，才可採用后一種估價方法。海關不得顛倒六種估價方法的適用順序，但進口商可以要求顛倒使用第四種倒扣價格方法和第五種計算價格方法的順序。

（3）進口商的權利與義務。

進口商必須如實申報進口貨物的價格及有關信息，並與海關進行充分合作。如海關懷疑進口商申報價格的真實性和準確性，可要求進口商進一步提交資料或證據，以證明申報價格是經合理調整后的實付或應付價格。但海關在採取這種做法時，應向進口商陳述理由。海關應將最終的估價決定書面通知進口商。

進口商對海關估價決定有申訴的權利，並且不應為此受到處罰。進口商的申訴權有兩個方面：第一，可向海關內部主管復議的部門提出申訴，或向海關外部的某個獨立機構提出申訴；第二，可向司法機關提出申訴。

第三節　技術性貿易壁壘

一、技術性貿易壁壘的主要內容

（一）技術性貿易壁壘的含義

所謂技術性貿易壁壘，是指在國際貿易中，一國以維護國家安全或保護人類健康和安全，保護動植物的生命和健康，保護生態環境，或防止詐欺行為，保證產品質量為由，採取一些強制性或非強制性的技術性措施，如技術標準與法規、合格評定程序、包裝和標籤要求、產品檢疫、檢驗制度、綠色貿易壁壘和信息技術壁壘等，這些措施成為其他國家商品自由進入該國市場的障礙。簡言之，技術性貿易壁壘是對進口產品適用不合理的技術法規、標準，設置複雜的認證、認可程序。

技術性貿易壁壘有狹義和廣義之分。狹義的技術性貿易壁壘是指世界貿易組織《技術性貿易壁壘協議》中規定的那些強制性或非強制性確定商品某些特徵的技術法規或技術標準，以及在檢驗商品是否符合這些技術法規或技術標準的認證、審批程序中所形成的不合理的貿易障礙。廣義的技術性貿易壁壘是指所有影響貿易的技術性措施，它不僅包括《技術性貿易壁壘協議》的內容，還包括世界貿易組織《實施衛生與植物衛生措施協議》《知識產權協議》《服務貿易總協定》中的有關動植物衛生檢疫規定、綠色壁壘和信息技術壁壘等內容。另外，它還涉及由國際社會簽署的與環境和資源等問題有關的國際條約中與貿易有關的內容。現在我們所講的技術性貿易壁壘主要是指廣義的技術性貿易壁壘。

(二) 技術性貿易壁壘的主要內容

1. 技術標準

技術標準是指經公認機構批准的、非強制執行的、供通用或重複使用的產品或其相關工藝和生產方法的規則、指南或特性的文件。有關專門術語、符號、包裝、標誌或標籤要求也是標準的組成部分。目前大量存在的技術標準，有產品標準、國家標準，也有許多國際標準。

發達國家對於許多製成品規定了極為嚴格繁瑣的技術標準，既有產品標準，也有試驗檢驗方法標準和安全衛生標準；既有工業品標準，也有農產品標準。例如，歐盟各國都有各自的工業產品技術標準，某些產品如玩具、電冰箱、儀表等必須符合該國生產銷售的標準才允許在市場上出售。又如農業拖拉機，各國規定的技術標準也不相同，並有嚴格限制，這使農業拖拉機出口極為困難。這些發達國家的技術標準大多數要求非常苛刻，使發展中國家很難適應。

2. 技術法規

技術法規是指必須強制執行的有關產品特性或其相關工藝和生產方法的規定，包括：法律和法規；政府部門頒布的命令、決定、條例；技術規範、指南、準則、指示；專門術語、符號、包裝、標誌或標籤要求。

國際標準化組織（International Organization for Standardization，ISO）在1983年頒布的一項指導性文件中指出：「技術法規是指包含或引用有關標準或技術規範的法規。」技術法規所包含的內容主要涉及勞動安全、環境保護、衛生與保健、交通規則、無線電干擾、節約能源與材料等。

當前，工業發達國家頒發的技術法規種類繁多。對於一個企業來說，向國外出口產品要考慮進口國的技術法規。

發達國家頒布的技術法規名目繁多，而且它不像技術標準那樣可以互相

協調，一經頒布就強制執行，在國際貿易中構成了比技術標準更難逾越的技術性貿易壁壘。因此，瞭解有關國家的技術法規，在出口貿易中力求避免與其相抵觸，這是十分必要的。

3. 合格評定程序

合格評定程序又稱質量認證，是直接或者間接用於確定是否達到了技術性法規或者標準中相關要求的程序。

合格評定程序一般由認證、認可和相互承認組成，影響較大的是第三方認證。認證是指由授權機構出具的證明，一般由第三方對某一事物、行為或活動的本質或特徵，就當事人提出的文件或實物審核後給予的證明，這通常被稱為第三方認證。

認證可分為產品認證和體系認證。產品認證是指由授權機構出具證明，認可和證明產品符合技術規定或標準的規定。發達國家和地區都設有各種各樣的認證制度，對進口商品，尤其是對產品的安全性直接關係到消費者的生命健康的產品提出強制性的認證要求，否則不準進入市場。如進入美國市場的機電產品必須獲得 UL 認證（Underwriter Laboratories，UL）、藥品必須獲得 FDA 認證（Ford and Drug Administration，FDA）；進入加拿大的大部分商品必須通過 CSA 認證（Canadian Standards Association，CSA）；進入日本的很多商品必須獲 G 標誌（該標誌是日本政府向日本廠商頒發的優秀設計大獎）、SG 標誌（Safety Goods，SG）或 ST 標誌（Sega Toys，ST）；進入歐盟的產品不僅要通過 ISO9000 質量管理體系認證，而且還要通過 CE（Conformite Europeenne，CE）、GS（Geprufte Sicherheit，GS，意為安全性已認證）等產品質量認證。

體系認證是指確認生產或管理體系符合相應規定。目前最為流行的國際體系認證有 ISO9000 質量管理體系認證和 ISO14000 環境管理體系認證；行業體系認證有 QS9000 汽車行業質量管理體系認證和 TL9000 電信產品質量管理體系認證等。

例

ISO9000 質量管理體系

ISO9000 質量管理體系是國際標準化組織為適應國際貿易發展的需要而制定的國際品質保證標準，由 ISO9000～ISO9004 五個標準組成，這套標準具有很強的實踐性、科學性和指導性。在此基礎上的一體化管理標準——ISO14000 環境管理體系，是當今廣受國際承認和重視的企業管理標準。國外

企業到中國尋求合作夥伴時，往往要求其具有ISO9000證書的同時，還要求有ISO4000環保證書。兩證齊全的產品在國際市場上具有較強的競爭力。

4. 綠色貿易壁壘

綠色貿易壁壘是指以保護人類和動植物的生命、健康或安全，保護生態或環境為由而採取的直接或間接限制甚至禁止貿易的法律、法規、政策與措施。綠色貿易壁壘的產生和發展主要是出於保護生態環境的要求。生態破壞和環境污染威脅著人類的生存和發展，國際社會採取了許多措施，特別是制定了許多多邊環境協議，各國政府和一些團體也制定了一些法律、法規、政策和措施。在這些協議、法規和政策措施中，限制甚至禁止某些產品的貿易成為實現環境保護目的的重要手段，這對貿易來說就形成了市場准入的壁壘。以環境保護為目的的綠色壁壘從總體上來說是合理的，符合國際環境保護潮流，但它僅僅從環境保護的角度出發，沒有或很少考慮對貿易的影響，沒有很好地協調貿易與環境的關係。

在具體的實施過程中，綠色貿易壁壘很容易被貿易保護主義所利用。尤其是在很多情況下，很難辨別一種綠色壁壘是出於環境保護的目的還是出於貿易保護的目的，因此將不可避免地影響貿易的發展。

綠色貿易壁壘主要有以下幾種形式：

(1) 環境技術法規與標準。

1996年4月，國際標準化組織（ISO）正式公布了ISO14000《環境管理體系》國際標準，對企業的清潔生產、產品生命週期評價、環境標誌產品、企業環境管理體系加以審核，要求企業建立環境管理體系，這是一種自願性標準。目前，ISO14000正成為企業進入國際市場的綠色技術壁壘。

主要發達國家還先後分別在空氣、噪聲、電磁波、廢棄物等污染防治、化學品和農藥管理、自然資源和動植物保護等方面制定了多項法律法規和許多產品的環境標準。如汽車尾氣排放標準，紡織品有毒有害物質、偶氮染料標準，陶瓷鉛鎘含量標準，皮革的五氯苯酚（PCP）殘留量標準等。

(2) 產品檢疫、檢驗制度與措施。

為了保護環境和生態資源，確保人類和動植物健康，許多國家，特別是發達國家制定了嚴格的產品檢疫、檢驗制度。這些制度包括：檢疫和檢驗的法規、法律、法令、規定、要求、程序，特別包括最終的產品標準；有關的加工和生產方法；所有檢測、檢驗、出證和批准程序；檢疫處理，包括與動物或植物運輸有關或與在運輸途中為維持動植物生存所需物質有關的要求在內的檢疫處理；有關統計方法、抽樣程序和風險評估方法的規定。受此影響最大的產品是食品和藥品。食品方面主要是農藥、獸藥殘留量的規定；加工

過程添加劑的規定；對動植物病蟲害的規定；其他污染物的規定；生產、加工衛生、安全的規定等。

例

美國食品與藥物管理局

美國食品與藥物管理局（Food and Drug Administration，FDA）是一個隸屬於美國聯邦公共衛生事務署的政府衛生管理機構和監控機構，主要致力於保護、促進和提高國民的健康，確保美國市場上銷售的食品、藥品、化妝品和醫療器具對人體的安全性、有效性。FDA由近萬名醫師、藥學家、化學家、微生物學家、統計學家和律師組成，管理的產品規模高達1萬多億美元，約有40個實驗室，分佈在華盛頓特區和157個城市。FDA每年批准百餘種新藥上市，由其監控的企業有9萬多家，其中每年有1.5萬家被常規抽查，只要不符合法規的，都要被驅逐出市場。FDA的總部負責監督和執行由國會通過的各項有關法律，總部共有六大中心，包括藥物評估和研究中心、生物製品評估和研究中心、食品安全和營養品中心、醫療用品和國輻射健康中心、獸用醫藥中心和全國毒理學研究中心，具體執行FDA的各項法令，負責審批新藥，觀察、監督和抽查產品，以及從事科學研究，同時負責對要求進入美國市場的產品進行法律法規解釋。

由於各國環境和技術標準的指標水平和檢驗方法不同以及對檢驗指標設計的任意性，環境和技術標準可能成為技術性貿易壁壘。

（3）綠色標誌。

綠色標誌又名環境標誌，是一種貼在產品或其包裝上的圖形，表明該產品不但質量符合標準，而且在生產、使用、消費、處理等全過程中，也符合環保要求，對生態環境、人體健康無損害。綠色標誌由政府管理部門根據有關標準向某些產品頒發。德國有「藍色天使」標誌，日本有「生態標誌」，加拿大有「環境選擇」標誌，美國有「綠色標誌」，歐盟有「環境標誌」，全球通行的有ISO14000環境管理體系認證標誌。

目前，美國、德國、日本、加拿大、挪威、瑞典、瑞士、法國、芬蘭和澳大利亞等發達國家都已建立環境標誌制度並朝著協調一致、相互承認的方向發展。環境標誌已成為進入這些國家市場的通行證，沒有環境標誌的產品將受到數量和價格方面的限制。環境標誌為發達國家市場形成了巨大的保護網，使發展中國家出口受到阻礙。發展中國家環保行動晚，環保水平低，不可能在短時期內提高環保水平，發達國家則以環保手段限制或禁止進口發展

中國家的產品。

(4) 綠色包裝和標籤要求。

近十幾年來，發達國家相繼採取措施，大力發展綠色包裝。主要有：①以立法的形式規定禁止使用某些包裝材料，如含有鉛、汞和鎘等成分的包裝材料，沒有達到特定的再循環比例的包裝材料，不能再利用的容器等。②建立存儲返還制度。許多國家規定，啤酒、軟性飲料和礦泉水一律使用可循環使用的容器，消費者在購買這些物品時，向商店繳存一定的保證金，以后退還容器時由商店退還保證金。③稅收優惠或處罰。對生產和使用包裝材料的廠家，根據其生產包裝的原材料或使用的包裝中是否全部或部分使用可以再循環的包裝材料而給予免稅、低稅優惠或徵收較高的稅賦，以鼓勵使用可再生的資源。

許多發達國家對於在國內市場上銷售的商品，規定了各種標籤條例。這些規定內容複雜，手續麻煩，進口商品必須符合這些規定，否則不準進口或禁止在其市場上銷售。許多外國產品為了符合有關國家的這些規定，不得不重新標籤，因而費時費工，增加了商品成本，削弱了商品競爭能力，影響了商品銷路。

二、技術性貿易壁壘的特點

(一) 廣泛性

從產品範圍看，技術性貿易壁壘不僅涉及與人類健康有關的資源環境等初級產品，而且涉及所有的中間產品和工業製成品，產品的加工程度和技術水平越高，所受的制約和影響也越顯著；從產品過程來看，貫穿研究開發、生產、加工、包裝、運輸、銷售和消費整個產品的生命週期；從領域來看，已從有形商品擴展到金融、信息等服務貿易，投資，知識產權及環境保護等各個領域，技術性貿易壁壘措施的表現形式也涉及法律、法令、規定、要求、程序、強制性或自願性措施等各個方面。

(二) 系統性

技術性貿易壁壘是一個系統性貿易壁壘體系。它不但包括世貿組織《技術性貿易壁壘協議》規定的內容，而且包括《實施衛生與植物衛生措施協議》《服務貿易總協定》等規定的措施，《建立世界貿易組織協議》《補貼與反補貼措施協議》《農產品協議》《與貿易有關的知識產權協定》等都對環境問題進行了規定。除世貿組織以外的其他國際公約、國際組織等規定的許多對貿易產生影響的技術性措施，也均屬技術性貿易壁壘體系的範圍。

(三) 雙重性

技術性貿易壁壘既有合法性，又有保護性。

技術性貿易壁壘有其合法性，即真正為了實現規定的合法目標是可以採取合適的壁壘措施的。正常的技術性貿易壁壘是指合法合理地採取技術性措施以達到合理保護人類健康和安全及生態環境的目的，如禁止危險廢物越境轉移可以保護進口國的生態環境，強制規定產品的安全標準可以保護消費者的健康甚至生命，等等。目前國際上已簽訂 150 多個多邊環保協定，發達國家積極制定技術標準和技術法規，為技術性貿易壁壘提供法律支持。世貿組織也正在制定國際性的技術標準和技術法規，一旦被通過，技術性貿易壁壘便有了形式上的合法性，這對發展中國家的影響很大。一些國家，特別是美國、日本、歐盟等憑藉其自身的技術、經濟優勢，制定比國際標準更為苛刻的技術標準、技術法規和技術認證制度等，以技術性貿易壁壘之名，行貿易保護主義之實。

(四) 隱蔽性

技術性貿易壁壘與其他非關稅壁壘如進口配額、進口許可證制、「自動」出口限額等相比，不僅隱蔽地迴避了分配不合理、配額限制等問題，而且由於各種技術標準極為複雜，往往使出口國難以應付。同時，技術性貿易壁壘措施是以建立在高科技基礎上的技術標準為基礎的，科技水平不高的發展中國家對此難以作出判斷。一些技術標準還具有不確定性，而且涉及面很廣，很難全面顧及和把握。

(五) 可操作性

由於技術性貿易壁壘措施的制定主動權掌握在各國政府，不需要通過國際組織的批准，世界貿易組織對它的限制也很少，因此，與實施程序複雜、實施過程較長的反傾銷相比，它的可操作性和見效快的特點為各國所關注。越來越多的發達國家通過此手段，短期內即可達到限制進口、保護本國產業和市場的目的。

(六) 針對性

隨著國際投資自由化的發展，通過國際直接投資便可繞過國外的關稅和配額等非關稅壁壘；他國貨幣貶值也會增加本國的進口；低價傾銷在世界市場上日益盛行。而通過有針對性的構築技術性貿易壁壘，就可以杜絕上述漏洞，最大限度地限制進口。由於技術性貿易壁壘措施具有不確定性和可塑性，因此在具體實施和操作時很容易被發達國家用來對外國產品制定針對性的技

術標準，對進口產品隨心所欲地抵制。

（七）擴大性

技術性貿易壁壘已從商品流通領域擴大到生產、加工領域。越來越多的國家意識到，應從商品生產的全過程來控製質量，防止污染，有效利用資源，要加強生產過程的質量控制、環境保護與認證工作，所以要求進口商的生產加工方法也必須符合本國的有關法規和標準，以保護本國的相關產業。近年來，技術性貿易壁壘的廣泛採用，極大地阻礙了國際貿易的發展，並嚴重阻礙了中國產品的出口。2002 年中國 71%的出口企業、39%的出口產品受到國外技術性貿易壁壘的限制，損失達 170 億美元；與 2000 年相比，對中國外貿出口的影響程度大大提高，出口產品受限比例提高了 56%，損失金額增加了 54%。

第四節　綠色貿易壁壘

一、綠色貿易壁壘的含義與成因

綠色貿易壁壘是指各國為了保護人類、動物或植物的生命或健康，而對進出口的農、畜、水產品採用或實施必要的衛生措施。這些措施如果合理和科學，符合國際標準和指南，則可改善人類健康、動物健康和植物衛生狀況，促進國際貿易的正常發展；否則，可能成為任意或不合理歧視的手段，影響國際貿易的正常發展。

20 世紀 90 年代以后，國際貿易中綠色貿易壁壘開始盛行，其原因如下：

（一）國際社會保護環境的要求

全球自然生態環境惡化，要求國際社會採取保護行動。在聯合國環境規劃署的主持下，1985 年簽署了《保護臭氧層維也納公約》，1987 年簽訂了《關於消耗臭氧層物質的蒙特利爾議定書》，1990 年又簽訂了該議定書的《倫敦修正案》。到 20 世紀 90 年代中期，參加上述公約和議定書的國家和地區達 90 多個，締約人口占世界人口的 85%，所涉及的商品貿易額約占這些商品國際貿易額的 95%。目前，已簽署的保護野生動植物的國際公約和協議達 20 多個，其中一半含有貿易條款，如 1973 年簽訂的《瀕危野生動植物物種國際貿易公約》；1989 年，117 個國家和 34 個國際組織通過的《控製危險廢物越境轉移及其處置巴塞爾公約》；1992 制定的《生物多樣性公約》；1992 年 5 月，聯合國政府間談判委員會就氣候變化問題達成的《聯合國氣候變化框架公

約》；2000 年 1 月 28 日通過的《卡塔赫納生物安全議定書》。

ISO14000 是國際標準化組織為保護全球環境和世界經濟持續發展而制定的系列環境管理標準，於 1996 年 9 月開始陸續頒布，是繼 1987 年 3 月推出的 ISO9000 以后又一重要系列標準。

ISO14000 要求：加強環保和污染預防；推動綠色革命，增加生態系統運轉的生態存量，增強生態系統的轉化功能；引導綠色消費；統一全球的環保評價標準。

（二）消費觀念的更新

消費者在選購商品時，更加注重產品的環境和安全要求。許多國家尤其是發達國家的消費者要求政府制定規章制度，保護消費者的食品安全，實施「綠色產品」和「綠色生產」。人們對產品從生產到服務，並對整個產品的整個生產過程提出了綠色要求。

（三）國際競爭的需要

在經過關貿總協定多輪貿易談判以后，關稅普遍下降，非關稅措施受到了抑制和規範。為了在競爭中取勝，世界各國尤其是發達國家成員有意加強動植物衛生檢疫方面的措施來保護本國市場。

（四）應對恐怖事件

「9·11」事件后，美國於 2002 年頒布了《公眾健康安全與生物恐怖主義預防應付法》，為食品和生物反恐問題制定了嚴格的指導原則。美國食品藥物管理局為執行該法，於 2003 年頒布了《行政性扣留可疑食品法》《食品企業註冊法規》《記錄的建立和保持法》和《進口食品的預先通報制度》。

二、綠色貿易壁壘的形式

（一）技術標準

技術標準是指由公認機構核准的描述產品或有關工藝和生產方法的規則、指南或特性的一系列非強制性文件。如 1995 年 4 月后，國際標準化組織公布了 ISO9000、ISO14000 標準；1998 年歐盟制定了 ASOUN9000，對 26 個大類的消費品制定了詳細和全面的標準。

（二）環境標誌

綠色環境標誌是由政府部門、公共或民間團體依照一定的環境保護標準，以向申請者頒發的並印在產品及包裝上的特定標誌，以向消費者表明該產品從研製、開發到生產、銷售、使用、直到回收利用的整個過程都符合環保要

求，對生態環境和人類健康均無損害。自1977年德國第一個推行「藍天使」環境標誌制度以來，已有40多個國家實施了類似的制度。

（三）包裝制度

綠色包裝是為節約資源，減少廢棄物，用後易於回收利用或再生，易於自然分解，不污染環境的包裝。其措施包括：

（1）以立法形式規定禁止使用含有鉛、汞、鎘等成分的包裝材料；

（2）制定強制包裝再循環或再利用的法律，如德國的《包裝物廢棄處理法令》，日本的《回收條例》等都規定啤酒、飲料、洗滌劑等產品一律使用可循環使用的容器；

（3）通過立法設置標籤標誌規定。如美國食品和藥物管理局（FDA）不但要求大部分的食品的標籤必須標明至少14種營養成分的含量，還要求必須詳盡地標明各種功能性成分和熱值，對字體和線條都有詳盡的要求。

（四）衛生檢疫制度

基於保護環境和生態資源，確保人類和和動植物免受污染物、毒素、微生物、添加劑等的傷害，要求對進口產品進行衛生檢疫的國家不斷加多，檢疫規定日益嚴格。1993年4月，在第24屆聯合國農藥殘留法典委員會的會議上，討論了176種農藥在各種產品中的最高殘留量等指標。以此為基礎，歐盟對在食品中殘留的22種主要農藥制定了新的最高殘留限量。美國制定了《聯邦食品、藥品及化妝品法》，要求對這些產品的進口，必須通過美國食品與藥物管理局的檢驗檢疫。

（五）管制制度

綠色環境管制是指為保護環境而採取的貿易限制措施。例如，以保護環境為名，對進口產品徵收關稅，甚至採取限制、禁止或制裁的措施。此外，對本國廠商進行環境補貼。美國食品與藥物管理局還規定，所有在美國出售的魚類都必須具有來自美方未受污染水域的證明，否則不准出售。

三、綠色貿易壁壘的影響

綠色貿易壁壘的影響基本雷同於技術性貿易壁壘對國際貿易的作用。

四、綠色貿易壁壘運用規範

鑒於綠色貿易壁壘正當與歧視並存的情況，為了消除不正當綠色貿易壁壘給國際貿易帶來的負面影響，在GATT烏拉圭回合中，達成了《實施衛生與植物衛生措施協議》，該協議就衛生與植物衛生措施的內涵、WTO成員建

立和實施這些措施的前提和原則作出規定。

(一) 衛生與植物衛生措施的目的和內容

1. 目的

保護成員方領土內人的生命免受食品和飲料的添加劑、污染物、毒素及外來動植物病蟲害傳入危害；保護成員方領土內動物的生命免受飼料中的添加劑、污染物、毒素及外來病蟲害傳入危害；保護成員方領土內植物的生命免受外來病蟲傳入危害；防止外來病蟲害傳入成員方領土內造成危害。

2. 內容

衛生與植物衛生措施包括：所有相關的法律、法規、要求和程序，特別是最終產品標準；工序和生產方法；檢測、檢驗、出證和審批程序；各種檢疫處理；有關統計方法、抽樣程序和風險評估方法的規定；與食品安全直接有關的包裝和標籤要求等。

(二) 建立和實施衛生與植物衛生措施的前提

1. 允許成員建立或實施這些措施

建立或實施的目的是為保護人類、動物或植物的生命或健康，提供適當的保護。

2. 正當使用

採用和實施這些措施不得構成在情形相同的成員之間進行任意或不合理歧視的手段，或構成多國間貿易的變相限制。

3. 基於國際標準建立成員的衛生與植物衛生措施

這些國際組織包括食品法典委員會、國際獸醫組織以及在《國際植物保護公約》範圍內運作的有關國際和區域組織。

(三) 成員方應遵循的規則

1. 非歧視地實施

成員方在實施衛生與植物衛生措施時，應遵守非歧視原則。即不能在情形相同或相似的成員間，包括該成員與其他成員之間造成任意或不合理的歧視，尤其是在有關控製、檢驗和批准程序方面，應給予其他成員的產品國民待遇。

以科學為依據實施衛生與植物衛生措施。成員方應確保任何衛生與植物衛生措施都以科學為依據，不能實施或停止實施沒有充分科學依據的衛生與植物衛生措施。如果在科學依據不充分的情況下採取某種衛生與植物衛生措施，只能是臨時性的，並應在合理的期限內作出科學評估。

2. 以國際標準為基礎

為廣泛協調成員方所實施的衛生與植物衛生措施，各成員應根據現行的國際標準制定本國的衛生與植物衛生措施。如果一個成員實施或維持比現行國際標準更嚴的衛生與植物衛生措施，則必須有科學依據，且不能對國際貿易造成不必要的障礙。

3. 同等對待出口成員

如果出口成員對出口產品所採取的衛生與植物衛生措施，客觀上達到了進口成員適當的衛生與植物衛生保護水平，進口成員就應接受這種衛生與植物衛生措施，並允許該種產品進口，哪怕這種措施不同於自己所採取的措施，或不同於從事同一產品貿易的其他成員所採取的措施。

4. 根據有害生物風險確定保護水平

有害生物風險分析是指，進口方的專家在進口前對進口產品可能帶入的病蟲害的定居、傳播、危害和經濟影響，或者對進口食品、飲料、飼料中可能存在添加劑、污染物、毒素或致病有機體可能產生的潛在不利影響，作出的科學分析報告。該報告是進口某種產品的決策依據。

在進行有害生物風險分析時，應考慮有關國際組織制定的有害生物風險分析技術，同時還考慮有關技術和經濟成本等因素。

5. 接受兩個概念

它們是指「病蟲害非疫區」和「病蟲害低度流行區」的概念。病蟲害非疫區指沒有發生檢疫性病蟲害，並經有關國家主管機關確認的地區。成員方在接受病蟲害非疫區這一概念的同時，也應接受病蟲害低度流行區的概念。病蟲害低度流行區指檢疫性病蟲害發生水平低，已採取有效監測、控製或根除措施，並經有關國家主管機關確認的地區。與病蟲害非疫區一樣，病蟲害低度流行區可以是一個國家的全部或部分地區，也可以是幾個國家的全部或部分地區。

6. 保持法規的透明度

成員應確保及時公布所有有關衛生與植物衛生措施的法律和法規。除緊急情況外，成員應在衛生與植物衛生措施有關法規的公布和生效之間留出一段合理的時間，以便讓出口成員的生產商，尤其是發展中成員的生產商有足夠的時間調整其產品和生產方法，適應進口成員的要求。

7. 發展中成員享有的特殊待遇

成員方在制定和實施衛生與植物衛生措施時，應考慮發展中成員的特殊需要；成員方同意以雙邊的形式，或通過適當的國際組織，向發展中成員提供技術援助。

（四）《實施衛生與植物衛生措施協議》的作用

在一定程度上為正確運用綠色貿易壁壘和抑制不正當的綠色貿易壁壘作出了規範，但因存在以下問題，很難從根本上杜絕不正當的綠色貿易壁壘的運用。

1. 複雜性

綠色貿易壁壘涉及眾多的技術法則、標準、國內政策法規和複雜的評定程序。不同國家和地區間達成一致的標準難度非常大，容易引起爭議。

2. 分辨不易

因經濟發展水平階段不一、科學技術水平存在差異、國民收入和消費偏好不同，對各國尤其是發達國家所設置的綠色貿易壁壘是否合理和科學，不易分清。在這方面，發展中國家存在更大的難度。

3. 超規建法

「9·11」事件後，美國於2002年頒布了《公眾健康安全與生物恐怖主義預防應付法》，2003年頒布了《行政性扣留可疑食品法》《食品企業註冊法規》《記錄的建立和保持法》和《進口食品的預先通報制度》。出於應對恐怖事件，一些WTO成員可以認同，但超出了WTO規則約束的範圍。

【案例分析】

1. 案例內容

中國機電產品「碰壁」備忘錄

中國出口額居第一位的機電類產品，由於受發達國家在噪聲、電磁污染、節能性、兼容性、安全性等方面的技術標準限制，僅1992年就有80多億美元出口產品受到影響，到1998年更是增加到200多億美元。中國機電產品在出口中受到的壁壘如下。

（1）由標準不符造成的壁壘。

東林柴油機廠（簡稱東柴）是國家機械系統工程農機行業定點生產105系列柴油機的重點企業。自1962年起該廠出口2,105臺柴油機，遠銷37個國家和地區。產品信譽高，用戶反應好。

東柴在推行多品種經營戰略中，決定把發電機組作為打入國際市場的第二出口產品，發電機組是最佳產品，其受制約因素比作為中間產品的柴油機少，而且利潤較高，是較理想的出口產品。該廠通過其代理商東方機械進出口分公司與岡比亞共和國簽訂了出口機組的合同，1988年出口100臺，1989

年上半年出口 300 臺，全年出口機組 1,000 臺。

出口以后，岡比亞銷售商認定中方產品不符合安全標準，進口商不再從中國進口發電機組，並全部取消 1989 年從中國東方機械進出口分公司進口機組 1,000 臺的合同。為此，東柴 1989 年損失收入 268 萬元人民幣，給企業造成了較大的經濟損失，並斷送了東柴機組出口的前途，使工廠出口戰略受到了重大挫折。

(2) 由原標準改進或變更造成的壁壘。

蘇北一家生產某種小型機械的工廠，連續十幾年，對美國的出口一直保持旺盛勢頭，最多時年出口突破 1,000 萬美元。但從 2002 年開始，這家工廠在國際市場遭遇了「滑鐵盧」。原因是美國新頒布的 UL558 標準，不僅其內容比舊標準增加了兩倍，涉及電線、電池、塑料、插頭等，而且其要求也更加嚴格。

(3) 由新設標準或法規造成的壁壘。

中國對歐盟機電產品年出口 150 億美元左右，所有機電產品都必須符合其安全指令的要求。僅以新增加的指令對中國出口影響為例：歐盟曾針對小家電制定有關低電壓產品的指令，該項指令幾乎影響到中國對歐盟出口的所有小家電，金額達 32 億美元。

2003 年 2 月份，歐盟公布了《報廢電子電氣設備指令》和《關於在電子電氣設備中禁止使用某些有害物質指令》，它們作為在環保領域的又一新舉措，旨在應對日益嚴重的由於電子電氣廢棄產品引起的環境污染。

《報廢電子電氣設備指令》管轄了十類產品中交流電不超過 1,000V、直流電不超過 1 500V 的設備：①大型家用器具，如冰箱、洗衣機、微波爐；②小型家用器具，如吸塵器、熨門、鐘表；③信息技術和遠程通信設備，如電腦、複印機、打印機；④用戶設備，如電視機；⑤照明設備，如熒光燈；⑥電氣和電子工具，如電鋸、縫紉機；⑦玩具、休閒和運動設備；⑧醫用設備；⑨監視和控製裝置；⑩自動售貨機。

《關於在電子電氣設備中禁止使用某些有害物質指令》管轄了除去醫用設備及監視和控製裝置之外的其他 8 類設備，要求成員國確保從 2006 年 7 月 1 日起，投放於市場的新電子和電氣設備不包含鉛、汞、鎘、六價鉻、聚溴二苯六種有害物質。在本指令生效至 2006 年 7 月 2 日前，各成員國必須遵照歐盟立法在本國採取措施或禁止這些物質在電子電氣設備中使用。目前中國相當部分的電子電氣產品使用了六種被禁有害物質。

2. 分析要求

(1) 中國機電產品出口為何遇到「壁壘」？

(2) 中國機電產品出口企業如何應對這些「壁壘」？

第十二章　世界貿易組織（WTO）

第一節　WTO 的產生

一、1947 年關稅與貿易總協定概述

（一）關稅與貿易總協定的概念與宗旨

1. 概念

《關稅與貿易總協定》（General Agreement on Tariff and Trade，GATT），簡稱《關貿總協定》或《總協定》，是在美國策動下，由 23 個國家於 1947 年 10 月 30 日在日內瓦簽訂並於 1948 年臨時生效的關於調整締約國對外貿易政策和國際貿易關係方面的相互權利、義務的國際多邊協定。它是一項協定，但是隨著形勢的發展，在《總協定》的基礎上逐漸發展成一個臨時性國際經濟組織，1995 年 1 月 1 日被世界貿易組織所取代。

2. 宗旨

《總協定》的宗旨是：締約國各國政府認為在處理它們的貿易和經濟事務的關係方面，應以提高生活水平、保證充分就業、保證實際收入和有效需求的巨大持續增長、擴大世界資源的充分利用以及發展商品生產與交換為目的。《總協定》切望達成互惠互利協議，大幅度地削減關稅和其他貿易障礙，取消國際貿易中的歧視待遇，為實現上述目的作出貢獻。

（二）《關稅與貿易總協定》的主要條款

《關稅與貿易總協定》的原文分為序言和四大部分，共計 38 條，另附若干附件和一份暫時適用議定書。《總協定》的第一部分為第 1 條和第 2 條，主要規定締約國之間在關稅與貿易方面相互提供無條件最惠國待遇和關稅減讓事項；第二部分從第 3 條到第 23 條，主要規定國內稅和國內規章的國民待遇，取消進出口數量限制和在某種商品大量進口使某締約國的同類產品遭受重大損害和威脅時，該締約國可以採取的緊急措施；第三部分從第 24 條到第 35 條，主要規定《總協定》的適用範圍，參加和退出總協定的手續和程序等

方面的問題；第四部分包括第 36 條到第 38 條，這一部分是 1965 年增加的，主要規定對發展中國家的貿易與發展方面盡量給予關稅和其他方面的特殊優待等；《總協定》的附件主要是對條款作了一些註釋、說明和補充規定。

隨著國際經濟貿易形勢的發展，《總協定》中的一些條款已不能適應新的形勢變化。在烏拉圭回合多邊貿易談判中，對該協定的某些條款進行了修改，至此《1994 年關稅與貿易總協定》（GATT 1994）形成了。關貿總協定繼續以《1994 年關稅與貿易總協定》的形式存在，成為世界貿易組織的有關協定和協議的組成部分，繼續作為國際貨物貿易的重要法律準則。

二、關稅與貿易總協定的前七輪多邊貿易談判成果

（一）第一輪多邊貿易談判

1947 年 4 月~10 月，關稅與貿易總協定第一輪多邊貿易談判在瑞士日內瓦舉行。關稅下調的承諾是第一輪多邊貿易談判的主要成果。23 個締約方在 7 個月的談判中，就 123 項雙邊關稅減讓達成協議，關稅水平平均降低 35%。在雙邊基礎上達成的關稅減讓，無條件地、自動地適用於全體締約方。

（二）第二輪多邊貿易談判

1949 年 4 月~10 月，關稅與貿易總協定第二輪多邊貿易談判在法國安納西舉行。這輪談判的目的是，給處於創始階段的歐洲經濟合作組織成員提供進入多邊貿易體制的機會，促使這些國家承擔各成員之間的關稅減讓。這輪談判有 33 個國家參加，除在原 23 個締約方之間進行外，又與丹麥、多米尼加、芬蘭、希臘、海地、義大利、利比里亞、尼加拉瓜、瑞典和烏拉圭 10 個國家進行了談判。這輪談判總計達成 147 項關稅減讓協議，關稅水平平均降低 35%。

（三）第三輪多邊貿易談判

1950 年 9 月至 1951 年 4 月，關稅與貿易總協定第三輪多邊貿易談判在英國托奎舉行。這輪談判的一個重要議題是討論奧地利、聯邦德國、韓國、秘魯、菲律賓和土耳其的加入問題。這輪談判共達成 150 項關稅減讓協議，關稅水平平均降低 26%。

（四）第四輪多邊貿易談判

1956 年 1 月至 5 月，關稅與貿易總協定第四輪多邊貿易談判在瑞士日內瓦舉行。由於美國國會對美國政府代表團的談判權限進行了限制，影響了這一輪談判的規模，只有 28 個國家參加。這輪談判使關稅水平平均降低 15%。

(五）第五輪多邊貿易談判

1960年9月至1962年7月，關稅與貿易總協定第五輪多邊貿易談判在日內瓦舉行，共有45個參加方。這輪談判由美國副國務卿道格拉斯·狄龍倡議，后稱為「狄龍回合」。這輪談判使關稅水平平均降低20%。

（六）第六輪多邊貿易談判

1964年5月至1967年6月，關稅與貿易總協定第六輪多邊貿易談判在日內瓦舉行，共有54個締約方參加。這輪談判又稱「肯尼迪回合」，使關稅水平平均降低35%。

在這輪談判中，美國、英國、日本等21個締約方簽署了第一個實施關稅與貿易總協定第六條有關反傾銷的協議，該協議於1968年7月1日生效。

在這輪談判期間，《關稅與貿易總協定》中新增「貿易與發展」條款，規定了對發展中締約方的特殊優惠待遇，明確發達締約方不應期望發展中締約方作出對等的減讓承諾。

（七）第七輪多邊貿易談判

1973年9月至1979年4月，關稅與貿易總協定第七輪多邊貿易談判在日內瓦舉行。因發動這輪談判的部長級會議是在日本東京召開的，故稱「東京回合」。「東京回合」共有73個締約方和29個非締約方參加了談判。

這輪談判取得的主要成果有以下幾項：

第一，關稅進一步下降。從1980年1月1日起8年內，全部商品的關稅平均削減33%，減稅範圍除工業品外，還包括部分農產品。其中，美國的關稅平均下降30%～35%，歐洲共同體關稅平均下降25%，日本關稅平均下降50%。

第二，達成了只對簽字方生效的一系列非關稅措施協議，包括補貼與反補貼措施協議、技術性貿易壁壘協議、進口許可程序協議、政府採購協議、海關估價協議、傾銷與反傾銷協議、牛肉協議、國際奶製品協議、民用航空器貿易協議等。

第三，通過了對發展中締約方的授權條款，允許發達締約方給予發展中締約方普遍優惠制待遇，發展中締約方可以在實施非關稅措施協議方面享有差別和優惠待遇，發展中締約方之間可以簽訂區域性或全球性貿易協議，相互減免關稅，減少或取消非關稅措施，而不必給予非協議參加方這種待遇。

第二節　WTO 機制

WTO 機制由宗旨、原則、職能、機構、決策和成員組成。

一、WTO 的宗旨與實現

《建立世貿組織協定》的前言中指出，WTO 的宗旨為：「以提高生活水平，保證充分就業，保證實際收入和有效需求的大幅度穩定增長，以及擴大貨物和服務的生產和貿易為目的，同時應依照可持續發展的目標，考慮對世界資源的最佳利用。需要作出積極努力，以保證發展中國家，特別是其中的最不發達國家，在國際貿易增長中獲得與其經濟發展需要相當的份額。產生一個完整的，更具有活力的和永久性的多邊貿易體系，來鞏固原來關貿總協定以往為貿易自由化所作的努力和烏拉圭回合多邊貿易談判的所有成果。建立一個完整的、更可行的和持久的世界貿易體制，以包含《關貿總協定》、以往貿易自由化努力的法律以及烏拉圭回合多邊貿易談判的全部結果。」

在《建立世貿組織協定》的前言中，明確指出實現其宗旨與目標的途徑是「通過互惠互利的安排，導致關稅和其他貿易壁壘的大量減少和國際貿易關係中歧視性待遇的取消」。WTO 協定包括大約 29 個獨立的法律文件和 25 個以上的附加部長宣言、決定和諒解，這些構成了 WTO 成員進一步的義務和承諾。上述文件貫穿了如下基本原則：

（一）非歧視待遇

非歧視待遇（Trade without Discrimination）又稱無差別待遇，是針對歧視待遇的一項締約原則，它要求締約雙方在實施某種優惠和限制措施時，不要對締約對方實施歧視待遇。根據非歧視待遇原則，WTO 一成員方對另一成員不採用任何其他同樣不適用的優惠和限制措施。在 WTO 中非歧視原則由最惠國待遇和國民待遇條款體現出來。

1. 最惠國待遇原則

最惠國待遇是指，一成員方將在貨物貿易、服務貿易和知識產權領域給予任何其他國家（無論是否為 WTO 成員）的優惠待遇，應立即和無條件地給予其他各成員方。

在國際貿易中，最惠國待遇的實質是保證市場競爭機會均等。它最初是雙邊協定中的一項規定，要求一方保證把給予任何其他國家的貿易優惠（如低關稅或其他特權），同時給予對方。關貿總協定將雙邊協定中的最惠國待遇

作為基本原則納入世界貿易體制，適用於締約方之間的貨物貿易，烏拉圭回合將該原則延伸至服務貿易領域和知識產權領域。

2. 國民待遇原則

國民待遇是指，對其他成員方的產品、服務或服務提供者及知識產權所有者和持有者所提供的待遇，不低於本國同類產品、服務或服務提供者及知識產權所有者和持有者所享有的待遇。

(二) 貿易自由化原則

在 WTO 框架下，貿易自由化原則是指通過多邊貿易談判，實質性削減關稅和減少貿易壁壘，擴大成員方之間的貨物和服務貿易。貿易自由化主要體現在削減關稅、減少非關稅貿易壁壘、擴大服務貿易的市場准入範圍等。

(三) 可預見的和不斷增長的市場准入程度

可靠和可預見的市場准入（Predictable and Growing Access to Markets）機會的存在主要取決於關稅的運用。在配額被普遍地視為非法的同時，關稅在 WTO 中是合法的，但關稅的運用要符合規定，例如，它們對不同的進口不構成歧視，而且大部分關稅要受到「約束」。

自從 GATT 1947 年簽訂以來，通過七輪一系列的貿易談判，平均關稅水平逐步大量地下降。對農產品的所有非關稅進口限制的「關稅化」使農產品的市場可預測程度大大提高了。服務貿易並不存在邊境上的關稅，但各成員政府承諾了一套初始義務，其範圍包括影響各種服務活動的國內規章，它們像關稅義務承諾一樣，包括在約束的各國承諾表中，並且將通過以後幾輪的服務談判得以擴展。

可預見的貿易條件的關鍵往往在於國內法律、規章與措施的透明度。許多 WTO 協議包含有透明度條款，要求在國家層次上進行信息披露。通過貿易政策評審機制對各國貿易政策所進行的日常監督為同時在國內以及在多邊層次上鼓勵透明度提供了進一步的方式。

(四) 促進公平競爭

非歧視規則是用來謀求公平的貿易條件的，那些關於傾銷和補貼的規則也是如此。以前的關貿總協定規則，提供了各國政府可以對這兩種「不公平」競爭形式徵收補償性關稅的基礎，現在這些規則在 WTO 各協議中得到了擴展和明確。

WTO 農產品協議旨在給農業貿易提供更高的公平程度。知識產權的協議將改善涉及智力成果和發明的競爭條件，服務貿易總協定則將改善服務貿易的競爭條件。有關政府採購的諸邊協議將針對在許多國家中數以千計的政府

機構的採購活動擴展競爭規則。還有許多其他 WTO 條款的例子，它們旨在促進公平的和非扭曲的競爭。

（五）鼓勵發展和經濟改革

超過 3/4 的 WTO 成員是發展中國家以及正處於對非市場經濟體系進行經濟改革進程中的國家。關貿總協定旨在照顧發展中國家的規定在 WTO 中仍然存在。1994 年 GATT 的第四部分包括了在 1965 年制定的三個條款，這些條款鼓勵工業化國家「以有意識有目的的努力」在其貿易條件上給予發展中國家成員以幫助，並且對在談判中向發展中國家作出的減讓不期望得到互惠。在 1979 年東京回合結束時達成一致的另一個措施，一般被稱為「授權條款」，它為發達國家在普惠制下對發展中國家的市場准入減讓提供了一個永久性的法律基礎。

二、WTO 的職能與地位

（一）範圍

根據《建立世貿組織協定》，WTO 涉及的範圍為「烏拉圭回合」多邊貿易談判達成的協議、協定以及歷次談判達成的協議。它具體包括：多邊貨物貿易協議、服務貿易總協定、與貿易有關的知識產權協定、爭端解決規則和程序諒解、貿易政策評審機制、諸邊貿易協議、馬拉喀什會議上的部長決定和宣言、1994 年關貿總協定等。

（二）職能

（1）促進「建立 WTO 協定」和貿易協定、協議的執行、管理和運作，並為其提供一個組織。

（2）為成員提供談判的講壇和談判成果執行的機構。

（3）管理爭端解決的規定和程序的諒解。

（4）管理貿易政策的評審機制。

（5）為達到全球經濟政策的一致性，WTO 將以適當的方式與國際貨幣基金組織、世界銀行及其附屬機構進行合作。

（三）地位

（1）WTO 具有法人資格。

（2）WTO 每個成員方向 WTO 提供其履行職責時所必需的特權與豁免權。

（3）WTO 官員和各成員方代表在其獨立執行與世界組織相關的職能時，享有每個成員方提供的所必需的特權與豁免權。

(4) 每個成員方給予 WTO 的官員、成員方代表的特權與豁免等同於聯合國大會於 1947 年 11 月 21 日通過的特殊機構的特權與豁免公約所規定的特權與豁免權。

三、WTO 的組織結構

(一) 部長會議

部長會議（The Ministerial Conference）由所有成員方的代表參加，至少每兩年舉行一次會議。其職責是履行國際貿易組織的職能，並為此採取必要的行動。部長會議應一個成員方的要求，有權按照《建立世貿組織協議》和相關的多邊貿易協議列出的特殊要求，就任何多邊貿易協議的全部事務作出決定。在 WTO 中，部長會議是頂級的決策者。

(二) 總理事會

總理事會（The General Council）由所有成員方的駐 WTO 的大使和代表組成，定期召開會議。總理事會在部長會議休會期間，承擔其決策職能，是最高級的決策者。總理事會下設爭端解決機構、貿易政策機制評審機構和其他附屬機構，如貨物貿易理事會、服務貿易理事會、知識產權理事會等。

(三) 理事會

理事會（Council）為總理事會的下屬機構。其中貨物貿易理事會（Council for Trade in Goods）、服務貿易理事會（Council for Trade in Services）和知識產權理事會（Council for TRIPs）為最重要的理事會，由所有成員方代表組成。每個理事會每年至少須舉行八次會議。

1. 貨物貿易理事會

除了爭端解決職能應由爭端解決機構履行外，貨物貿易理事會（Council for Trade in Goods）應監督已達成的各項貨物貿易協議的執行及任何其他由理事會所賦予的職責。貨物貿易理事會應根據需要，設立一個委員會來監督所達成的有關協義的運行或其他附屬機構，並負責批准它們的程序規則。

2. 服務貿易理事會

除了爭端解決職能應由爭端解決機構履行外，服務貿易理事會（Council for Trade in Services）應監督服務貿易協議的執行及任何其他由總理事會所賦予的職責。服務貿易理事會應根據需要，設立一委員會來監督協議的運行或其他附屬機構，並有權批准它們的程序規則。

3. 知識產權理事會

除了爭端解決職能應由爭端解決機構履行外，知識產權理事會（Council

for TRIPs）應監督與貿易有關的知識產權協議的執行，其中包括關於冒牌貨的貿易，以及任何其他由理事會所賦予的職責。知識產權理事會應根據需要，設立一委員會來監督協議的運行或其他附屬機構，並有權批准它們的程序規則。

（四）委員會

部長會議下設貿易和發展委員會，國際收支限制委員會，預算、財政和管理委員會。它們執行由 WTO 協議及多邊貿易協議賦予的職能，執行由總理事會賦予的額外職能。上述委員會對所有成員方代表公開。

（五）諸邊貿易協議設置的機構

諸邊貿易協議設置的機構（Bodies）的職能由諸邊貿易協議賦予，該機構在 WTO 體制框架內運作，並定期向總理事會通告其活動。

（六）秘書處

秘書處（The Secretariat）為 WTO 的日常辦事機構。它由部長會議任命的總干事（Director General）領導。總干事的權力、職責、服務條件和任期由部長會議通過規則確定。總干事有權指派其所屬工作人員。在履行職務中，總干事和秘書處工作人員均不得尋求和接受任何政府或 WTO 以外組織的指示。各成員方應尊重他們職責的國際性，不能尋求有礙履行其職責的影響。WTO 機構設置見圖 12-1 所示。

四、WTO 的決策

（一）合意

WTO 繼續實行 1947 年 GATT 合意決策的做法。合意的含義是「在作出決定的會議上，如果任何一個與會的成員方對擬通過的決議不正式提出反對，就算達成合意」。

（二）投票

如通過合意未達成決定時，則將以投票決定。在部長會議和總理事會上，WTO 成員均有一票投票權。通常，以多數票為準，除非另有規定。

（三）解釋權決策

部長會議和總理事會擁有《建立世貿組織協定》和多邊貿易協議解釋的專門權利，採用解釋的決定以成員方 3/4 投票為準。諸邊貿易協議的決定與解釋的決定，受其協議約束。

```
                          部長級會議
                              │
┌──────────┬──────────┬──────┴──────┬──────────────┐
│貿易政策審議機構│ 爭端解決機構 │  總理事會   │   貿易談判委員會  │
└──────────┴──────────┴──────┬──────┴──────────────┘
                  ┌───────────┼───────────┐
               貨物貿易     與貿易有關的    服務貿易
               理事會      知識產權      理事會
                           理事會
```

委員會
　貿易和環境
　貿易和發展
　最不發達國家小組
　區域貿易協定
　國際收支限制
　預算、財務和行政

工作委員會
　加入WTO

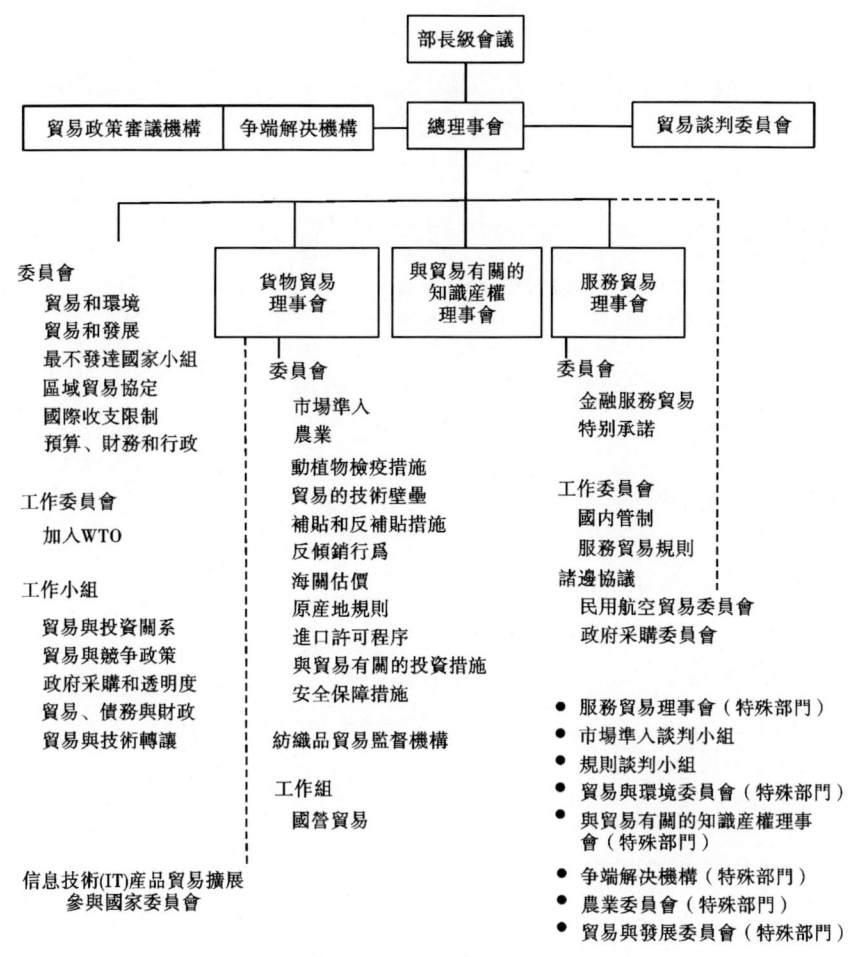

工作小組
　貿易與投資關係
　貿易與競爭政策
　政府採購和透明度
　貿易、債務與財政
　貿易與技術轉讓

信息技術(IT)產品貿易擴展
參與國家委員會

委員會
　市場準入
　農業
　動植物檢疫措施
　貿易的技術壁壘
　補貼和反補貼措施
　反傾銷行為
　海關估價
　原產地規則
　進口許可程序
　與貿易有關的投資措施
　安全保障措施

紡織品貿易監督機構

工作組
　國營貿易

委員會
　金融服務貿易
　特別承諾

工作委員會
　國內管制
　服務貿易規則
　諸邊協議
　民用航空貿易委員會
　政府採購委員會

● 服務貿易理事會（特殊部門）
● 市場準入談判小組
● 規則談判小組
● 貿易與環境委員會（特殊部門）
● 與貿易有關的知識產權理事會（特殊部門）
● 爭端解決機構（特殊部門）
● 農業委員會（特殊部門）
● 貿易與發展委員會（特殊部門）

圖 12-1　WTO 機構設置

（四）免除義務決策

在例外情況下，部長會議可以採用 3/4 表決方式，作出免除一成員方義務的決定，除非有另外的規定。超過一年的免除決定，要定期接受部長會議審評，直到免除終止。

五、WTO 成員

（一）原始成員

在原 1947 年關貿總協定的締約方中，列入 1994 年關貿總協定承諾減讓日程表的，列入對服務總協定明確承擔義務的談判方。

(二) 加入成員

任何國家或擁有完全自主權的獨立關稅區，按其與 WTO 達成的條件，可以加入 WTO。接受決定由部長會議合意或以 2/3 多數表決作出決定。

(三) 退出

任何成員均可自由退出 WTO。書面退出通知自被總干事接受之日起六個月後生效，至此，權利與義務同時終止。

第三節　WTO 的運行

一、WTO 建立后的部長級會議

(一) 第一屆部長級會議：新加坡會議

1. 新加坡會議概況

1996 年 12 月 9 日~13 日，WTO 在新加坡召開部長級會議，這是 WTO 自 1995 年 1 月 1 日成立以來的首屆部長級會議。120 個 WTO 成員和申請加入 WTO 的國家或單獨關稅區的貿易、外交、財政和農業部長出席了會議。會議期間，舉行了全體會議和各種多邊、諸邊和雙邊會談。會談的主要議題是 WTO 成立後兩年的工作及烏拉圭回合協定與協議的實施情況。會議通過了《新加坡部長宣言》等文件，並成立了貿易與投資工作組和貿易與競爭政策工作組，為 WTO 進一步規範貿易中的投資問題和競爭政策作準備。

2. 《新加坡部長宣言》的主要內容

《新加坡部長宣言》包括序言和正文兩部分。序言部分指出，新加坡會議的目的旨在加強 WTO 作為一個談判場所、基於規則推動貿易自由化的體制和對貿易政策的多邊評估機制的地位。會議特別對以下問題表示關注：對 WTO 協定和決定項下的承諾實施情況的評估；對正在進行的談判和工作計劃的評估；調查國際貿易的發展情況；應對發展中的世界經濟的挑戰。正文部分對與貿易有關的 20 個問題發表了看法。這些問題包括：貿易與經濟增長、經濟一體化的機遇與挑戰、核心勞工標準、最不發達國家和部分發展中國家可能被邊緣化問題、WTO 的角色、區域協定、加入問題、爭端解決、實施問題、通知和國內立法問題、發展中國家問題、最不發達國家問題、紡織品和服裝、貿易與環境、服務貿易談判、信息技術協議和醫藥品、工作計劃和既定議程、投資和競爭政策、政府採購的透明度和貿易便利等。

3. 新加坡會議后所達成的協議

新加坡會議后，WTO 繼續組織有關各方在懸而未決的領域進行談判，達成了《金融服務協議》和《信息技術產品協議》。

《金融服務協議》的主要內容包括：允許外國公司在國內建立金融服務機構並按競爭原則運行；外國公司享受同國內公司同等的進入市場的權利；取消對跨國服務貿易的限制；允許外國資本在本國投資項目中所占比例超過50%等。它的簽訂將對世界經濟產生深遠的影響。它涉及全球95%的金融服務貿易，具體包括18萬億美元的證券資產、38萬億美元的銀行貸款和2.5萬億美元的保險費。

《信息技術產品協議》是 WTO 成立后達成的一個重要協議。其宗旨是：通過削減信息技術產品關稅，在全球範圍內實現信息技術產品貿易的最大自由化，促進信息技術產業不斷發展。它的核心內容是：2000 年 1 月 1 日前取消信息技術產品的關稅及其他稅費，其關稅的削減是在最惠國待遇基礎上實施的，即所有 WTO 成員，無論是否參加《信息技術產品協議》，均可享受這一優惠待遇。

(二) 第二屆部長級會議：日內瓦會議

1. 日內瓦會議概況

1998 年 5 月 18 日～20 日，WTO 在日內瓦召開第二屆部長級會議暨世界貿易體制 50 周年紀念會。130 個國家和地區的部長級官員出席了會議。會議期間，各國代表盛讚世界貿易體制 50 年來所取得的成就及對世界經濟發展所作出的貢獻。針對 1997 年發生的亞洲金融危機，各國代表也各抒己見，從不同角度闡述了看法。會議強調了繼續推進貿易自由化的決心。最後，會議通過了《日內瓦部長宣言》，並就電子商務問題通過了《全球電子商務宣言》。

2. 《日內瓦部長宣言》簡介

《日內瓦部長宣言》共分 11 部分，其主要內容是：繼續推進貨物與服務貿易的逐步自由化，加強 WTO 運作的透明度，承諾盡可能廣泛地擴大世界貿易體制的受益面，並對部分 WTO 成員由於金融動盪而面臨的困難表示關注，呼籲採取措施幫助最不發達國家，強調保持所有的市場開放應成為解決困難的任何可靠方案的關鍵性要素，會議拒絕任何形式的保護主義措施，但也同意要考慮不同成員的經濟發展水平，要求所有工作計劃應旨在保持所有 WTO 成員利益的平衡等。

3. 《全球電子商務宣言》簡介

《全球電子商務宣言》認識到全球電子商務的發展為貿易提供了新的機會，指示總理事會確定一個詳細的工作計劃，以全面審查與全球電子商務有

關的貿易問題。該工作計劃應囊括 WTO 的有關機構，考慮發展中國家的財政、經濟和發展需要，並承認此工作也可由其他國際機構承擔。總理事會應就工作計劃的進展形成一個報告，並在第三屆部長級會議上就應採取的行動提出建議。在不損害工作計劃的成果和 WTO 成員在 WTO 協定項下的權利與義務的前提下，總理事會宣布 WTO 成員將繼續它們目前對電子數據傳輸免徵關稅的做法。在向第三屆部長級會議作報告時，總理事會將根據工作計劃的進展審查本宣言，審查的範圍將以協商一致的方式決定。

(三) 第三屆部長級會議：西雅圖會議

1. 西雅圖會議概況

西雅圖會議的召開正值世紀之交，這使其具有特殊的歷史意義，也令其在全球範圍內受到廣泛關注。1999 年 11 月 30 日～12 月 3 日，WTO 在美國西雅圖召開了第三屆部長級會議。135 個成員參加了這次會議。會議的議題主要有三個：一是現有協議的實施問題；二是既定議程問題；三是在新一輪談判中加入新議題的問題。由於遭遇非政府組織的干擾，加上發達國家與發展中國家的巨大分歧，西雅圖會議最后以無果而告終。

2. 會議中的主要分歧

西雅圖會議失敗的直接原因是 WTO 成員之間的分歧。這些分歧主要來自以下幾個方面：(1) 在新一輪談判的舉行上，歐盟、美國和日本持積極態度，而大多數發展中國家則持消極態度。(2) 在談判的範圍上，美國主張的談判範圍主要是其具有優勢的農業和服務業領域。歐盟和日本主張包括工業品市場准入、農業與漁業、技術性貿易壁壘、貿易與投資、貿易與環境、貿易與競爭、服務貿易、知識產權、電子商務等領域的全面談判。發展中國家主張新一輪談判的主要議題是實施烏拉圭回合協議，而非各種與貿易無關的問題。(3) 在談判方式上，歐盟、日本和部分發展中國家如巴西、印度等主張一攬子談判方式，即參加談判各方必須全部接受達成的條款。美國主張部門談判方式，即按部門一項一項地進行談判，達成協議后就可按部門實施自由化，而不必等到全部議題談成后才開始自由化。加拿大則支持構組談判方式，即在一定時間內匯集相關議題，組成談判組進行談判。(4) 在談判時間上，美國主張新一輪談判不應超過 3 年。歐盟、日本也認為談判不宜拖得過長，而發展中國家則主張不能操之過急，應切實解決存在的問題，而不是匆忙實行自由化。(5) 在新一輪談判的命名上，歐盟主張新一輪談判應命名為「千禧年回合」；美國主張命名為「克林頓回合」；WTO 總干事穆爾提出，應命名為「發展回合」；大多數國家認為應按慣例命名為「西雅圖回合」。

3. 失敗的原因

西雅圖會議失敗的直接原因是 WTO 成員之間的分歧，尤其是發達國家與發展中國家的分歧未能消除。其間接原因是各種非政府組織和利益集團的反對，以及美國在會議的組織和安排上的不善。

(四) 第四屆部長級會議：多哈會議

1. 多哈會議概況

2001 年 11 月 9 日~14 日，WTO 第四屆部長級會議在卡塔爾首都多哈召開。142 個 WTO 成員參加了會議。會議的主要議題有兩個：一是接受中國大陸和臺灣（單獨關稅區）加入 WTO；二是啓動新一輪多邊貿易談判。11 月 10 日，會議以協商一致的方式通過了中國大陸加入 WTO 的決定，正式接納中國大陸為其第 143 位成員。11 月 11 日，會議通過了臺灣以「臺灣、澎湖、金門、馬祖單獨關稅區」的名義加入 WTO 的決定，接受臺灣為其第 144 位成員。11 月 14 日，會議通過了《多哈部長宣言》，一致同意開始新一輪多邊貿易談判，並規定應在 2005 年 1 月 1 日之前結束所有談判。新一輪多邊貿易談判被命名為「多哈發展回合」，以強調對發展問題的重視。會議還通過了《關於與貿易有關的知識產權協定與公共衛生的宣言》和《關於與實施有關的問題和關注的決定》。

2. 多哈發展回合的目標與特點

（1）目標。

多哈發展回合談判的目標主要有：抑制全球經濟減緩下出現的貿易保護主義，加大貿易在促進經濟發展和解除貧困方面的作用，處理最不發達國家出現的邊緣化問題，理順與區域貿易協定之間的關係，把世界貿易體制的目標與可持續發展有機地結合起來，改善 WTO 外部形象，實現《馬拉喀什建立世貿組織協定》的原則和目標。

（2）談判議題的特點。

在《多哈部長宣言》中，列出了多哈回合談判的議題。歸納起來，這些議題具有如下特點：

第一，議題的涉及面十分廣泛。《多哈部長宣言》列出的談判議題有 19 個，即：與實施有關的問題，農業，服務，非農產品市場准入，與貿易有關的知識產權，貿易與投資的關係，貿易與競爭政策的相互作用，政府採購透明度，貿易便利化，WTO 規則，《爭端解決諒解》，貿易與環境，電子商務，小經濟體，貿易、債務和財政，貿易與技術轉讓，技術合作和能力建設，最不發達國家，特殊和差別待遇。

第二，新議題多。這些新議題包括貿易與環境，貿易便利化，貿易與競

爭政策，貿易與技術轉讓，貿易與債務、金融，技術與能力建設等。新議題的數目與範圍遠遠超出了烏拉圭回合談判確定的3個新議題。

第三，發展中成員和最不發達成員的貿易發展和利益受到空前關注。首先，在《多哈部長宣言》前言中，明確聲明：「大多數WTO成員屬於發展中國家，我們尋求將它們的利益和需要放在本宣言所通過的工作計劃的中心位置」「我們致力於處理最不發達國家在國際貿易中被邊緣化的問題，提高它們在世界貿易體制中的有效參與。」其次，在《多哈部長宣言》中，涉及發展中成員和最不發達國家的內容幾乎占了一半。再次，在19個議題中，有13個議題涉及對發展中成員和最不發達國家的談判。

第四，平衡了發達成員方與發展中成員方的要求。多哈回合的19個議題使發達成員與發展中成員的要求得到了較好的平衡。在新議題中，既包含了發達成員關心的新議題，如貿易與環境問題，貿易與競爭政策等；同時也接納了發展中成員關注的新議題，如貿易與技術轉讓，貿易與債務、金融，技術合作與能力建設等。

(五) 第五屆部長級會議：坎昆會議

2003年9月10日~14日，世貿組織第五屆部長級會議在墨西哥旅遊勝地坎昆舉行。146個成員參加了會議，會議僅持續了五天，但這是在「多哈發展議程」正處於關鍵時刻舉行的一次重要會議，因而備受矚目。時任聯合國秘書長安南曾在2003年7月30日特別指出：「坎昆會議將決定窮國是否真正有機會通過貿易消除貧困，即這次會議能否真正成為『發展回合』。」世界銀行發布的《2004年全球經濟展望》報告也指出：坎昆會議上取得的進展將有助於增強投資者的信心，為推動形成一個有利於促進貿易的更重要的WTO協議造勢，並最終提高世界各國的收入水平，實現大幅度減少全球貧困人口的目標。針對發展中國家關心的問題達成的協議，將使1.44億人在2015年之前脫貧，而貿易自由化將給全球經濟帶來8,000億美元的共同利益。除此之外，坎昆會議還就「知識產權和公共健康問題」達成協議，並發表了《坎昆部長宣言》。

(六) 第六屆部長級會議：香港會議

2005年12月13日~18日，WTO第六屆部長級會議在中國香港會議展覽中心舉行。包括WTO中149個正式成員和一些國際組織官員在內的5,800多名官方代表，以及2,100多名非政府組織代表出席會議。

12月15日，世貿組織接納湯加為該組織第150個成員，並成為繼斐濟、巴布亞新幾內亞、所羅門群島后的第4個太平洋島嶼地區的WTO成員。12月

18 日會議通過了《香港部長宣言》（簡稱《宣言》）。

根據《宣言》，2013 年為取消農業出口補貼的最后期限。這被公認為是這次香港會議的一個最重要的突破。

《宣言》對「雙免」問題作出了明確的規定：發達成員在 2008 年以前對來自最不發達國家至少 97% 稅目的產品實行免關稅、免配額的待遇；並在 2010 年之前對全部產品給予「雙免」待遇。

在棉花問題上，《宣言》要求發達成員在 2006 年取消棉花出口補貼，發達成員對棉花提供「雙免」待遇，從實施期開始即執行。《宣言》還指出，棉花的國內支持削減的時間和力度要大於整體農業國內支持的削減時間和力度。

在非農業談判方面，《宣言》同意採用多個系數的瑞士公式。它同時還規定，發展中成員的特殊和差別待遇是談判模式的組成部分。

WTO 總干事拉米在閉幕會上指出，香港會議的成功使 4 年前啓動的多哈回合談判重新回到了正確的軌道。他說：「我們本來期望這次會議能完成多哈回合的 55%，結果是我們完成了 60%。」

《宣言》希望 2007 年年底結束的多哈回合多邊貿易談判，因各方矛盾過大，到 2008 年年底仍未結束。

二、WTO 建立后的成就

(一) 成為國際經濟合作的典範

以 WTO 為組織和法律基礎的多邊貿易體制把處於不同發展水平以及有著不同政策優先次序的國家和地區聚集在一起，促使他們共同致力於構建一個互利的國際貿易政策制度。

WTO 成員已從成立時的 117 個成員發展到 2008 年的 153 個成員，其中有發達國家成員，有發展中國家成員。故成員的社會制度並不完全相同；市場經濟發展階段不同，有的成員市場經濟發展成熟，有的處於經濟轉型；成員身分也有所不同，多數成員是聯合國承認的主權國家，有的則是單獨關稅區，如臺灣。

WTO 以非歧視和互惠作為核心原則，通過加強談判和爭端解決的功能、臨時性保護條款的維護和經由協商進行決策、提高透明度和相互監督，增強貿易領域的穩定性、確定性和公正性。在權利和義務的平衡機制下，通過管理和實施烏拉圭回合達成的協定與協議，推動成員之間進行「開放、公平和無扭曲的競爭」，推動工業製成品和農產品的自由化、加強知識產權制度。這些特點使得多邊貿易體制得到完善和加強。

2001年12月11日，最大的發展中國家——中國加入WTO，為多邊貿易體制注入了新的活力。WTO成員數量的增加以及活動範圍超越傳統的關稅削減，使得WTO成為一個完全不同於其前身GATT的組織。從1948年時只有23個締約方的一個小型的、同質的但很不引人注意的俱樂部，發展到一個擁有發展水平和意識形態各異的153名成員的近乎全球性的組織，WTO正變得更為政治化。

（二）實施、細化和拓展協定與協議

烏拉圭回合達成的協定與協議將近30個，WTO成立后，這些協定與協議都得到實施與管理，並在原有協定與協議基礎上進行細化和拓展。

1. 階段性協議達到目標后終止

諸邊協議中的《國際乳製品協議》和《國際牛肉協議》於1997年年底終止。《紡織品與服裝協議》是屬於迴歸於貿易自由化的階段性協議，於2005年1月1日，完成協議目標，予以終止。

2. 協定與協議接續談判

烏拉圭回合達成的《服務貿易總協定》第四部分逐步自由化第19條具體承諾的談判第一款規定：「為推行本協定的目標，各成員應不遲於《WTO協定》生效之日起5年開始並在此基礎上進行連續回合的談判，以期逐步實現更高的自由化水平。」從1997年開始進行深入談判，取得一些進展。烏拉圭回合達成的《農業協定》第20條規定，「認識到導致根本性改革的實質性逐步削減支持和保護的長期目標是一個持續的過程，各成員同意將在實施期結束的前一年開始繼續此進程的談判」。為此，作為WTO既定議程，農業進一步談判從2000年年初開始，就國內支持、出口競爭、市場准入中的具體問題進行談判，也取得一些進展。

3. 協定修訂

2005年12月6日，WTO各成員一致通過了修改的《與貿易有關的知識產權協定》中有關公共健康條款的決議。修改后的《與貿易有關的知識產權協定》允許不享有專利權但已獲得強制許可的國家以較低廉的價格把受專利保護的藥品出口到沒有或缺乏生產能力的貧窮國家。這為發展中成員和最不發達成員提供了便利。

4. 拓展協議

1996年12月，WTO首屆部長級會議在新加坡舉行，達成《關於信息技術產品貿易的部長宣言》，共有29個國家參加。該宣言由正文和附件（關稅減讓模式及關於產品範圍的兩個附表）組成。

宣言規定，該宣言如期生效的條件是，在1997年4月1日之前，必須有

占全球信息技術產品貿易總量約 90% 的參加方通知接受該宣言。

1997 年 3 月 26 日，接受宣言的 40 個國家的信息技術產品貿易，已占全球該產品貿易總量的 92.5%，該宣言如期生效。該宣言以及各參加方提交的信息技術產品關稅減讓表，構成《信息技術協議》。

協議的宗旨是通過取消信息技術產品關稅，在世界範圍內鼓勵信息技術產業的技術發展，以及最大限度地實現世界信息技術產品貿易自由化。

(三) 對成員貿易政策監督實現制度化

WTO 通過提高透明度和政策審議加強對成員的監督，並實現經常化和制度化。

透明度規定是保證國際協定可行性的根本所在。透明度功能填補信息不足的缺口，促使成員方遵守承諾和規則，並幫助成員方維護自身的權利。透明度之所以成為貿易協定的一大特點，是因為信息不完全問題在貿易協定當中最為突出。在 WTO 的整套協議當中都有透明度的規定。雖然某個特定 WTO 協議中的透明度規定只關注該協議項下所涵蓋的小範圍措施，但這些規定的累積效果則減少了成員貿易制度和貿易決策過程的不透明性。

透明度規定有助於實現兩個基本目標。首先，透明度促使各方履行貿易協定承諾。其次，透明度有助於私營經濟部門更好地瞭解他們所處的經營環境，並作出更好的決策。

通過定期審議 WTO 成員貿易政策的機制，可以確保成員作出使其國內貿易政策與 WTO 的規定相一致的努力，從而促進烏拉圭回合協議所承擔的義務得到全面而迅速地履行。到 2004 年 12 月 17 日，WTO 就對 96 個發達成員和發展中成員進行了 139 次貿易政策評審。其中，美國、歐盟、日本接受的審議最多，歐盟達到 5 次，美國和日本達到 4 次。貿易政策審議機制為 WTO 成員貿易政策措施在更大程度上接受多邊貿易體制的約束。

(四) 化解貿易摩擦與改善貿易環境

通過爭端解決機制處理和化解 WTO 貿易摩擦，減少激化因素，改善國際貿易環境。

在 WTO《關於爭端解決規則與程序的諒解》中，通過「準自動通過」制度爭端解決機制、上訴機構這一常設法律審議機構，爭端解決程序得到了前所未有的加強，強制執行程序得到了簡化，辯護方可能進行的阻撓也得到了防止。

從 1995 年年初到 2007 年年底的 13 年間，WTO 爭端解決機制共受理的投訴 369 件，遠遠超過 GATT 運作 48 年所受理的 300 件投訴。發達成員所提出

的投訴案件共222件，其中，以發達成員為應訴方的136件，以發展中成員為應訴方的86件；發展中成員所提出的投訴案件141件，其中，以發達成員為應訴方的83件，以發展中成員為應訴方的58件；發達成員與發展中成員共同提出的投訴案件共6件，均以發達成員為應訴方。發達成員為投訴方和應訴方的約占60%，發展中成員為投訴方和應訴方的約占40%。

（五）促進了發展中成員的貿易發展

《建立WTO協定》前言指出，其宗旨之一是「作出積極努力，以保證發展中國家、特別是其中的最不發達國家，在國際貿易增長中獲得與其經濟發展需要相當的份額」。

WTO建立後，各種協定與協議中有關發展中成員的特殊和差別待遇都得到不同程度的落實，且WTO開始在技術援助和能力建設上關注發展中成員。1996年，貿易和發展委員會通過了《WTO技術合作指南》。在2001年年底多哈部長級會議之前，秘書處制定了一項「致力於能力建設、增長和一體化的WTO技術合作戰略」。該戰略有10項核心要素，包括將貿易優先領域納入國家發展戰略的主流，增進與其他機構的協調以及足夠的資金。這些要素在后來的多項行動中得到體現，比如最不發達國家綜合框架的重新啓動，在這一框架下，國際貨幣基金組織（IMF）、國際貿易委員會（ITC）、聯合國貿易與發展大會（UNCTAD）、聯合國開發計劃署（UNDP）、世界銀行和WTO共同努力，與那些受惠國和給惠國一起回應最不發達國家的貿易發展需要。

通過上述努力，WTO建立后發展中國家在國際貿易中發展較快，從1995年到2007年間，發展中國家出口與進口貿易年均增長率高於世界和發達國家水平。具體變化見表12-1。

表12-1　　世界與各大類國家貨物貿易年均增長率　　單位:%

	出口					進口				
世界	1995—2005	2000—2005	2004	2005	2006	2007	1995—2005	2000—2005	2004	2005	2006	2007
	6.5	11.3	21.7	14.1	15.4	14.1	6.7	11.2	21.8	13.9	14.5	13.9
發展中國家 經濟轉型國家 發達國家	1995—2005	2000—2005	2004	2005	2006	2007	1995—2005	2000—2005	2004	2005	2006	2007
	9.1　14.5 10.1　19.6 5.2　9.5		27.6 36.4 18.1	21.9 27.4 9.2	19.3 25.1 12.5	15.2 18.7 13.7	7.5　13.4 7.2　21.7 6.4　10.0		27.6 29.9 19.0	18.1 22.1 11.7	16.9 28.3 12.8	16.6 33.1 11.8

借助對外貿易高速增長率，發展中國家在世界貿易中的比重不斷提高。發展中國家在世界出口貿易中的比重從1995年的27.6%提高到2000年的31.9%和2007年的37.5%；同期，在世界進口貿易中的比重從28.6%提高到

28.8%和32.9%。

三、WTO 面臨的挑戰

(一) 管轄範圍過寬，協調難度加大

WTO 所實施和管轄的貿易協定與協議已達 30 多個，包括貨物、服務和與貿易有關的知識產權三大領域。在服務貿易方面，需要進一步深化的協議很多。在新加坡部長級會議和多哈發展回合中，加進更多的新議題，如貿易便利化、競爭政策、技術援助、能力建設、電子商務、貿易與投資、貿易與環境、勞工標準等。有些議題還越來越涉及各國的主權管轄領域，涉及成員之間利益的直接衝突，加上成員之間發展不平衡，比較優勢和競爭優勢在發生變化，這為制定新的貿易規則談判帶來更大難度，使得談判久拖不決。多哈發展回合原計劃於 2004 年年底結束，因談判難度大，被迫「瘦身」，減少談判議題，延遲到 2006 年年底，還未結束，又推到 2008 年年底。

(二) 決策機制存在缺陷

WTO 這種以談判為基礎的運行機制在成員少、議題少的情況下是一種很好的機制，但當參加的國家多、議題多，且又存在重大分歧的情況下，這種機制就很難發揮作用，甚至無法啟動或者無果而終。目前，WTO 已發展到了 153 個成員，且新成員還在繼續增加。WTO 達成的協議對所有成員施加法律義務。許多成員，尤其是發展中國家，對積極參與 WTO 決策過程的需求大大增強。談判已經成為一個多邊的綜合博弈的過程。假設就一個議題進行雙邊談判，那麼進行一輪談判的可能次數為 127,563 次。如果考慮到有多個議題，除了進行雙邊談判外還要舉行三邊談判、多邊談判，談判的次數幾乎就是個天文數字。雖然這僅是個理論推算，且對於許多議題，許多國家並不參加，在計算時要扣除這一部分，但即使扣除這一部分，談判的量也是非常巨大的。此外，國際社會和非政府組織日益關注 WTO 決策程序和內容，想施加更多的影響，因此，造成西雅圖會議的無果而終、坎昆會議的不歡而散和多哈發展議程的步履維艱的原因還有談判機制的缺陷。

決策過程的合法性要求有充分的開放性和包容性，以平衡其他更具限制性的磋商過程。在此背景下，主要的挑戰將總是在效率與包容性之間尋找恰當的平衡。

(三) 體制上有些失衡

WTO 發展到今天，在利益集團的較量中，實力與利益成為決定性的因素。美國與歐盟對整個 WTO 的發展方面起著決定性的影響，加上日本、加拿

大，便構成了 WTO 主導力量的核心。WTO 體制性失衡從一開始就決定了發達成員和發展中成員在力量對比上存在懸殊差異。儘管發展中成員聯合起來共同抗爭發達成員，為發展中成員贏得了聲譽和尊重，也部分縮小了發達成員與發展中成員權利和義務的差距，但 WTO 仍舊未能從根本上動搖其體制性失衡的政治色彩。發達成員不斷提出新的貿易自由化要求，或將其感興趣領域的自由化超前實施，或有選擇地擴大自由化的新領域。在一些發達成員的堅持下，一些與貿易無直接關係的所謂「新議題」被納入多邊貿易領域，如在新加坡部長會議上，以美國為首的發達國家成員堅持把貿易與勞工標準掛勾。雖然 WTO 承認「邊緣化」問題的存在及其風險，也商量要採取相應的行動，援助最不發達國家發展經濟、改善投資條件和擴大出口，但 WTO 能提供的援助與這些國家的要求之間存在很大的差距。防止發展中成員進一步被「邊緣化」是 WTO 面臨的一個長期而艱鉅的任務。

（四）受盛行的區域主義困擾

區域經濟一體化是指某一地理區域內或區域之間，某些國家和政治實體為實現彼此之間在貨物、服務和要素的自由流動，實現經濟發展中各種要素的合理配置，促進相互經濟與發展，而取消有關關稅和非關稅壁壘，進而協調產業、財政和貨幣政策，並相應建立起超國家的組織機構的過程。其表現形式是各種形式的經濟貿易集團的建立。

按經貿集團一體化的程度，可以分為：自由貿易區、關稅同盟、共同市場、經濟聯盟和政治聯盟。20 世紀 90 年代以來，區域經濟一體化發展迅速。自 1995 年 WTO 成立以來，已接到超過 160 個關於新增的貨物貿易或服務貿易協議的通知。截至 2007 年 3 月 1 日，共有 194 個區域貿易協定（RTA）正在實施，其中 129 個是在 GATT 第 24 條下進行通知的，有 21 個是授權條款下進行通知的，有 44 個是在 GATT 第 5 條下進行通知的。在 WTO 成員中，除了蒙古以外，其他成員至少是一個 RTA 的締約方。地區經貿集團對多邊貿易體制構成了雙重影響。

第一，積極作用。地區經濟一體化各種安排的範圍已超出了貨物貿易自由化，向投資、服務方面延伸，自由化的途徑被拓寬，朝著協調各國管理規定，採用最低管制標準，並朝互相承認各國的標準和慣例的方向發展。這些趨勢將加強地區經濟一體化中的「開放地區主義」，有助於加強經貿集團的市場開放。此外，區域主義可以作為進一步自由化的催化劑，如 RTA 的擴散和擴大事實上侵蝕了現有的優惠，從而削弱了對多邊自由化的反對；RTA 是國際合作的實驗室，可在推廣到多邊之前在少數國家中進行測試，有助於構建進一步自由化的政治共識；相互重疊的 RTA 網絡，包括貿易轉移型 RTA，會

培育改革這一體系的需求，從而表現為一種支持多邊體系的積極力量。

第二，消極影響。RTA 促進貿易轉移而不是貿易創造的風險，從而促使既得利益去維持優惠差額，並以特惠侵蝕為由挑起對多邊自由化的擔憂；RTA 成為一種談判工具，利用優惠的市場准入來換取非關稅問題（如標準）上的讓步，從而降低對最惠國自由化的熱情；RTA 的擴散會掠奪進一步多邊自由化談判所需的資源；相互競爭的 RTA 會鎖定互不相容的管理結構和標準；RTA 創立替代性的法律體系和爭端解決機制，會削弱多邊貿易體制的紀律執行體系；不同管理體制所構成的迷宮會破壞 WTO 的透明度和可預見性原則。因此，它對 WTO 的作用構成了嚴重的挑戰。

為了解決這種困境，WTO 成立了 RTA 委員會（CRTA）。該委員會對 RTA 進行審查，評估各 RTA 是否符合 WTO 有關規則，並考察其對多邊貿易體系的影響。截至 2007 年 3 月 1 日，在 194 個被通知的 RTA 中，有一半以上已經經過審查或正在審查過程之中。有 14 個正在接受事實性審查；62 個協議的事實性審查已經結束；5 個 RTA 的審查報告正在接受磋商；19 個 RTA 的審查報告已經獲得通過。

第四節　中國與世界貿易組織

中國是關貿總協定的創始國之一。但在新中國成立后不久，臺灣就非法退出了關貿總協定，使中國與關貿總協定的關係長期中斷。為擴大開放、深化改革，中國政府於 1986 年 7 月向關貿總協定正式提出「復關」申請，從此踏上「復關」的徵途，直至 1995 年世貿組織建立，中國「復關」未果，1996 年世貿組織在事實上取代關貿總協定后，中國「復關」談判成了「入世」談判。歷盡艱辛，1999 年 11 月 15 日中美簽署中國「入世」雙邊協議，中國在「入世」談判中取得重大突破。「入世」后的權利為中國經濟發展帶來機遇，但「入世」后應盡的義務也給中國帶來一定挑戰。

一、中國與關貿總協定

中國是關貿總協定 23 個創始國之一，並參加了總協定第一輪和第二輪關稅減讓談判。新中國成立后，臺灣因不甘心讓中國大陸享受到從總協定談判中獲得的關稅減讓，於 1950 年以「中華民國」的名義非法退出總協定；1965 年，又非法取得關貿總協定的觀察員資格。直到 1971 年聯合國恢復中國的合法席位，臺灣的關貿總協定觀察員身分才被取消。

當時由於中國政府對關貿總協定的情況不夠瞭解以及國內實行高度集中的計劃經濟，加之對外貿易在中國國民經濟發展中的作用不大，中國政府未在關貿總協定問題上作過任何表態，與關貿總協定的關係長期中斷。

1978年黨的十一屆三中全會把改革開放作為基本國策，從此，中國參加了關貿總協定主持下的一系列活動。1980年8月，中國代表出席了國際貿易組織臨時委員會執委會會議，參加了時任總干事鄧克爾的選舉。1981年，中國代表列席了關貿總協定紡織品委員會主持的第三個國際紡織品貿易協議的談判。1982年，中國獲準以觀察員身分參加關貿總協定活動。1983年，中國政府簽署了該協議，並成為關貿總協定紡織品委員會的正式成員。1984年中國又被授予關貿總協定「特殊觀察員」身分，並被允許參加關貿總協定理事會及其下屬機構的會議。

1986年7月，中國正式提出了恢復在關貿總協定締約國地位的申請，同時闡明了「以恢復方式參加關貿總協定，而非重新加入；以關稅減讓作為承諾條件，而非承擔具體進口義務；以發展中國家地位享受相應待遇，並承擔與中國經濟和貿易發展水平相適應的義務」這三項重返關貿總協定的原則。1987年2月，中國向關貿總協定正式遞交了《中國對外貿易制度備忘錄》(The Memorandum on China's Foreign Trade Regime)；同年3月，關貿總協定成立了中國問題工作組，開始進行恢復中國的關貿總協定締約國地位的談判。

但在此期間，國際經濟與政治形勢發生了劇烈的變化——蘇聯解體、東歐國家劇變。以美國為首的西方國家出於對社會主義國家的歧視與偏見，對中國「復關」的要價層層加碼，要價超過了中國的承受能力，從而使得談判一拖再拖，直至1994年12月舉行的工作組第19次會議，仍未能達成中國「復關」的協議。

二、中國與世界貿易組織

世界貿易組織成立后，中國原先的「復關」問題轉變為中國「入世」問題。1995年7月11日，中國正式提出了加入WTO的申請，並於1996年3月開始正式談判。

在從「復關」到「入世」的談判進程中，中國政府一貫持積極態度，並明確表示願意在烏拉圭回合協議的基礎上，根據中國的經濟發展水平和按照權利與義務平衡的原則，本著靈活務實的態度，與各成員方認真進行談判，以早日加入世界貿易組織。因為「入世」不僅是中國對外開放的需要，也是中國進行經濟體制改革和建立社會主義市場經濟體制的需要。

從「入世」談判以來，中國在貿易自由化方面作出了巨大的努力。在關

稅方面，中國多次自主降低關稅，並承諾到 2005 年，將工業品平均關稅降到 10%；在非關稅方面，中國承諾在世界貿易組織紡織品配額取消之時，按照一個明確的時間表取消所有的非關稅措施；在服務貿易方面，中國承諾對 30 個部門的服務業市場實行不同程度的開放。這些都表明了中國加入世界貿易組織的決心及願意在經濟發展水平允許的限度內承擔相應的義務。

但是，以美國為首的西方發達國家出於其政治、經濟的戰略考慮，對中國加入世界貿易組織的談判進行阻撓，要價超過了中國經濟發展水平的承受能力。儘管如此，中國在入世談判過程中，克服了許多困難，在平等互利的基礎上與各成員國進行了耐心的談判，終於在 1999 年 11 月 15 日與美國就中國加入世界貿易組織問題達成了雙邊協議。中美談判的結束為中國加入世界貿易組織掃清了最大的障礙，也為中國與其他主要貿易夥伴的談判奠定了基礎。2001 年 9 月 13 日，中國與墨西哥就中國加入世界貿易組織達成了雙邊協議，完成了中國加入世界貿易組織的第 37 份也是最後一份雙邊市場准入協定，從而結束了與 WTO 成員的所有雙邊市場准入談判。

雙邊談判解決了市場准入問題，從 2000 年 6 月開始，WTO 工作組將談判重點轉向多邊，起草中國加入世界貿易組織的法律文件——加入議定書和工作組報告書。經過 1 年多的努力，2001 年 9 月 17 日，世界貿易組織中國工作組舉行 18 次會議，通過了中國加入世界貿易組織的所有法律文件，並決定將這些文件提交世界貿易組織總理事會審議。同時宣布工作組完成了各項工作，結束了歷時 14 年零 6 個月的歷史使命。

2001 年 11 月 9 日~13 日，世界貿易組織在卡塔爾首都多哈舉行了第四次部長級會議，討論並啟動新一輪多邊貿易談判。11 月 10 日，會議審議並通過了中國入世議定書。30 天后，即 12 月 11 日，中國正式加入世界貿易組織，成為世界貿易組織第 143 個成員。

三、「入世」后中國面臨的機遇與挑戰

中國加入世界貿易組織不僅有利於中國，而且有利於世界貿易組織的所有成員，有助於多邊貿易體制的發展，是中國和世界「雙贏」的結果；同時，入世也意味著中國在開展對外經濟關係時必須遵守 WTO 的「游戲規則」，接受 WTO 新議題的考驗，這必將對中國經濟的各個方面帶來一定的衝擊和壓力。

（一）中國加入世界貿易組織享受的權利和義務

「入世」后，中國將享有世貿組織成員可享受的一切權利，承擔世界貿易組織要求承擔的義務，主要包括以下幾個方面：

（1）能在146個現有成員中享受多邊的、無條件的和穩定的最惠國待遇和國民待遇，現行雙邊貿易中對中國的歧視性做法將被取消或逐步取消，中國受到的一些不公正待遇將被取消。同時中國對其他成員承擔和履行非歧視原則的義務。

（2）享受降低貿易壁壘的權利，同時對其他成員方承擔和履行降低關稅和非關稅壁壘的義務。

（3）作為發展中國家，中國除了能夠享受世界貿易組織成員方所能享受的權利外，還可享受發展中國家的權利，即享受一定範圍的普惠制待遇及發展中國家成員的大多數優惠或過渡安排，但不向發達國家提供相應的義務。

（4）全面參與多邊貿易體制。入世后，中國有權參與各個議題的談判，與其他成員平等地參與有關規則的制訂、修改以及多邊貿易體制的建設。

（5）享受貿易自由化的成果，同時承擔貨物貿易、服務貿易和投資自由化，加強知識產權保護的義務。

（6）享受瞭解其他成員方政策措施的權利，同時也要承擔向世界貿易組織其他成員提供和接受瞭解本國經貿政策的義務。

(二) 入世給中國經濟帶來的機遇

加入世界貿易組織獲得的上述權利將為中國帶來如下機遇：

（1）有利於進一步地對外開放，在更大的範圍內參與經濟全球化，更快、更好地融入國際經濟社會，促進中國經濟高速增長。

（2）有利於維護中國的利益，更好地反應發展中國家的要求。通過參與多邊貿易體制談判，將大大增強中國在世界事務，尤其是國際貿易方面的發言權和主動權，維護中國在世界貿易中的地位和合法權益，並在建立國際經濟新秩序、維護發展中國家利益等方面發揮更大的作用。

（3）有利於擴大出口貿易。享受其他WTO成員開放或擴大貨物、服務市場准入的利益，將使中國的產品擁有比過去更為有利的競爭條件，促進中國出口貿易特別是中國具有優勢產品的出口。

（4）有利於公平、客觀、合理地解決與其他國家的經貿摩擦，從而為中國對外經濟貿易的發展營造良好的外部環境。

（5）有利於發展與世界各國的經貿合作和技術交流，更多地利用外資，拓寬中國接受世貿組織發達成員方的經濟正傳遞的渠道。這將有利於中國社會主義市場經濟體制的盡快確立。

(三) 入世給中國經濟帶來的挑戰

當然，進入世貿組織也要承擔相應的義務，承受國際競爭的壓力。在經

濟實力和綜合國力都不夠強的情況下與世界經濟接軌，並在高層次和高水平上參與國際分工，將使中國面臨嚴重的挑戰。

首先，中國的產品要到國外去參與國際競爭，同時中國必須向經濟實力較強的發達國家開放國內市場，成本高於國外同類產品、非價格競爭因素劣於國外同類產品的行業將受到嚴重衝擊。

其次，中國進入世貿組織需要承擔相應的義務，如要向其他成員方提供最惠國待遇，降低關稅，不得隨意實行進口限制，增加外貿政策的透明度，公布實施的貿易限制措施，開放服務貿易，擴大對知識產權的保護範圍，放寬對引進外資的限制等。這就把質量不同的經濟實體——中國的企業與發達國家的企業一下子放在相同的競爭環境裡，使中國企業失去了賴以生存的保護環境，面臨國際競爭的嚴峻挑戰。

最后，進入世貿組織將使中國的國內市場成為世界統一大市場的有機組成部分，世界經濟的波動將對中國的經濟發展產生或多或少的直接和間接影響。

總而言之，加入世貿組織對中國經濟利大於弊。這不僅是相對於中國加入世界貿易組織后的權利與義務、責任與利益而言的，更重要的是，「入世」有利於促進中國建成能按經濟規律辦事、按國際規範管理、經得起國際競爭考驗、能對市場作出及時正確反應的宏觀調控和微觀管理體系，使中國能在世界經貿舞臺上與其他成員共同競技、合作發展。

例

開放合作的大門將永遠敞開
——寫在中國加入世界貿易組織10周年之際

2011年是中國加入世界貿易組織10周年。這是中國對外開放進程中值得紀念的大事。

2001年12月11日，中國和世貿組織共同邁出了極為重要的一步。從那一刻起，中國與世界的前途命運更加緊密地聯繫在一起；從那一刻起，世界與中國交流融合的渠道更加通暢。

1. 經濟讓世界受益

剛剛過去的這個10年，中國為世界經濟發展和貿易增長作出了重大貢獻。國際貨幣基金組織（International Monetary Fund, IMF）關於「中國經濟增長使得全球經濟增長從中受益」的結論，是世界對中國加入世貿組織10年來發展成就的基本判斷。

2010 年年末，IMF 季刊《金融與發展》撰文提到：「中國的 GDP 每增長 1 個百分點，就將帶動世界其他各國的 GDP 增長 0.4 個百分點，這一情況已經持續了 5 年。」

這是 IMF 首次將中國對全球經濟的影響進行量化解讀。在這份解讀的背后，是剛剛過去的這個 10 年中國為世界經濟發展和貿易增長作出的重大貢獻。10 年間，中國認真履行加入世貿組織的各項義務，平均關稅水平從 15.3% 下降到 9.8%，開放了 100 多個服務貿易部門；總計進口達 8.5 萬億美元，成為全球第二大進口國，為世界各國發展提供了廣闊的市場；累計利用外資超過 1 萬億美元，吸引 34.7 萬家外資企業落戶，成為吸收外國投資最多的國家之一。2008 年國際金融危機爆發后，世界經濟經歷嚴重衰退，我們在積極應對內外各種挑戰、努力保持自身經濟強勁增長的同時，也為維護世界多邊貿易體系的持續穩定提供了重要保障。2009 年和 2010 年，中國對全球經濟增長的貢獻率居世界之首。

2. 開放是強國之路

世貿組織總干事拉米先生對於世貿組織對中國的影響，曾有一段精彩描述：「具有世貿組織成員資格，在產品和服務方面，為中國提供了一個更加透明、更加安全、更加可以預測的世界市場。正是這種穩定性，使得中國成為世界工業產品的第一大出口國。其中的許多產品，並非全在中國製造；零部件多是來自各個經濟體，然后在中國組裝而成。在全球價值鏈中，中國獨領風騷，尤其是在亞洲地區。隨著各個經濟體之間，相互依賴程度的加深，世貿組織規則為其貿易來往提供了重要的保障……以規則為基礎的多邊體系，使得中國能夠平和地解決與其他世貿組織成員之間的貿易爭端問題。」

當前，西方國家債務危機的陰影仍在蔓延，貿易保護主義不斷升溫。過去 10 年，中國遭遇的國際貿易摩擦呈現快速增長的勢頭。2009 年中國的出口占全球的 9.6%，但是遭受的反傾銷案例占全球的 40%，反補貼案例占全球的 75%，遭遇貿易調查數占同期全球案件總數的 43%。

儘管面臨複雜嚴峻的外部經濟環境，但是中國擴大對外開放的決心不會動搖，入世 10 年的實踐再次證明，改革開放是強國之路。中國需要世貿組織，世貿組織也離不開中國。未來不論遇到什麼樣的艱難險阻，中國都將堅持深化改革、擴大開放，在世貿組織的規則下推進現代化進程。

【案例分析】

1. 案例內容

世行：中國入世年獲益四百億美元

根據世界銀行發表的一份新的研究報告顯示，中國加入 WTO 使大陸每年獲益 400 億美元，也使全世界的實際收入每年增加 750 億美元。

但是這些利益分配不均，其中大部分由城市居民獲得。農村居民繼續艱難度日在有些情況下變得更加落后。

世界銀行發展研究局首席經濟學家、這份報告兩位編者之一的威爾馬丁說：「儘管中國在加入世貿組織后貿易額大幅增長，但它現在面臨挑戰，需要調整勞工政策來提高農村地區的生產力，並允許工人流向更有競爭力的行業。」

在香港公布的這份研究報告是由國際和中國經濟學家合作完成的。它特別研究了自 2001 年以來 WTO 有關的改革和影響，其中包括在放寬關稅、保護知識產權和電信等方面的改革。報告說，大陸製造業的出口量大幅增長，其中服裝、紡織品和汽車行業居於前幾位。

馬丁說，在最近到期的《紡織品和服裝協議》所規定的國際配額取消后，預計大陸的服裝出口量將在今后幾年中增加一倍。這項研究報告發現，北美、西歐和日本獲得了中國降低進口壁壘所產生的大部分財富。飲料、菸草、紡織和服務行業獲利最多。

【法國（財經新聞報）2005 年 2 月 22 日報導】據世界銀行 2005 年 2 月 21 日公布的一項研究報告稱，從貿易量和生活水平的角度講，中國因其加入 WTO 而獲益匪淺，但居民生活水平提高的幅度是很不均衡的。

根據對中國 8.4 萬個家庭進行的調查，該報告作者強調指出，自從中國加入 WTO 以來，90%的城市居民收入與消費有所增加，而農村家庭的收入平均減少了 0.7%。其中最貧困家庭的購買力因其實際收入下降及消費品價格上漲而下降了 6%。

報告作者說，如果中國想保住因加入 WTO 而獲得的利益，那它就應該幫助農村勞動者改換行業。報告作者要求中國對控製農村人口轉向城市地區的「戶口」制度進行改革，並指出，這將使農村居民的收入提高近 17%，使 2,800 萬農村人口離開農村。他們還呼籲中國政府尋找一種好辦法為其農產品打開在經合組織國家中的銷路，他們還認為，國家應該從服務業的改革中獲

得大的收益。

  2. 分析要求

  （1）中國「入世」后每年獲益的根源是什麼？

  （2）中國「入世」后是否取得雙贏效果？為什麼？

  （3）中國應如何解決「入世」后，世界銀行研究報告中提出的問題？

國家圖書館出版品預行編目(CIP)資料

國際貿易 / 傅婧宸、趙曉芬 主編. -- 第一版.
-- 臺北市：崧博出版：財經錢線文化發行，2018.10
　　面；　公分
ISBN 978-957-735-571-3(平裝)
1.國際貿易
558.5　　　107017084

書　名：國際貿易
作　者：傅婧宸、趙曉芬 主編
發行人：黃振庭
出版者：崧博出版事業有限公司
發行者：財經錢線文化事業有限公司
E-mail：sonbookservice@gmail.com
粉絲頁　　　　　　　網　址：
地　址：台北市中正區延平南路六十一號五樓一室
8F.-815, No.61, Sec. 1, Chongqing S. Rd., Zhongzheng Dist., Taipei City 100, Taiwan (R.O.C.)
電　話：(02)2370-3310　傳　真：(02) 2370-3210
總經銷：紅螞蟻圖書有限公司
地　址：台北市內湖區舊宗路二段 121 巷 19 號
電　話：02-2795-3656　傳真：02-2795-4100　網址：
印　刷：京峯彩色印刷有限公司（京峰數位）

　　本書版權為西南財經大學出版社所有授權崧博出版事業有限公司獨家發行電子書及繁體書繁體版。若有其他相關權利及授權需求請與本公司聯繫。

定價：450元

發行日期：2018 年 10 月第一版

◎ 本書以POD印製發行